Erfolgsfaktor Unternehmensberatung

Thomas R. Hummel

Ernst Zander

Erfolgsfaktor Unternehmensberatung

Auswahl – Zusammenarbeit – Kosten

Wirtschaftsverlag Bachem Köln

Die Deutsche Bibliothek – CIP Einheitsaufnahme

Hummel, Thomas R., Zander, Ernst
Erfolgsfaktor Unternehmensberatung: Auswahl – Zusammenarbeit – Kosten / Thomas R. Hummel, Ernst Zander. – Köln: Wirtschaftsverlag Bachem, 1998
ISBN 3-89172-366-0

Einbandentwurf: Bettina Dyhringer
Gesamtherstellung: Druckerei J. P. Bachem GmbH & Co. KG Köln
Printed in Germany
ISBN 3-89172-366-0

Inhaltsverzeichnis

Vorwort

Zweifelsohne fällt die Veröffentlichung dieses Buches in eine wachstumsintensive Phase der Beratungsbranche. Aus der Sicht der Unternehmen ist der Titel der Neuauflage Programm. Die bereits in der dritten Auflage angedeutete Dynamik und zunehmende Komplexität der Märkte hat sich erneut verstärkt und bedeutet für die Unternehmen kürzere Reaktionszeiten in schlanken und veränderten Strukturen. Die Globalisierung der Märkte hat eine neue Dimension erreicht. Neue Themen, die häufig einer externen Unterstützung bedürfen, sind hinzugekommen. Darauf sind wir eingegangen, indem zusätzlich zu bewährten Themen in einem neuen Kapitel die Bedeutung einer rechtzeitigen Nachfolgeregelung behandelt wird. Auch die Beraterbranche hat sich verändert, sei es durch jüngste spektakuläre Zusammenschlüsse, sei es durch die Zunahme interner Konkurrenz wie studentischen Beratungsdiensten, die sich häufig als kostengünstigere Alternative anbieten und denen ebenfalls ein neues Kapitel gewidmet wurde. Ergänzt wurde auch der Teil konkreter Handlungsempfehlungen in Form von Musterverträgen und -formularen, die den Unternehmen von Anbeginn einer Beratung die notwendige Sicherheit geben sollen.

Herrn Dr. Heinz Knebel danken wir für die Zusammenstellung aktueller Beratungshonorare.

Dem Bachem Verlag danken wir für die Aufnahme des Bandes in seine Fachbuchreihe.

Die Verfasser würden sich über kritische und konstruktive Anregungen, die für eine neue Auflage Berücksichtigung finden, freuen.

Hamburg, im Januar 1998 Thomas R. Hummel/Ernst Zander

ES GIBT KEINE SCHLECHTEN BERATER – NUR FALSCHE

1 Erfolgreiche Zusammenarbeit mit Beratern

Seit es Lebensgemeinschaften gibt, ist auch die Tätigkeit von Beratern bekannt. Die Herrschenden hielten sich sowohl in Fachfragen wie auch in Lebensfragen Astrologen, Ärzte, Priester und Gelehrte. Heute wird dies in verstärktem Umfang praktiziert. Das gilt besonders für die ehemaligen kommunistischen Länder.

In deutschen Unternehmen ist der Beratungsumfang im Vergleich zu amerikanischen noch relativ gering, was sich voraussichtlich ändern wird. Dies ist vor allen Dingen auf die Veränderung in der Einstellung der Menschen und auf den verstärkten Wettbewerb zurückzuführen.

Veränderung in der Einstellung der Menschen

Wenn heute von der Zukunft unserer Arbeit gesprochen wird, dann taucht häufig der Begriff „Wertewandel“ auf. Oft schon als Schlagwort verwandt, löst dieses Stichwort ziemlich unklare Empfindungen aus.

Für die Wirtschaft und für die in der Wirtschaft tätigen Menschen ist nun eine nüchterne Betrachtung notwendig. Eine realistische Einschätzung schließt auch die Erkenntnis ein, daß unsere Arbeitswelt trotz der relativ hohen Arbeitslosenquote heute nicht mehr so aussieht wie zuvor. Viele Mitarbeiter und Führungskräfte haben – manchmal ohne es selbst so deutlich wahrzunehmen – ihren Standort zu Beruf und Freizeit, Pflichtgefühl und Selbstverwirklichung, Verantwortungsbereitschaft und Selbständigkeitsbedürfnis neu bestimmt. Realisten, und das sollten Führungskräfte aller Ebenen immer sein, müssen sich auf Konsequenzen einstellen. Das bedeutet Risiken, vor allem aber auch Chancen für positive Ansätze.

So wie es für manche Führungskraft schwierig zu sein scheint, die so gestiegenen Aufgaben gut zu erfüllen, so zeigt sich gleichermaßen, daß erfolgsorientierte Führungskräfte mit optimistischer Grundeinstellung heute besonders in den neuen Bundesländern schwerer zu finden sind. Die in den siebziger Jahren gezüchtete Anspruchsmentalität hat auch bei Führungskräften dämpfend auf Risikobereitschaft und Mobilität gewirkt. Zunehmende „Arbeitnehmermentalität“ hält heute manchen, der gute Aussichten hätte, beruflich aufzusteigen, davon ab, sich damit verbundenen Anforderungen zu stellen. Zu den Führungsaufgaben kommt deshalb der Auftrag, solche Verweigerungsmentalität zu überwinden.

Was gebraucht wird, ist Flexibilität bei den Mitarbeitern, auf jeden Fall bei den Führungskräften und nicht zuletzt beim Unternehmen selbst. Flexibilität, beim einzelnen in unterschiedlichem Maße ausgeprägt vorhanden, wird durch unmittelbare Vorgesetzte, aber auch durch das im Unternehmen herrschende Klima gefördert oder gehemmt.

Für die bestgeführten US-Unternehmen soll als wesentliche Eigenschaft hervorragender Unternehmensführung das Vertrauen in der Fähigkeit der Mitarbeiter gelten, an der Verbesserung von Produkten und Arbeitsabläufen mitzuarbeiten. Möglicherweise ist bei uns Vertrauen als Element der Führung unterbewertet worden. Deshalb sollten die Mitarbeiter in jedem Fall so lange Vertrauen erwarten können, wie sie es nicht selbst enttäuschen. Wir meinen, sie haben auch einen Anspruch darauf. Wenn danach gehandelt wird, schwindet die Neigung mancher Führungskräfte, sich um alles und jedes zu kümmern von allein. Es ist eine alte Erfahrung, daß sich in Betrieben vieles besser regelt, wenn nicht ständig „von oben“ eingegriffen wird. Doch auch das erfordert Zivilcourage, faire Information, offenes Visier und Risikobereitschaft. Der

Mitarbeiter muß dazu wissen, daß er sich auf das Wort seiner Führungskraft verlassen kann. Auch eine Beratung sollte Vertrauenssache sein.*

Unsere Zeit wird durch mehr Freizeit, notwendige Flexibilität, aber vor allem durch Naturwissenschaft und Technik geprägt. Die neuen Produkte und die dadurch notwendigen Entscheidungen bestimmen das Leben des einzelnen ebenso wie die Handlungsspielräume von Wirtschaft und Politik. Forschung und Entwicklung haben große Fortschritte erzielt. Sie tangieren das bestehende Gefüge der Wirtschafts- und Arbeitswelt und haben Auswirkungen auf das Sozialsystem. Im Kontext hierzu haben sich die gesellschaftlichen Werte und die Vorstellung von Arbeit gewandelt. Dieser Wandel hat sich jedoch nicht abrupt vollzogen, sondern ist das Spiegelbild der gesellschaftlichen und technologischen Veränderungen sowie der dadurch bedingten veränderten Lebensbedingungen. Gerade in der letzten Zeit ist dieser Prozeß immer wieder Gegenstand von Untersuchungen gewesen und wurde hinsichtlich seiner Bedeutung für die Arbeitswelt diskutiert.

Zunehmend ist eine Interessenparität zwischen Arbeits- und Freizeit festzustellen. Die tradierten Werte und Tugenden wie Fleiß, Pflichterfüllung, Disziplin, Pünktlichkeit, Ordnungs-, Leistungs- und Anpassungsbereitschaft sind zwar aus dem gesellschaftlichen Wertesystem nicht völlig verschwunden, nehmen jedoch bei vielen Arbeitnehmern einen niedrigeren Rangplatz ein. Heute zeigen Umfragen, daß die Arbeitswelt und der Beruf an Sinngehalt verloren haben. Neue Werte und Tugenden, wie Selbstentfaltung, Kreativität oder Eigeninitiative, treten stärker in den Vordergrund und werden sehr stark auf den als Freiraum empfundenen Privatbereich projiziert. Dies nicht zuletzt auch deshalb, weil man glaubt, sich im Beruf nicht in gewünschter Weise entwickeln zu können. Eine allzu starke Verlagerung der individuellen Ziele der Mitarbeiter freilich kann für die Unternehmensleitungen nicht erwünscht sein.

Es werden Mitarbeiter gebraucht, die traditionelle Werte mit neuen Werten verknüpfen. Darüber hinaus müssen sie lebenslang lernbereit und zu motivierendem Umgang mit der Umwelt fähig sein.

Flexibilität ist gefordert

Der Schlüssel zu einer positiven Grundeinstellung liegt in der Motivationskunst des oberen Managements. Wer überzeugend führt, läßt resignative Haltungen der geschilderten Art gar nicht entstehen oder aber sehr bald verfliegen.

Die Förderung der Flexibilität wird zum Schlüsselproblem jeder Führung. Hier können Berater sehr erfolgreich tätig sein, da sie unbelastet von draußen unkonventionelle Ideen einbringen dürfen.

Über Flexibilität wird viel geredet und geschrieben. So entsteht der Eindruck von etwas Vorhandenem. Es scheint so, als gehöre Flexibilität zum selbstverständlichen Instrumentarium einer jeden Führungskraft oder gar jedes Mitarbeiters. Die Wirklichkeit ist anders. Moderne Führung hat sich darauf einzustellen, daß Inflexibilität verbreitet ist und Flexibilität erst wieder hergestellt werden muß. Der „hochflexible Leistungsbürger" gehört vielerorts der Vergangenheit an.

Die wirtschaftlichen Strukturprobleme führen in vielen Unternehmen auch zu einer kontinuierlichen Verschlechterung der Kostensituation. Daher sind die Betriebe immer weniger in der Lage, Führungsmängel mit Geld zuzudecken. Wer kennt nicht die Situation, in der außer-

* Schwalbe/Zander, Vertrauen ist besser, 2. Aufl., Wiesbaden 1994

planmäßige Gehaltserhöhungen oder ansehnliche Prämien für einen Mitarbeiter verlangt werden, der sonst abwandern würde. Nicht gerade selten erweist sich ein Nachgeben gegenüber solchen Forderungen als Herumkurieren an Symptomen. Mit Geld sind all zu oft nur Führungsmängel zugedeckt worden. Die Schlüsselkraft wurde an „goldene Ketten" gelegt, weil ihr Vorgesetzter unfähig war, sie richtig und flexibel zu führen. Oft hielten die „goldenen Ketten" nur kurze Zeit, der Bruch kam irgendwann dann doch.

Flexibilität ist auch in der Zusammenarbeit mit den Arbeitnehmervertretern notwendig. Verständlicherweise stößt der Einsatz von Beratern oft auf Ablehnung durch Gewerkschaften und Betriebsräte. Besonders wenn es um Rationalisierung und Kosteneinsparungen geht, die Besitzstände angreifen, sind die Arbeitnehmervertreter alarmiert.

Oft entstehen die Mißhelligkeiten einfach durch mangelnde Information der Betriebsvertretungen. Zwar ist die Zusammenarbeit des Unternehmers mit einem Berater in der Regel nicht mitbestimmungspflichtig; jedoch kommen andere Beteiligungsrechte in Betracht.

Das ist etwa dann der Fall, wenn der Unternehmer mit Hilfe von Beratern Rationalisierungsvorhaben angeht, neue Fabrikations- und Arbeitsmethoden einführen will oder sonstige Vorhaben betreiben möchte, die die Interessen der Arbeitnehmer des Unternehmens wesentlich berühren können. Bei Vorliegen dieser Voraussetzungen hat der Wirtschaftsausschuß gemäß § 106 BetrVG einen Anspruch auf rechtzeitige und umfassende Unterrichtung.

Außerdem gebietet der in § 2 Abs. 1 BetrVG normierte Grundsatz der vertrauensvollen Zusammenarbeit dem Arbeitgeber, seinen Betriebsrat über Art, Ziel und Umfang des Einsatzes von Beratern im Betrieb zu unterrichten, wenn sich aus deren Tätigkeit wesentliche Auswirkungen auf die Belegschaft ergeben können.

Gelegentlich werden freiwillige Vereinbarungen zwischen Unternehmer und Betriebsrat geschlossen, in denen z. B. die Art und Weise der Information des Betriebsrats über die Arbeitsfortschritte des Beraters geregelt sind. Problematisch – auch für den Betriebsrat – werden solche Vereinbarungen, wenn sie der Betriebsvertretung ein Mitentscheidungsrecht, etwa in Gestalt eines Vetorechts, gegen Vorschläge des Beraters einräumen, denn das wirtschaftliche Risiko bleibt beim Unternehmer. Er muß daher die Möglichkeit haben, sich sachkundig und objektiv beraten zu lassen. Für den notwendigen sozialen Schutz der Arbeitnehmer vor den Folgen unternehmerischer Maßnahmen stellt das BetrVG dem Betriebsrat ausreichende Instrumente zur Verfügung.*

Die schon gesetzlich vorgeschriebene Information der Arbeitnehmer genügt natürlich nicht, denn alle betroffenen Mitarbeiter müssen informiert werden. Dies gilt um so mehr, je stärker sich die Mitarbeiter mit dem Unternehmen, mit ihrer Arbeit und deren Ergebnissen identifizieren.

Auch die notwendige Veränderung von Organisationsstrukturen machen rechtzeitige Information notwendig.

Ein Problem der dezentralen Organisation liegt in der Koordination der selbständigen, selbstverantwortlichen Einheiten. Deren Einzelteile müssen zusammengeführt werden, was eine einheitliche Strategie erfordert. Ihre Leistung besteht vor allem in der durchdachten Zielvorgabe, an der sich die durch die Dezentralisation geschaffenen Zentren orientieren müssen. Erst das Zusammenspiel aller garantiert ein effizientes und kreatives Arbeiten im Unternehmen.

* Ausführlich dazu: Hummel/Zander/Ziehm: Erfolgreiche Zusammenarbeit mit Beratern in Klein- und Mittelbetrieben, 3. Aufl., Freiburg 1993

Wenn solche Ansätze und solches Vorgehen allgemein als richtig und notwendig erkannt werden, so halten wir doch gern an Gewohnheiten fest. Mancher steht Veränderungen ganz allgemein skeptisch gegenüber. Solche eingeschliffenen Verhaltensmuster lassen sich nur schwer verändern. Und es gehört zu vielen Widersprüchlichkeiten der neuen Einstellung zur Arbeit, daß sich in ihr der Drang nach Neuem, eine manchmal chaotische Kreativität, mit handfestem Immobilismus verbindet.

Verstärkter Wettbewerb

Die Rationalisierungsmaßnahmen in der letzten Zeit haben gezeigt, welche Reserven in Deutschland noch vorhanden sind. In vielen großen Unternehmen wurden sogenannte Wasserköpfe verkleinert und beseitigt. Es wurden Dienstleistungs- und Stabsstellen nach draußen auch auf Berater verlagert. Auch die Verlagerung von Entscheidungsfunktionen auf die direkten Führungskräfte hat viele Veränderungen gebracht.

Vor allem geschah dies durch das meist unnatürliche Spezialistentum, das in fast allen Bereichen entstand. Während in zahlreichen technischen Abläufen Teamarbeit und andere Formen der Gruppenarbeit in der Produktion forciert wurden, glaubten viele Unternehmensleitungen, wichtige Dinge Spezialisten überlassen zu müssen und machten nicht selten Führungskräfte zu „Fachidioten". Das reichte von Arbeitssicherheit bis zu Umweltschutz, von Arbeitsrecht bis zu Fragen der Personalführung.

Als Folge der Verlagerung von Arbeiten nach draußen sind zahlreiche Beratungsfirmen entstanden, die auf Spezialgebieten tätig sind. Das gilt besonders für die Datenverarbeitung. Die große Gruppe der Freiberufler hat sich auf diesem flexiblen Gebiet bewährt.*

Der Vorteil von Freiberuflern ist, daß sie sich meist persönlich sehr engagieren. Allerdings sind auch Fälle bekannt, in denen die sozial- und arbeitsrechtliche Seite Probleme mit sich bringt. Der Grund hierfür besteht darin, daß die meisten Verträge mit Freiberuflern nicht eindeutig und sicher genug den Status erklären. Es sind die tatsächlichen Arbeitsbedingungen, die zählen. Über die diesbezüglichen und häufig wiederholten Bezeichnungen hinaus ist es nämlich notwendig, den Status Freiberufler zu belegen und „indirekt" abzusichern. Danach müssen die folgenden Kriterien beachtet werden:

- keine Gleichstellung mit der allgemeinen Belegschaft
- Ausschluß der Weisungsbefugnis durch den Auftraggeber
- keinen Einbezug in die internen Abläufe des Unternehmens
- freie Verfügung des Freiberuflers über Arbeitszeit und -ort, insbesondere Wahl und Festlegung von Urlaub, Nebentätigkeiten und Qualifikationsmaßnahmen
- Ausschluß der „ständigen Dienstbereitschaft"
- freie Wahl der Arbeitsmittel und technischen Materialien
- Ausschluß der Vergütungsleistung im Krankheitsfall

Zu empfehlen ist dabei gegenwirkend die besondere vertragliche Herausstellung folgender Punkte:

- explizite Klarstellung der Übernahme unternehmerischer Risiken und Pflichten des Freiberuflers

* Ausführlich dazu: Rohr, S. / Streicher, H., Freiberufler in der Datenverarbeitung, München 1993

- Führung der Geschäfte auf eigene Rechnung durch den Freiberufler
- Vermeidung von Pflichtenkatalogen, die die Weisungsgebundenheit oder soziale Absicherungen beschreiben.

Die meisten Verträge sind als ausgewogen und geradlinig zu bezeichnen, besonders mit Auftraggebern, die genügend Erfahrungen mit der Beschäftigung von freien Mitarbeitern haben.

Chancen und Risiken durch externe Berater

Der Trend zur verstärkten Beratungstätigkeit ist von der Sache und aus wirtschaftlichen Gründen auf jeden Fall gegeben. Die Verrechtlichung unserer Mitarbeiterbeziehungen erschwert die notwendige Flexibilität und regt auch da zu verstärkter Beratertätigkeit an. Der internationale Wettbewerb erfordert zusätzliche Kenntnisse, die die meisten Unternehmen nicht vorhalten können.

Das Rationalisierungskuratorium der deutschen Wirtschaft (RKW) gibt folgende Gründe an, die für die Inanspruchnahme eines Beraters sprechen:

1. Die breite Erfahrung des Fachmanns von außen gibt neue Anstöße. Er verfügt auch oft über ein erprobtes und ausgereiftes Instrumentarium zur Problemlösung.
2. Der Berater ist ein neutraler und unabhängiger Gesprächspartner; dadurch kommen Gedanken zum Ausdruck, die sonst nicht ausgesprochen werden.
3. Die vorhandene Kapazität an Mitarbeitern wird auf Zeit erweitert.
4. Eine spezielle Beratung ist kostengünstiger als die Einstellung neuer Mitarbeiter für die gleiche Aufgabe.
5. Beratungskosten sind proportionale Kosten.
6. Die Meinung eines Fachmanns von außen wird ernster genommen.
7. Der Berater schafft ein konstruktives Spannungsfeld. Unterschiedliche Meinungen prallen aufeinander und führen schneller zu neuen Lösungen.

Mit Ausgliederung von Unternehmensbereichen ist es nicht allein getan. So wie die Führungskräfte neu gefordert sind, so müssen sich auch viele Berater ändern. Es genügt nicht mehr, nur Konzepte zu erstellen, sondern sie müssen bei der Realisierung begleitet werden. Kurzfristiges Erfolgsdenken muß durch langfristige Bindung ersetzt werden. Es genügen keine gutachterlichen Stellungnahmen, sondern die Firmen brauchen meßbare Erfolge. Gute Berater geben ihren Kunden Anleitung zur Selbsthilfe.

Am Beispiel der Boston Consulting Group (BCG), der drittgrößten Unternehmensberatungsgesellschaft (s. Tabelle Seite 19) soll dieses „neue" Selbstverständnis der Berater illustriert werden (Interview mit dem Weltchef der BCG im Handelsblatt vom 5. 6. 1997):

John S. Clarkeson ist ein Mann der leisen Töne. Während seine Wettbewerber sich gern medienwirksam präsentieren und ihren Zuhörern bei Vorträgen wahre Folienschlachten zumuten, bevorzugt der Weltchef der Boston Consulting Group (BCG) den bescheidenen Auftritt. Auch von den ständig wechselnden Modewellen, auf die die Beraterzunft so gern aufspringt, distanziert sich Clarkeson. „Die Trends machen die anderen", sagt der Chief Executive Officer (CEO), der seit 1986 an der Spitze der Bostoner Unternehmensberatung steht. „Unser Ziel ist es, unseren Kunden zu helfen, erfolgreicher zu werden, und dafür brauchen sie vor allem eine gute Strategie."

Auch die – zumindest in Deutschland – neueste Modewelle der Shareholder Value bewertete Clarkeson bei seinem Auftritt auf dem Internationalen Management Symposium in St. Gallen eher nüchtern. „Shareholder Value ist nur ein Maß für die Leistung eines Unternehmens und mehr nicht", mahnte der BCG-Chef. „Ich glaube nicht, daß Sie den Shareholder Value langfristig erhöhen können, wenn Sie keine guten Beziehungen zu Ihren Mitarbeitern und Kunden haben und wenn Sie keine neuen Arbeitsplätze schaffen."

Gute Beziehungen sind für den Harvard-Absolventen das A und O einer erfolgreichen Unternehmensberatung. „Consultants müssen eine echte Partnerschaft mit ihren Kunden aufbauen. Dann funktioniert auch die Implementierung besser und schneller", sagt John S. Clarkeson, der am 1. Juni seinen Rückzug aus dem operativen Geschäft bekanntgab und im Januar 1998 die Position des Chairman bei BCG übernimmt.

„Ein wesentlicher Teil unserer Entwicklung war es, sicherzustellen, daß wir bei der Zusammenarbeit mit unseren Kunden genauso gut werden wie bei unseren Konzepten", blickt Clarkeson zurück. Denn zu Beginn der 80er Jahre sei man sich auch bei BCG noch nicht sicher gewesen, daß man sehr stark sei und sich nicht groß um die Art der Zusammenarbeit kümmern müsse. Der partnerschaftliche Ansatz sei ein wesentlicher Grund für das rasante Wachstum von BCG. Allein in Deutschland erhöhte sich der Umsatz von 1986 bis 1996 von 35 auf 235 Mio. DM. Die Zahl der Berater stieg von 70 auf 335.

„Die Kunden haben erkannt, daß sich Veränderungen schneller umsetzen lassen, wenn man von Anfang an gut zusammenarbeitet", erklärt Clarkeson. Dazu gehöre die richtige Grundeinstellung beim Berater. So sei es ein großer Fehler, zu glauben, man kenne bereits die Lösung für ein Unternehmen. „Wenn der Prozeß transparent gemacht wird, dann erkennt das Unternehmen auch sein wirkliches Problem und fühlt sich wohler mit den Schlußfolgerungen", glaubt Clarkeson. „Das nächste Mal braucht es nur noch wenig Hilfe von außen, weil es unseren Ansatz verstanden hat."

Bei der Problemanalyse ergäben sich oft Überraschungen oder Chancen, die man bisher übersehen habe. Natürlich sei dabei auch häufig eine Kostenreduzierung notwendig, um im Wettbewerb zu überleben. Doch sie allein reiche nicht. Die grundlegende Herausforderung sei es, kontinuierlich kreativ zu bleiben und in die richtigen Geschäftsfelder zu investieren. Ehemals erfolgreiche Unternehmen wie IBM, General Motors oder American Express hätten zu lange in alte Strategien investiert und so in ihrem Kerngeschäft verloren.

Es gehe daher darum, erfolgreiche Unternehmen zu verändern. „Erwarten Sie nicht, daß ein erfolgreiches Unternehmen auch erfolgreich bleibt", warnt Clarkeson. An die Manager appelliert der BCG-Chef, skeptisch bei Einkauf von Beratungsleistungen zu sein und eine Idee nicht nur einzukaufen, weil sie neu ist.

Was die Personalentwicklung betrifft, setze BCG sehr stark auf Frauen. Nicht zuletzt aufgrund der großen Flexibilität bei der Arbeitszeit liege der Anteil der weiblichen Consultants in den USA bereits bei knapp 50 %.

Zwölf Jahre hat Clarkeson die Entwicklung von BCG maßgeblich beeinflußt. Was wünscht er sich für die Zukunft? Die Antwort kommt wie aus der Pistole geschossen: „Niemals die Größten sein, aber die Besten in der Strategieberatung. Das ist der schwierigste, aber auch der herausforderndste Teil im Consulting. Denn hier geht es um den Existenzgrund eines Unternehmens und seine Zukunft."

Aufsichtsräte, Wirtschaftsprüfer und Berater sind durch aktuelle Ereignisse durch die Medien gezogen worden und müssen ihr Können und ihr Engagement neu unter Beweis stellen (vgl. Staute 1996).

Arrogante „Besserwisser" und „Absahner", wie wir es Anfang der neunziger Jahre aus den neuen Bundesländern oft gehört haben, erzeugen großen Schaden (vgl. hierzu auch Wirtschaftswoche vom 12. 1. 1995). Das Preis-Leistungsverhältnis muß stimmen, und eine gewisse soziale Kompetenz muß gegeben sein. Hochschulwissen ist heute selbstverständlich. Wir brauchen Berater mit Führungserfahrung. Um das alles zu erreichen, nützt keine Gutgläubigkeit und das Lesen von aufwendigen Selbstdarstellungsprospekten, sondern analytische Auswahlverfahren und Referenzen.

Gesucht werden heute Berater, die nicht nur den Unternehmensleitungen Strategien vorschlagen, sondern die auch die erarbeiteten Lösungen praktizieren können.* Hierzu denken wir insbesondere an den Beratungskomplex „Unternehmenskontinuität bei Generationswechsel", welcher zur Jahrtausendwende vor allem die Gründer der 50er Jahre betrifft (vgl. hierzu auch Kapitel 3.8). Aus diesem Grunde schließen sich häufig Beratungsunternehmen zusammen (vgl. auch Hummel 1995).

Managementberatungsunternehmen

Rang	Unternehmen	Umsatz in Millionen DM		Mitarbeiter inkl. Berater	
		1996	1995	1996	1995
1	Roland Berger & Partner GmbH, München	326	285	597	525
2	The Boston Consulting Group, München	235	215	335	315
3	Gemini Consulting, Bad Homburg	201	168	360	340
4	A. T. Kearney GmbH, Düsseldorf	145	120	300	285
5	Arthur D. Little International Inc., Wiesbaden	126	108	300	275
6	Booz, Allen & Hamilton Inc., München[1])	115	97	250	240
7	Marketing Corporation AG, Bad Homburg	103	85	230	180
8	Kienbaum und Partner, Gummersbach	98	96	279	290
9	Bain & Company, München	84	66	130	106
10	Deloitte & Touche Consulting Group/WEDIT, München[1])	77	53	332	255
11	Droege & Comp. International, Düsseldorf	72	41	130	90
12	Beratungsgruppe Plaut Deutschland, Ismaning[2])	65	55	200	170
13	Knight Wendling Consulting, Düsseldorf	55	44	120	110
14	Mercer Management Consulting Group, München	55	46	128	108
15	AMS Management Systems, GmbH, Frankfurt	44	35	250	220
16	Diebold Deutschland GmbH, Eschborn	42	40	137	135
17	FCI Fischer Group, München	42	42	48	52

1) Vom Kalenderjahr abweichendes Geschäftsjahr.
2) Zahlen für 1995 geschätzt.
Quelle: Lünendonk, Unteregg/Allgäu, bearbeitet durch F.A.Z. 26. 9. 97

* Unternehmensberater brauchen andere Mitarbeiter als früher, in: F.A.Z. vom 12. 10. 1994

Die internationalen Top Ten der Consulter

Unternehmen	Umsatz 1995 (Mio. US-Dollar)	Umsatzwachstum seit 1994 in Prozent
Andersen Consulting	4224,0	22,4
McKinsey & Co.	1800,0	20,0
KPMG International	1544,0	28,0
Ernst & Young	1523,0	28,9
Coopers & Lybrand	1221,0	16,4
Deloitte Touche Tomatsu	1200,0	13,1
Arthur Andersen	1169,5	40,4
Mercer Consulting Group	1056,4	13,2
Price Waterhouse	964,0	26,3
Booz-Allen & Hamilton	880,0	12,4

Focus 35/1996

Oft sind es aber auch kleine Beratungsfirmen oder Einzelpersönlichkeiten wie in der Personalberatung, die sehr erfolgreich dem Unternehmen dienen können. Dies wird angesichts der auch in Zukunft notwendigen Flexibilität und Effizienz dringend notwendig sein.

2 Warum öffentlich geförderte Unternehmensberatung?

Die Bundesregierung fördert Unternehmensberatungen insbesondere für kleine und mittlere Unternehmen. Sie trägt damit zur Leistungssteigerung bei und zur Anpassung an neue Wettbewerbsbedingungen vor allem auf dem EG-Binnenmarkt.

Aufgrund ihrer Betriebsgröße können diese Unternehmen auf Veränderungen im allgemeinen flexibler als Großunternehmen reagieren. Das setzt allerdings voraus, daß auch mittelständische Unternehmen Wandlungen am Markt rechtzeitig erkennen und über ein den modernen wirtschaftlichen Erfordernissen entsprechendes Instrumentarium verfügen. Beratungs- und Informationseinrichtungen sind dabei eine wertvolle Hilfe.

Maßnahmen, durch die der Informationsstand zunehmend auch im internationalen Rahmen dieser Unternehmen verbessert wird, sowie die Förderung der individuellen Unternehmensberatung sind deshalb in den vergangenen Jahren ein Kernstück des Aktionsprogramms zur Leistungssteigerung gewesen.

Zu dieser öffentlichen Förderung der Beratung in diesen Wirtschaftsbereichen führt ein Vertreter des Bundeswirtschaftsministeriums aus:

„Kleine und mittlere Unternehmen der Industrie, des Verkehrsgewerbes und sonstiger Dienstleistungsgewerbe stehen, verursacht durch die strukturelle Entwicklung, vor gleichen oder ähnlichen Problemen wie Unternehmen dieser Größenordnung im Handwerk und Handel. Auch für sie ist deshalb aus Bundesmitteln eine Förderung des Beratungs- und Informationswesens vorgesehen.

Die berufsständischen und Fachorganisationen dieser Wirtschaftsbereiche haben erkannt, daß die Deckung der bei ihren Mitgliedern auftretenden Beratungs- und Informationsbedürfnisse eine wichtige Aufgabe ihres zukünftigen Kammer- und Verbandsservices ist. Sie haben deshalb z. T. rechtlich selbständige oder unselbständige betriebswirtschaftliche oder technische Beratungsinstitutionen errichtet oder aber mit qualifizierten Beratern vertragliche Vereinbarungen über die Wahrnehmung von Beratungsaufgaben abgeschlossen. Bei ihren Initiativen verweisen sie darauf, daß sie aus fachlichen oder organisatorischen Gründen für solche Funktionen besonders prädestiniert und damit auch die berufenen ‚Maßnahmeträger' seien. Insoweit sind die Beratungsinstitutionen dieser Organisationen gleiche Einrichtungen wie z. B. der mit der gleichen Zielsetzung vorwiegend für den Bereich der Industrie tätige ‚RKW-Beratungsdienst'."

Die Fördermaßnahmen haben sich als ein außergewöhnlich wichtiges und wirksames Mittel zur Erhaltung und Steigerung der Leistungsfähigkeit kleiner und mittlerer Unternehmen erwiesen. Sie dienen dazu, den Unternehmen Schwachstellen und Verlustquellen aufzuzeigen und durch Vorschläge für eine rationellere Betriebsgestaltung einen höheren Betriebserfolg und damit eine Verbesserung der Wettbewerbsfähigkeit herbeizuführen. Entsprechend der wachsenden Nachfrage nach Beratungsleistungen hat die Bundesregierung die hierfür eingesetzten Mittel laufend erhöht. Die Erfahrung zeigt, daß die beratenen Unternehmen zum überwiegenden Teil ihre Marktstellung wesentlich festigen konnten. Die Bundesregierung wird deshalb auch künftig der Förderung der Unternehmensberatung hohe Priorität einräumen.

Erfolgreiche unternehmerische Tätigkeit ist in zunehmendem Maße vom Umfang des Informationsstandes und von der Beherrschung moderner Führungstechniken abhängig. Kleine und mittlere Unternehmen verfügen nicht oder nicht im gleichen Maße wie größere Unternehmen über spezialisierte Führungskräfte, die zur Lösung neuer ökonomischer, technischer oder organisatorischer Probleme prädestiniert sind. Ihnen soll deshalb mit Hilfe der öffentlichen Hand

Gelegenheit geboten werden, sich durch qualifizierte Berater über mögliche und notwendige Rationalisierungen unterrichten zu lassen und dadurch sowie durch die Inanspruchnahme anderer Informationsmöglichkeiten die Wettbewerbsfähigkeit in ihrem Unternehmen zu verbessern.

Bei einer Untersuchung, ob die öffentliche Förderung der Beratung kleiner und mittlerer Unternehmen als effizient anzusehen ist, kam die Prognos AG in einem Gutachten für das Bundesministerium für Wirtschaft und Finanzen u. a. zu folgenden Ergebnissen:

1. Die Beratungsförderung erwies sich als geeignetes Mittel für eine Überwindung der Entwicklungsschwierigkeiten kleiner und mittlerer Unternehmen. Sie setzt an dem neuralgischen Punkt einer Reform unproduktiver Methoden in der Unternehmensführung an.
2. Eine öffentliche Förderung der Beratungsfähigkeit ist so lange notwendig, als die Schwierigkeiten bei der Beratung von kleineren Unternehmen nicht überwunden sind: Unkenntnis, Trägheit oder Mißtrauen verhindern bisher noch den breiten Einsatz von Beratungsleistungen in der Unternehmensführung; auch fehlen infolge mangelnder Ausbildung oftmals die Voraussetzungen, solche erfolgreich zu nutzen.
3. Bei Unternehmen, die Beratungen beanspruchten, war im Durchschnitt eine bessere wirtschaftliche Leistungsfähigkeit und eine größere Aufgeschlossenheit technischen und marktbedingten Änderungen gegenüber festzustellen.
4. Eine mit Hilfe von Beratungsförderungen erfolgversprechende Inangriffnahme der Entwicklungsprobleme für kleine und mittlere Unternehmen setzt eine Kombination von privatwirtschaftlich orientierter Beratungstätigkeit, öffentlicher unternehmens- und projektgebundener Zuschüsse und eine mit öffentlicher Hilfe intensivierte Informations- und Überzeugungsarbeit voraus.

Diese Informationsarbeit muß versuchen, die Schwierigkeiten zu beseitigen, auf die eine Beratungstätigkeit auch heute immer noch stößt. Denn, so die Prognos AG in ihrem bereits angeführten Gutachten:

(1) Voraussetzung für einen Erfolg jeder Beratungsförderung ist die Bereitschaft der zu Fördernden zur Beratung, die *Beratungswilligkeit.* Sie stellte sich als das größte Problem heraus. Die Gründe dafür sind dieselben, die bereits oben als wichtigste Engpässe für die Entwicklung der kleinen und mittleren Unternehmen hervorgehoben wurden, nämlich eine vielfach unzureichende wirtschaftliche Denkweise und die verbreitete Unkenntnis über die Probleme der Unternehmensführung.

Als wichtigste Gründe für die Ablehnung von Beratungen sind wiederum zu nennen:

- Unkenntnis über die Möglichkeiten der Beratungen,
- fehlende Bereitschaft zu Änderungen im Unternehmen,
- Mißtrauen gegenüber dem außenstehenden Berater,
- Angst vor dem Verrat von Unternehmensgeheimnissen an Konkurrenten durch die Berater.

Da die Unternehmer oftmals keine Vorstellung von den potentiellen Ursachen ihrer Schwierigkeiten haben, vermögen sie auch die Möglichkeiten einer Unternehmensberatung nicht abzuschätzen. Unter solchen Bedingungen erscheint ihnen jeder Preis zu hoch, auch wenn sie für die Beratung mehr oder minder hohe Zuschüsse erhalten („solche Ausgaben können wir uns nicht leisten"). Der Investitionscharakter von Beratungsausgaben wird selten gesehen, und die Ausgaben gelten als unnötig, weil die Auswirkungen einer rationelleren Unternehmensführung auf die Rentabilität unbekannt sind oder zeitverzögert eintreten und der Grund für Entwicklungsschwierigkeiten des Unternehmens außerhalb des eigenen Bereichs gesucht wird.

Die Unkenntnis über die Vorteile einer Beratung wird meistens begleitet von einer fehlenden Bereitschaft, sich darüber zu informieren. Selbst wenn die Möglichkeit derartiger Vorteile nicht abgestritten wird, besteht doch eine gewisse Trägheit, aus den eingefahrenen Gleisen der bisherigen Unternehmensführung auszubrechen, und eine Scheu davor, sich in einem Gespräch oder gar einem schriftlichen Bericht sagen lassen zu müssen, daß dies gerade für die Weiterentwicklung erforderlich ist. Eine zwar abnehmende, aber auch heute nicht unbedeutende Rolle spielt dabei der Stolz, ohne fremde Hilfe auskommen zu können, und die Angst, sich von Konkurrenten Unfähigkeit vorwerfen lassen zu müssen, wenn man sich extern beraten läßt. Diese Gründe dürften auch der Anlaß dazu sein, daß Unternehmen häufig mit dem Wunsch um Hilfe an die Beratungsstellen herantreten, wenn die Schwierigkeiten für das Unternehmen bereits so groß sind, daß eine Beratung als zwecklos abgelehnt werden muß.

Das Argument der Trägheit wird gern hinter einem anderen Argument verborgen, nämlich dem mehr oder minder offen geäußerten Mißtrauen gegenüber dem außenstehenden Berater. Aussagen wie „was soll der mir schon sagen, hat ja selber noch nie ein eigenes Geschäft geführt" und ähnliche sind keine Seltenheit und beruhen vielfach auf einer charismatisch zu nennenden Überzeugung von der Richtigkeit der eigenen Unternehmensführung, selbst dann, wenn der Unternehmer mit dem Ergebnis seiner Arbeit nicht zufrieden ist. Die Schuld wird dafür außerhalb des Unternehmens gesucht (Verhalten der Konkurrenz, Schwarzarbeit, mangelnde staatliche Hilfe). Dieses Mißtrauen beruht aber in manchen Fällen auch auf schlechten Erfahrungen, die die Unternehmer selbst oder ihre Konkurrenten mit Beratungsfirmen gemacht haben (vgl. Staute 1996).

Eine sehr große Bedeutung für die Ablehnung von Beratungen insbesondere im Handwerk und im Gastgewerbe hat die Angst, der ansässige Berater könne, wenn er zu anderen Unternehmen geht, die bei einer Beratung gemachten Beobachtungen verwenden und damit an die Konkurrenz verraten. Diese Angst geht so weit, daß man lieber Aufträge zu oftmals sehr hohen Kosten an unbekannte umherreisende Berater vergibt, obwohl das Unternehmen diese Kosten ohne Zuschuß selber tragen muß.

(2) Die zweite Hürde für den Erfolg einer Beratungsförderung ist nach der Beratungswilligkeit die *Beratungsfähigkeit* der kleinen und mittleren Unternehmen, d. h. die Fähigkeit ihrer Leiter, die Beratungen erfolgreich bei der Unternehmensführung zu nutzen. Dies ist im wesentlichen eine Frage der Ausbildung des Beratenen. Je ferner ihm die wirtschaftlichen Probleme liegen und je stärker er „Fachmann" ist, desto größer ist die Gefahr, daß Berater und Unternehmer vielleicht dieselbe Sprache sprechen, sich aber nicht verstehen. Die bereits angesprochene „Anleitung zur Selbsthilfe" durch die Berater wird hierbei besonders deutlich.

Die gerade bei Inhabern kleiner und mittlerer Unternehmen zu beobachtende technische Orientierung erklärt es, daß von den Beratungsstellen häufiger, insbesondere bei Erstberatungen, Patentlösungen erwartet werden (dies mag in dem einen oder anderen Fall auch durch das Auftreten des Beraters selbst verstärkt werden). Diese Haltung verhindert aber vielfach, daß sich der beratene Unternehmer mit den Gedankengängen und Überlegungen des Beraters vertraut macht und sie damit in sein Konzept der Unternehmensführung übernimmt. Der Berater soll ihm einen Vorschlag machen, der einen möglichst schnellen und insbesondere anhaltenden Erfolg verspricht, ohne daß sich der Unternehmer selbst um die Zusammenhänge zu kümmern braucht. Daß ein solcher Vorschlag bei einer derart persönlichkeitsbezogenen Aufgabe wie der Unternehmensführung illusionär ist, bedarf keiner weiteren Diskussion. Das Ergebnis ist dann meist eine tiefe Enttäuschung über die erfahrene Beratung.

Bei der extrem hohen Skepsis, die die Leiter kleinerer Unternehmen jedem externen Urteil über ihre Tätigkeit entgegenbringen, muß eine problemorientierte Förderungspolitik gerade in der Art ihrer Durchführung darauf abgestellt sein. Auf folgende Punkte ist dabei zu achten:

- Eine Beratungsförderung kommt bei den Unternehmen nur an, wenn diese dem Berater das notwendige Vertrauen zu dem Wert seiner Arbeit entgegenbringen. Dies erfordert gerade bei kleinen und mittleren Unternehmen neben guten Fachkenntnissen ein Einfühlungsvermögen der Berater, das hohe pädagogische und psychologische Fähigkeiten voraussetzt. Ungeschickte, unvollständige und oberflächliche Beratungen stellen einen Erfolg der Förderung von vornherein in Frage.
- Der beratene Unternehmer muß das Gefühl haben, daß eine gute Beratung, auch wenn er ihren investiven Charakter nicht unmittelbar erkennt, wertvoll und das heißt vielfach nur zu angemessenen Preisen verfügbar ist. Er ist es seiner Einstellung nach nicht gewohnt, daß gute Leistungen unentgeltlich bereitgestellt werden.
- Das auch bei Leitern kleiner und mittlerer Unternehmen vielfach trotz aller Vorbehalte latent vorhandene Interesse an Beratungen (oft auch eine mehr oder minder zugegebene Neugierde) läßt sich praktisch nur durch ein persönliches Gespräch zwischen Unternehmer und Berater, nach Möglichkeit im Unternehmen selbst und ohne Zuhörer, aktivieren. Dies ist nur durch kostenfreie Kontaktbesuche und Betriebsbegehungen bei interessierten Unternehmern sowie durch eine gewisse Firmenbetreuung etwa durch einen kurzen Besuch ein halbes Jahr nach der Beratung zu erreichen.
- Die Überprüfung und anschließende Vorbereitung von Ergebnissen der Beratungstätigkeit in angemessenem Rahmen ist für eine Breitenwirkung der notwendigen Aufklärungsarbeit unerläßlich. Hierfür sollten auch Mittel der Werbung konzentriert eingesetzt werden.
- Bei der Verwendung von bisher schon freiberuflich tätigen Beratungsunternehmen im Rahmen der Beratungsförderung ist darauf zu achten, daß die spezielle Leistungsfähigkeit dieser Stellen genau den Aufgaben der Beratungsförderung für kleine und mittlere Unternehmen entspricht. Soweit dies nicht der Fall ist, etwa weil die geringe Nachfrage dieser Unternehmen bisher einen solchen Markt nicht hat entstehen lassen, ist der Aufbau spezieller Beratungsorganisationen gezielt zu unterstützen.
- Die Art der Förderung muß sicherstellen, daß das Interesse der Beratungsträger an einer ständigen Ausbreitung des Beratungsgedankens erhalten bleibt.

Die Verwirklichung eines praxisnahen Beratungskonzeptes ist ohne eine öffentliche Hilfe nicht möglich. Allerdings sieht die PROGNOS AG dann eine erfolgversprechende Möglichkeit, den kleinen und mittleren Unternehmen zu helfen, ihre Position in einer produktivitätsorientierten Unternehmensgrößenstruktur zu erhalten und auszubauen.

Die positive Beurteilung der Beratungsförderung in der PROGNOS-Studie des Jahres 1971 wurde 1987 durch eine erneute Untersuchung weitgehend bestätigt, die das Münchner Ifo-Institut im Auftrag des Bundesministeriums für Wirtschaft über die Effizienz der Förderung von Unternehmensberatungen durchgeführt hat.* Nachfolgend die wichtigsten Ergebnisse:

1. Öffentlich geförderte Beratung rentiert sich

„..., daß die in die Unternehmensberatung investierten Mittel ... eine hochverzinsliche Investition darstellen." (Seite 60)

2. Beratungsförderung ist ein wirksames Instrument der Mittelstandspolitik

„..., daß der staatlichen Förderung der Unternehmensberatung eine erhebliche ‚Initialzündung' zukommt." (Seite 76/77)

* Meyerhöfer, W., Effizienz der Förderung von Unternehmensberatungen, Ifo-Institut für Wirtschaftsforschung e.V., München 1987

„..., daß der Zuschuß zu den Beratungskosten eine Art ‚Dauerwirkung' ausgelöst hat, daß also der Anstoßeffekt sein Ziel, bei der Lösung betrieblicher Probleme externe Beratungsleistungen in Anspruch zu nehmen, erreicht hat." (Seite 79/80)

„Die Beratungsförderung in der Bundesrepublik ist somit ein wichtiges und wirksames Instrument der Mittelstandspolitik." (Seite 80)

3. „Mitnahmeeffekte" stören nicht

„Ohne Zweifel spielen bei der Inanspruchnahme der staatlichen Fördermittel auch ‚Mitnahmeeffekte' eine nicht unerhebliche Rolle. Für die Effizienz der einzelnen Unternehmensberatung ist dieser Effekt insofern nicht relevant, als Beratungen, die durch den ‚Mitnahmeeffekt' zustandegekommen sind, prinzipiell genauso effizient oder ineffizient verlaufen können wie Beratungen, bei denen der Mitnahmeeffekt keine Rolle spielt." (Seite 71)

4. Förderprogramme reichen aus

„..., daß das derzeit vorliegende Programmangebot ausreicht, um der recht heterogenen Nachfrage der gewerblichen Wirtschaft nach Beratungsleistungen zu entsprechen und sie finanziell zu unterstützen." (Seite 82)

5. Förderformen entsprechen dem Bedarf

„Das Nebeneinander verschiedener Förderformen (RKW, freiberufliches Programm, Handwerksorganisation) ist angesichts des heterogenen Beratungsbedarfs der gewerblichen Wirtschaft grundsätzlich positiv zu beurteilen." (Seite 90)

6. RKW-Beratung ist sehr effizient

„Die RKW-Beratung ist insgesamt sehr effizient. Neben ihrer Vor- und Zuschaltfunktion zur eigentlichen Beratung, die in erster Linie in der Problemerkennung und Auswahl geeigneter freiberuflicher Berater besteht, was sich auf den Beratungserfolg sehr positiv auswirkt, ist vor allem auch die dämpfende Wirkung auf die Preise für die Beratungsleistungen hervorzuheben." (Seite 90)

7. Fördergrenzen sind richtig ausgewählt

„Die gewählten Fördergrenzen erscheinen – mit Ausnahme des Großhandels – richtig gewählt. Sie erfassen nach der Umsatzsteuerstatistik im Durchschnitt rd. 96 % aller gewerblichen Unternehmen, also den gewerblichen Mittelstand auf breiter Ebene." (Seite 83)

8. Mehr Betriebe sollten an die Beratung herangeführt werden

„Angesichts der Effizienz, die eine Beratung für die Leistungs- und Wettbewerbsfähigkeit eines Unternehmens haben kann und vielleicht auch hat, ließe sich die Wirksamkeit der Beratungsförderung nachhaltig verbessern, wenn es gelänge, kleine und mittlere Unternehmen auf noch wesentlich breiterer Basis an die Beratung heranzuführen." (Seite 73/74)

9. Mittel für Beratungsförderung sollten aufgestockt werden

„Angesichts der Bedeutung, die externe Unternehmensberatung für die Leistungssteigerung der kleinen und mittleren Unternehmen hat, wäre zu überlegen, ob die Etatmittel für die Beratungsförderung bei Bedarf nicht zu Lasten der Finanzierungsprogramme für den Mittelstand aufgestockt werden sollten." (Seite 82)

10. Beratung kann Effizienz von Finanzierungsprogrammen erhöhen

„Die Effizienz der staatlichen Finanzierungshilfen könnte sicherlich gesteigert werden, wenn eine externe Betriebsberatung vorgeschaltet wäre, die zur Notwendigkeit und Zweckmäßigkeit der Finanzierungsförderung eines Unternehmens Stellung nimmt." (Seite 83)

11. Inanspruchnahme ist von Konditionen abhängig

„Die Inanspruchnahme der Beratungsförderung durch kleine und mittlere Unternehmen ist offensichtlich in starkem Maße abhängig von den Konditionen." (Seite 87)

„Die Reduzierung des Zuschußsatzes von 60 auf 40 % sowie die Kürzung der absoluten Zuschußhöhe der allgemeinen Beratung in der Neufassung der Förderrichtlinien vom 6. 12. 1984 muß als wesentlicher Grund dafür angesehen werden, daß insbesondere 1986 die Zahl der bezuschußten Beratungen des RKW wie die des freiberuflichen Programms stark zurückgegangen ist." (Seite 87)

12. Beratungseffizienz hängt von Beraterqualifikation ab

„Der Qualifikation des Beraters kommt für die Effizienz der Beratung und damit für die Effizienz des Fördermitteleinsatzes zentrale Bedeutung zu. Überlegungen zur Effizienzverbesserung des Fördermitteleinsatzes können deshalb die Beraterseite nicht außer acht lassen. Ineffiziente Beratungen werden in erster Linie durch nicht hinreichend qualifizierte Berater verursacht, die wegen fehlender ‚Zugangsbarrieren' auf dem Beratermarkt tätig werden können." (Seite 102)

13. Beratermarkt ist wenig transparent

„Der Beratermarkt ist wegen seiner außerordentlich großen Heterogenität für die Unternehmen nur wenig transparent. Das macht es insbesondere für kleine und mittlere Unternehmen schwer, den geeigneten und qualifizierten Berater zu finden." (Seite 102)

„Die Leitstellen sind im allgemeinen nicht dazu in der Lage, unqualifizierte Berater von der Förderung durch öffentliche Mittel auszuschließen." (Seite 103)

14. Hilfe bei Beraterauswahl steigert Beratungseffizienz

„Gelänge es (Anm. d. R.: beim Bundesprogramm für freiberufliche Berater), den Unternehmen bei der Auswahl eines geeigneten Beraters mehr Hilfestellung zu geben, so würde das einen positiven Beitrag zur Effizienz der Unternehmensberatung bedeuten. Das zeigen einmal die Erfahrungen mit der RKW-Beratung, zum anderen die Erfahrungen mit dem österreichischen Beratungssystem." (Seite 91)

3 Wann ist eine Beratung sinnvoll?

Eine Beratung ist generell dann sinnvoll,

- wenn Veränderungen eintreten,
- die das Unternehmen beeinflussen,
- die von eigenen Kräften nicht oder nur unzureichend zu bewältigen sind,

das heißt, wenn keine ausreichende Fachkompetenz im Unternehmen vorhanden ist, um ein wichtiges Problem zu lösen. Für viele unternehmerische Fragen wäre es insbesondere im Klein- und Mittelbetrieb unwirtschaftlich, einen Fachmann fest einzustellen, wenn er dafür nicht ausgelastet werden kann. Ein externer Berater hat hier die Funktion einer „Stabstelle außer Haus".

Veränderungen können externer Art sein. Dazu gehören vor allem Veränderungen im Markt, in der Technik und durch die Gesetzgebung.

Veränderungen können betriebsintern bedingt sein. Typische Auslöser für Beratungen sind hier personelle Änderungen bei Führungskräften und Änderungen in der Unternehmensgröße.

Es gibt immer mehr fortschrittliche Unternehmer, die in bestimmten Abständen mit Beratern zusammenarbeiten, um etwas gegen die Betriebsblindheit zu tun. Beratungen dieser Art können sich sowohl auf das gesamte Unternehmen als auch auf betriebliche Teilbereiche beziehen. Typisch sind solche Beratungen in der Verwaltung, im Vertrieb oder in der Produktion. Aber auch kleinere Bereiche wie z. B. Einkauf, Versand oder Qualitätskontrolle können durchleuchtet werden.

Schließlich können auch personelle Engpässe dazu führen, außerbetriebliche Fachleute zur Lösung bestimmter Probleme hinzuzuziehen. Beratungen dieser Art werden eher in größeren Betrieben durchgeführt, häufig in enger Zusammenarbeit mit den entsprechenden Fachleuten aus dem Unternehmen. Die fachlichen Beratungsschwerpunkte sind hier meist die Zeitwirtschaft, Rationalisierung in der Fertigung und Industrieplanung.

13 gute Gründe, einen Unternehmensberater zu engagieren:

1. Er ist nicht branchenblind.
2. Er ist nicht betriebsblind.
3. Er ist neutral.
4. Er ist ein Problemlöser.
5. Er verfügt über Managerqualitäten.
6. Er ist erfahren in der Bewältigung von Krisen.
7. Er ist ein Analytiker und findet somit schnell die tatsächlichen Gründe eines Problems.
8. Er verfügt über ein hohes Adaptions- und Kombinationsvermögen, dadurch erkennt er schnell Zusammenhänge.
9. Er achtet das Betriebsgeheimnis.
10. Er rüttelt durch seine Arbeit Mitarbeiter wach.
11. Er sensibilisiert Mitarbeiter hinsichtlich vorhandener Probleme.
12. Er kann anstehende Veränderungen im Unternehmen besser darstellen.
13. Er entlastet das Management.

Quelle: Zimmermann 1994, S. 44

3.1 Gründung

Eine Sonderform der Unternehmensberatung ist die Gründungsberatung. Sie bezieht sich auf ein „Unternehmen", das noch gar nicht existiert. Es gibt nicht wenige Fälle, wo die Gründung eines Unternehmens sogar unterbleibt – als Ergebnis einer Beratung, die vielleicht aus wirtschaftlichen Gründen davon abgeraten hat.

Gründungsberatungen haben stark an Bedeutung gewonnen, seitdem der Bund und viele Länder Unternehmensgründungen gezielt fördern durch besondere Zuschüsse, Kredite und verbilligte Beratungen. Sie werden durchgeführt von spezialisierten freiberuflichen Beratern, Beratungsdiensten der Gewerblichen Wirtschaft und Kammern, oft in enger Zusammenarbeit mit Banken.

Schwerpunkte von Gründungsberatungen können sein (vgl. auch Hummel 1994):

- **Finanzierungsfragen**

  Welches Kapital ist erforderlich?

  Welche öffentlich geförderten Finanzierungsmöglichkeiten gibt es?

  Reicht das Eigenkapital aus?

  Wie ist die Ertragsvorschau für die nächsten Jahre?

  Wie ist die Liquiditätsplanung?

- **Rechtsfragen**

  Welches ist die richtige Rechtsform?

  Welche Anmeldungen sind erforderlich?

  Welche Haftungsfragen sind zu beachten?

- **Vertriebsfragen**

  Wie sind die Produkte zu beurteilen?

  Welcher Markt ist vorhanden?

  Wie ist die Konkurrenzsituation?

  Ist der Standort richtig?

  Welche Werbemaßnahmen sind erforderlich?

Für die Beantragung von Eigenkapitalhilfe aus öffentlichen Mitteln wird heute eine fachliche Stellungnahme zum gesamten Gründungskonzept durch eine kompetente Beratungsinstitution gefordert.

Gründungsberatungen tragen erheblich dazu bei, volkswirtschaftlichen und persönlichen Schaden zu vermeiden, und zwar in zweifacher Richtung:

1. Die Spreu kann rechtzeitig vom Weizen getrennt werden. Es werden Gründungen vermieden, die von vornherein zum Scheitern verurteilt sind. Viele Gründungswillige haben zwar eine gute Produktidee, aber keinerlei unternehmerische Fähigkeiten, keinen ausreichenden Markt oder zu wenig Kapital. Manchmal kann ihnen durch die Vermittlung eines geeigneten Lizenzpartners geholfen werden.

2. Vielfach vorhandene betriebswirtschaftliche Defizite werden rechtzeitig erkannt und durch gezielte Schulung vermindert. Es wird also eine Basis geschaffen, die tragfähig ist, um die ersten kritischen drei bis vier Jahre nach der Gründung zu überstehen. In dieser Zeit, so zeigt die Konkursstatistik, scheitern die meisten Unternehmensgründungen.

3.2 Wachstumsprobleme

Unternehmerisches Wachstum bringt vielfach besondere Probleme, die mit Hilfe einer Beratung gelöst werden können. Die Art dieser Probleme ist stark abhängig von der bereits erreichten Unternehmensgröße. Dementsprechend sind auch die erforderliche Beratungsart (siehe Kap. 4), der Beratungsschwerpunkt (siehe Kap. 5) und der Typ des einzusetzenden Beraters unterschiedlich:

1. Unternehmensaufbau nach der Gründung

In dieser wohl kritischsten Phase eines Unternehmens hat es sich gezeigt, daß eine begleitende Aufbauberatung oft entscheidend für die Stabilisierung und Konsolidierung ist. Es ist die wichtige Lernphase des Jungunternehmers, wo er mehr denn je auf guten Rat von draußen angewiesen ist.

Typische Beratungsfelder der Aufbauberatung sind die Unternehmensführung, Finanzierung, Kostenrechnung und Kalkulation, der Vertrieb sowie die Ablauforganisation in Verwaltung und Produktion.

Welcher Berater ist hier gefragt? Es ist der klassische Allroundberater für den Kleinbetrieb, der als „Unternehmerberater" gute psychologische Fähigkeiten, fundiertes Führungswissen und breit angelegte Fach- und Branchenkenntnisse mitbringen muß. Er hat seinen Wohnsitz in der Nähe seiner Klienten, kennt die regionale Wirtschaftsstruktur und hat gute Beziehungen zu den Leitern und Kreditsachbearbeitern der regionalen Bankfilialen.

Qualifizierte Berater dieser Art gibt es immer noch zuwenig, aber ihre Zahl nimmt zu. Häufig haben sie 20 bis 40 Beratungskunden, die sie langfristig betreuen, oft innerhalb eines Radius von höchstens 50 bis 100 km.

Meist werden viele Kurzberatungen von ein bis drei Tagen durchgeführt, verteilt über einen längeren Zeitraum mit Abständen von ein bis drei Monaten. Dabei werden jeweils verschiedene Beratungsschwerpunkte behandelt. An Stelle eines umfangreichen Beratungsberichtes werden nur Kurzprotokolle über die vorgeschlagenen Einzelmaßnahmen erstellt, deren Durchführung beim jeweils nächsten Beratungsabschnitt kontrolliert wird.

Aufbauberatungen dieser Art haben sich bisher gut bewährt. Es gibt bereits viele Beispiele, wo sie zu stabilen, rentablen Unternehmen geführt haben.

2. Schwelle vom Kleinbetrieb zum Mittelbetrieb

Die Schwelle vom Klein- zum Mittelbetrieb kann – abhängig von der Branche – bei sehr unterschiedlichen Beschäftigten- oder Umsatzzahlen liegen. Es gibt aber einige typische Anzeichen dafür, wenn sie überschritten ist und es versäumt wurde, die Organisation entsprechend anzupassen:

- Überall im Betrieb entstehen Engpässe
- Qualitätsmängel häufen sich
- das Lager wird immer voller, aber ständig fehlen bestimmte Artikel
- zugesagte Liefertermine können nicht eingehalten werden
- Kundenreklamationen häufen sich
- der Chef und das Personal sind überlastet und machen Überstunden.

Im gut überschaubaren Kleinbetrieb sind häufig Improvisation und Intuition die vorherrschenden Führungsinstrumente. Der Unternehmer hat alle wichtigen Daten und Abläufe im Kopf, allenfalls in seinem Notizbuch oder Terminkalender.

Im Mittelbetrieb reicht diese Art der Führung naturgemäß nicht mehr aus. Viele Unternehmer spüren dies rechtzeitig; andere sind betriebsblind und merken es viel zu spät.

Weichen müssen neu gestellt werden. Eine neue Aufbau- und Ablauforganisation ist erforderlich. Wie soll sie aussehen?

Dies ist der richtige Zeitpunkt für externe Beratungshilfe. Sinnvoll ist zunächst eine Gesamtberatung (siehe Kap. 4.1), um alle Schwachstellen mit Ursache und Wirkung zu erkennen und die erforderlichen Maßnahmen zu deren Beseitigung in der Reihenfolge der Dringlichkeit einzuleiten.

Die eigentliche Einführung der neuen Organisation kann dann anschließend in mehreren Schwerpunktberatungen in enger Zusammenarbeit mit der betrieblichen Führungsmannschaft erfolgen. Typische Beratungsthemen sind hier:

- Einführung einer Kostenrechnung
- Einführung eines PPS-Systems
- Neugestaltung der Lagerorganisation und Materialposition
- Einführung einer systematischen Qualitätskontrolle
- Auswahl und Einführung eines EDV-Systems
- Entwicklung einer Marketingkonzeption
- Neugestaltung der Aufbauorganisation mit Stellenbeschreibungen.

Eine umfassende Neuorganisation dieser Art muß schrittweise erfolgen, damit der normale Betriebsablauf nicht zu sehr gestört wird. Sie kann sich über mehrere Jahre erstrecken.

Es sind dafür mehrere, unterschiedlich spezialisierte Berater erforderlich. Aufgrund der Verzahnung der verschiedenen betrieblichen Funktionsbereiche ist es von Vorteil, wenn sie es gewöhnt sind, im Team zusammenzuarbeiten. Dies ist meist dann der Fall, wenn sie aus einer Beratungsfirma kommen.

3. Größere Unternehmen

Auch bei größeren Unternehmen können Wachstumsprobleme auftauchen, die es sinnvoll erscheinen lassen, einen Berater einzuschalten. Die Praxis zeigt, daß sich Großbetriebe sogar häufiger beraten lassen als kleine und mittlere, obwohl sie viel mehr eigene Spezialisten und Stabsabteilungen haben. Wie ist das zu erklären?

In einem gut geführten Unternehmen beurteilt man eine Beratung wie eine Investition, die sich amortisieren muß. Steht sie im Zusammenhang mit größeren Anlagen- und Maschineninvestitionen oder entsprechenden organisatorischen Veränderungen, so lohnt es sich, diese wichtigen Entscheidungen durch eine fundierte Beratung abzusichern und entsprechende Honorarsummen dafür einzuplanen. Naturgemäß können solche Honorare höher sein als bei einem Kleinbetrieb.

Viele größere Unternehmen setzen hier auch dann externe Berater ein, wenn eigene Fachleute vorhanden sind. Ziel ist es, deren Erfahrungen von draußen im eigenen Team zu nutzen. Einige typische wachstumsbedingte Beratungsthemen aus diesem Bereich:

- Erweiterungsplanung für eine Fertigung
- Planung und Beratung bei der Auswahl eines automatisierten Lagersystems
- Ablauf- und Raumplanung für ein neues Bürogebäude
- Neugestaltung der Außenläger und des Werktransports

- Neuorganisation des Vertriebs-Außendienstes
- Vorschläge zur Verbesserung der Kundendienst-Organisation
- Beratung bei der Auswahl eines neuen EDV-Systems.

Grund für einen Beratereinsatz im Großbetrieb kann auch dessen Neutralität und Erfahrung bei wichtigen Entscheidungen auf dem Personalsektor sein. Drei klassische Aufgabenstellungen aus diesem Bereich:

- Beratung bei der Suche und Auswahl von Führungskräften
- Neugestaltung der Aufbauorganisation mit Stellenbeschreibungen
- Einführung von leistungsorientierten Entlohnungssystemen.

3.3 Veränderungen im Unternehmen

Immer wieder gibt es einschneidende Veränderungen in einem Unternehmen, die ausschließlich intern bedingt sind, die weder durch das Unternehmenswachstum noch durch äußere Einflüsse ausgelöst werden. Sie sind auch völlig unabhängig von der Unternehmensgröße. Es sind

- Veränderungen in der Unternehmensleitung
- Veränderungen in den Beteiligungsverhältnissen
- Veränderungen im Management.

Bei solchen Ereignissen werden oft langfristig die Weichen für die Zukunft gestellt. Die erforderlichen Entscheidungen sind von großem Gewicht, da sie die weitere Entwicklung des Unternehmens stark beeinflussen. Daher werden zu ihrer Absicherung häufig externe Berater hinzugezogen.

Dies gilt besonders für die klassische Veränderung in der Unternehmensleitung, d. h., wenn diese teilweise oder ganz auf den Sohn, die Tochter, einen nahen Verwandten oder einen Geschäftsführer übertragen wird. Dies kann eine Änderung der Beteiligungsverhältnisse, der Rechtsform, der Haftung und der Finanzierung zur Folge haben. Eine musterhafte Übergabe setzt daher rechtzeitige Beratung voraus. Die Auswirkungen auf das Unternehmen können dramatisch sein, wenn der Unternehmer plötzlich stirbt, ohne daß vorher eine ausreichende Nachfolgeregelung getroffen wurde (siehe auch Kapitel 3.8).

Auch bei der Einführung von Beteiligungsmodellen für die Belegschaft werden häufig externe Berater hinzugezogen. Spezialwissen auf diesem schwierigen Gebiet und Neutralität können hier von großem Nutzen für das Unternehmen sein.

Schließlich kann das Ausscheiden eines langjährig bewährten Mitarbeiters ein Anlaß sein, die davon betroffene Abteilung grundlegend neu zu organisieren und eventuell neue Techniken einzuführen; ein klassisches Feld für den Einsatz eines Unternehmensberaters.

3.4 Veränderungen im Markt

Ein häufiger Anlaß für den Einsatz eines Unternehmensberaters ist die Marktveränderung. Dabei ist grundsätzlich zu unterscheiden, auch was die Beraterauswahl betrifft, zwischen

- Veränderungen im Binnenmarkt
- Veränderungen im Exportmarkt (Globalisierungsstrategien).

In beiden Fällen können sowohl einzelne Firmen als auch ganze Branchen betroffen sein.

Veränderungen können kurzfristig eintreten und eine schnelle Reaktion erforderlich machen. Die beiden klassischen Fälle:

- ein neuer starker Konkurrent erscheint
- neue und bessere Produkte erscheinen.

Sie können auch mittel- oder langfristiger Natur sein, so daß man ihnen mit einer neuen Marketingstrategie begegnen muß. Einige typische Beispiele dafür:

- Verlagerung von lohnintensiven Fertigungen in Niedriglohnländer
- Japans Erfolge bei Uhren, Kameras, Unterhaltungselektronik, Kraftfahrzeugen
- Überkapazitäten bei schrumpfenden Märkten (Werften, Stahl, Baugewerbe)
- starke Änderungen der Energiepreise
- starke Wechselkursänderungen (Dollarkurs)
- Teilnahme an wachstumsintensiven Märkten in Asien.

3.5 Veränderungen in der Technik

Aus diesem Umfeld kamen die stärksten Beratungsimpulse der vergangenen Jahre, da hier die größten Veränderungen stattfanden. Vor allem Klein- und Mittelbetriebe sind bei der Einführung neuer Technologien auf externe Hilfe angewiesen, da eigene Experten vielfach nicht vorhanden sind.

Ziel einer Technologieberatung ist in der Regel die herstellerneutrale Beurteilung und Hilfe bei der Auswahl eines neuen technischen Systems. Dabei spielt die Softwareauswahl eine immer größere Rolle. Dies setzt naturgemäß eine entsprechende Marktkenntnis des Beraters voraus. Einige typische Beratungsaufgaben aus diesem Bereich:

- Beratung bei der Auswahl eines EDV-Systems (Software/Hardware)
- Einführung eines automatisierten Lager- und Transportsystems
- Auswahl eines computerunterstützten Konstruktionssystems (CAD)
- Auswahl von computergesteuerten Maschinen in der Fertigung (CNC)
- Einsatz von Handhabungssystemen und Robotern in der Montage
- Aufbau einer autonomen Fertigungsinsel
- Rationeller Energieeinsatz durch Abwärmenutzung
- Systematische Verringerung der Fertigungstiefe
- Just in time-Fertigung (JIT)
- Schlanke Fertigung mit Teamorganisation
- Qualitätssicherung nach DIN/ISO 9000 ff.

3.6 Veränderungen durch die Gesetzgebung/Umweltschutz

Ein geradezu klassisches Beispiel, wie durch die Gesetzgebung ein völlig neuer Beratungsmarkt entstehen kann, ist der betriebliche Umweltschutz. Beratungen auf diesem Gebiet gab es schon immer, aber erst die TA-Luft und die neuen Abwassergesetze mit den erheblich verschärften Grenzwerten für Schadstoffe führten zu einem sprunghaften Anstieg der Nachfrage nach spezialisierten Beratern. Warum?

Die meisten Betriebe, selbst größere, haben noch keine eigenen Fachleute für dieses Gebiet. Die Erfüllung und Einhaltung der neuen Gesetze mit ihren zum Teil engen Terminen zwingt zu raschem Handeln, teilweise verbunden mit erheblichen Investitionsentscheidungen.

Ein außerbetrieblicher neutraler Fachmann, der die entsprechenden Produkte und deren Markt kennt, ohne an einen Hersteller gebunden zu sein, kann helfen, eine wirtschaftliche Lösung zu finden, die den Anforderungen des Gesetzes entspricht. Wichtig ist es, für ein meist sehr spezielles Problem den richtigen Experten zu finden.

Woher kommen solche Berater, wenn ein neues Beratungsfeld entsteht? **Wie wird man zum Umweltschutzberater?** Hierbei gibt es verschiedene Wege:

1. Branchenberater

Sie haben ihre Kenntnisse systematisch auf die speziellen Umweltprobleme der Branche erweitert, für die sie schon immer tätig waren. So werden zum Beispiel von Fachberatern für die Fleischverarbeitungsindustrie Abluftprobleme von Räucherkammern bearbeitet. Holzberater lösen Probleme der Abfallverbrennung oder der Lärmverminderung in dieser Sparte.

2. Energieberater

Viele haben erkannt, daß die Gesetzgebung neue Impulse für ihren Fachbereich bringt. Sie haben sich spezialisiert auf Abfallverbrennung und Wärmerückgewinnung im Zusammenhang mit Abluft- und Abwasserreinigung.

3. Berater für Oberflächentechnik

Es sind insbesondere Berater, deren fachlicher Schwerpunkt im Umfeld der Lackierung oder der Galvanik liegt. Sie haben vielfach ihre Tätigkeit auf die zugehörige Abluft-, Abwasser- und Abfalltechnik ausgeweitet.

4. Berater für Lärmschutz

Ingenieurbüros für Akustik und Schallschutz gibt es schon lange. Durch schärfere Auflagen im betrieblichen Lärmschutz ist hier ein neuer Beratungsschwerpunkt entstanden.

5. Vereidigte Sachverständige

Schon immer gibt es vereidigte Sachverständige für Bereiche, die eng mit der Umwelttechnik zusammenhängen, zum Teil mit sehr enger Spezialisierung auch nach Branchen. Auch sie haben ihre Beratungstätigkeit entsprechend ausgeweitet.

6. Umweltingenieure

Technische Universitäten und Fachhochschulen bilden seit einigen Jahren Ingenieure der Fachrichtung Umwelttechnik aus. Inzwischen sind die ersten erfolgreich als Umweltschutzberater tätig.

3.7 Sanierung

Sanierungsberatungen werden häufig durch Banken oder den Steuerberater veranlaßt. Ziel ist es, ein finanziell angeschlagenes Unternehmen vor dem Konkurs zu bewahren und eine Konzeption für die Gesundung zu entwickeln, die von allen Beteiligten – Unternehmer, Belegschaft, Kreditgeber, Gläubiger – getragen wird.

Dabei ist die Auswahl des richtigen Beraters von entscheidender Bedeutung für den Erfolg der Sanierung. Erfolgt sie nicht mit aller Sorgfalt, so kann großer Schaden entstehen. Es gibt immer wieder Fälle, wo offensichtlich die Sanierung des Beraters mehr im Vordergrund der Bemühungen stand als die des Unternehmens.

Einige spektakuläre Konkursfälle der letzten Jahre zeigen, daß selbst renommierte Banken nicht davor gefeit sind, die falsche Unternehmensberatung auszuwählen. Auch deren Mitgliedschaft bei bekannten Beraterorganisationen war offensichtlich keine ausreichende Garantie für Qualität und Seriosität.

Eine wichtige Sonderform der Sanierungsberatung entstand in den neuen Bundesländern bei der Überführung ehemaliger volkseigener Betriebe über die Treuhand und die Privatwirtschaft. Auch hier wurde am Anfang durch unseriöse und unqualifizierte Berater viel Schaden angerichtet.

3.8 Regelung der Unternehmensnachfolge

Bei rund 300.000 Unternehmen in Deutschland steht bis zur Jahrtausendwende ein Führungswechsel ins Haus. Obwohl eine gut vorbereitete Unternehmensnachfolge neben der Investitions-, Absatz- und Finanzplanung die vierte wichtige unternehmerische Säule darstellt, wird sie besonders häufig in Familienbetrieben vernachlässigt. Das kann gefährliche Folgen haben und bis zum wirtschaftlichen Ruin führen. Für Firmeninhaber wie auch für deren Nachfolger stellt sich die Frage: Was tun?

Jeder Firmeninhaber steht früher oder später vor der Situation, sein Lebenswerk in andere Hände legen zu müssen. Dieser einschneidende Augenblick wird gleichermaßen von individuellen Interessen wie auch von Verantwortlichkeiten gegenüber der Allgemeinheit geprägt. Die wichtigste Regel lautet: die Nachfolge rechtzeitig planen und vorbereiten.

Folgende Problembereiche sind dabei zu beachten (vgl. folgende Abbildung):

Eine systematische Planung sollte anhand folgender Fragestellungen durchgeführt werden:

Nachfolge-Planung

- Wer kommt als Nachfolger in Frage?
- Soll es sich um eine Nachfolge zu Lebzeiten oder um eine solche auf den Todesfall handeln?
- Welche unternehmerischen und wirtschaftlichen Ziele sollen im Zuge der Nachfolgeregelung mit verwirklicht werden?
- Wie soll die Nachfolge eingeleitet bzw. durchgeführt werden?
- In welcher Rechtsform soll die Nachfolge umgesetzt werden?
- Welche steuerlichen Optimierungen gilt es zu bedenken?
- Wie könnte ein Zeitplan der Umsetzung aussehen?
- Wer ist zur Erarbeitung einer Nachfolgekonzeption wann hinzuzuziehen (Projektteam)?

Quelle: Personalwirtschaft Heft 5/96

Die Ursachen dafür, daß sich Unternehmer nur sehr widerstrebend mit der Nachfolgeregelung beschäftigen, sind sehr vielschichtig. Oft werden genannt:

1. Materielle Ängste: Die Frage, ob das erarbeitete Vermögen schon zur Absicherung des Lebensstandards im Alter ausreicht, wird wegen der Angst vor der Antwort gern auf die lange Bank geschoben und damit auch die Frage nach der Nachfolge.

2. Daseinsangst: Was soll man tun, wenn die Aufgabe, die dem Leben vordergründig Sinn und Erfüllung gegeben hat – nämlich Verantwortung zu tragen für ein Unternehmen mit seinen Mitarbeitern und deren Familien – erledigt ist? Die Angst vor der Sinnlosigkeit des Lebens beschleicht so manchen Menschen, der seine Daseinsberechtigung ausschließlich in der Arbeit findet.

3. Keine Zeit: Die Frage der Unternehmensnachfolge ist zwar wichtig, aber meistens (noch) nicht dringend. So werden ständig andere Probleme in der Prioritätenliste vorgezogen.

4. Die Kinder sind „noch nicht soweit“: Der Senior weigert sich, an das Abtreten zu denken, weil er seine Kinder für unqualifiziert hält.

5. Die Familienverhältnisse sind sehr schwierig: Der Firmenchef würde zwar gern sein Unternehmen in jüngere Hände legen, weiß aber noch nicht, in welche, etwa weil unklar ist, ob eines der Kinder überhaupt willens ist, es zu übernehmen.

6. Unkenntnis der richtigen Vorgehensweise: Manche Unternehmer denken darum nicht über ihre Nachfolge nach, weil sie nicht wissen, wie sie an das schwierige Problem herangehen sollen.

Die Standardantwort vieler Unternehmer (unabhängig von ihrem Alter) auf die Frage, ob die Nachfolge im Unternehmen schon geplant sei, lautet jedoch: „Ich bin noch zu jung.“ Dazu gesellt sich der Zusatz: „Und Zeit habe ich auch keine.“ Man fragt sich dann natürlich, woher fast alle Unternehmer wissen, wann sie sterben werden. Und es drängt sich die Frage auf, wie jemand erfolgreich sein kann, der nicht zwischen wichtigen und dringenden Aufgaben unterscheiden kann. Wer nichts oder das Falsche tut, wird normalerweise einen Scherbenhaufen hinterlassen und sich von der Angst und dem unguten Gefühl, bei einer der wichtigsten unternehmerischen Aufgaben versagt zu haben, nicht befreien können. Bei einer schlecht geplanten Nachfolge ist unter Umständen

- die Familie zerstritten
- das Unternehmen ohne ausreichende Führung und ohne strategische Ausrichtung
- das Vermögen gefährdet
- die Steuerschuld aufgrund des Erbfalls viel zu hoch und gefährdet wegen des Liquiditätsentzuges das gesamte Unternehmen.

Wer die Nachfolgeregelung im Unternehmen systematisch angehen möchte, kann nach einem 7-Stufen-Plan vorgehen.

Phase 1 – Menschliche Aspekte: Zunächst wird geklärt, aus welchen Gründen die Frage der Nachfolge bisher nicht in Angriff genommen wurde. Dann werden die Ziele und Vorstellungen der Beteiligten herausgearbeitet und mögliche Generationenkonflikte ausgeräumt.

Phase 2 – Unternehmerische Aspekte: Unabhängig davon, ob das Unternehmen an ein Familienmitglied weitergegeben oder ob es verkauft wird, muß in dieser Phase die Unternehmensstrategie überprüft werden. Denn im ersten Fall muß im Interesse des Nachfolgers die langfristige Sicherheit gewährleistet werden, im zweiten sollte ein möglichst hoher Preis erzielt werden. Beides läßt sich mit einem gut positionierten Unternehmen besser bewerkstelligen.

Phase 3 – Entscheidung/Fortführung oder Verkauf: Wenn sich in der Familie kein Nachfolger findet, muß das Unternehmen verkauft werden. In diesem Fall müssen verschiedene Wege des Eigentumsüberganges geprüft werden: Soll ein unternehmerischer Partner, eine Beteiligungsgesellschaft oder eine Risikokapitalgesellschaft mit ins Boot geholt werden? Soll das Unternehmen an Dritte verkauft werden oder im Rahmen eines Management-buy-out an eine oder mehrere Führungskräfte? Soll eine Stiftung ins Leben gerufen werden, oder ist gar eine Liquidation notwendig? Sollten die Kinder zur Zeit der Nachfolgeplanung noch zu jung sein, um die Nachfolge anzutreten, sollte man sich ein „Schubladenprogramm" zurechtlegen, das alle Modalitäten des Unternehmensverkaufs im Notfall regelt. Dies sollte auch ein Unternehmertestament beinhalten.

Phase 4 – Rechtliche Aspekte: Nachdem klar ist, in welchen Händen die Zukunft des Unternehmens liegt, werden die rechtlichen Probleme geklärt. Hier wird gleichzeitig die Basis für die steuerliche Optimierung der Nachfolgeregelung gelegt. Grundsätzlich geht es in dieser Phase um Fragen der Vermögensübertragung unter Lebenden und von Todes wegen sowie um die Auswirkungen des ehelichen Güterstandes und die optimale Rechtsform für die Nachfolge und die Zeit danach.

Phase 5 – Steuerliche Aspekte: Im Rahmen der Unternehmensnachfolge sind vor allem die Bereiche Schenkung- und Erbschaftsteuer, Ertragsteuern und die Klärung von Versicherungsfragen wichtig. Mit der richtigen steuerlichen Gestaltung kann viel Geld gespart werden, das dem abgebenden Unternehmer, den Erben und dem Unternehmen zugute kommt.

Phase 6 – Finanzierung: Dieser Bereich ist wichtig, weil von der Finanzierungsform die materielle Zufriedenheit der abgebenden und der übernehmenden Partei abhängig ist. Außerdem kann der Liquiditätsentzug durch die Erbschaftsteuer für das Unternehmen existenzbedrohend sein, und zwar vor allem dann, wenn gleichzeitig noch Pflichtteilansprüche geltend gemacht werden und Ertragsteuern fällig sind.

Phase 7 – Organisation: In dieser Phase werden die Modalitäten der Übergabe festgelegt. Darunter fällt auch die Frage, ob die Geschäftsführung in Etappen oder sofort vollständig in die Hände des Nachfolgers gelegt werden soll. Außerdem sollte man sich Gedanken um die Organisation des Ruhestandes machen und Vorsorgemaßnahmen für den Todesfall treffen.

Quelle: Blick durch die Wirtschaft vom 12. 2. 1997

Checkliste: Nachfolge – die typischen Fehler

Die Darstellung im Text (7-Stufen-Plan) zeigt die richtige systematische Vorgehensweise in knappster Form. Daneben lassen sich typische Fehler in den einzelnen Phasen aufzeigen:

Phase 1:

- Die richtige Reihenfolge wird nicht eingehalten.
- Der Nachfolger ist nach falschen Kriterien ausgesucht worden.
- Der eingeschaltete Berater verfügt nicht über das notwendige Know-how.
- Das offene Gespräch mit der Familie wird nicht geführt.

Phase 2:

- Das Ziel ist nicht klar beziehungsweise nicht mit den betroffenen Personen entsprechend abgestimmt.
- Die Unternehmensstrategie wurde nicht überprüft.

Phase 3:

- Der Wert des Unternehmens ist nicht bekannt.
- Ein Unternehmensverkauf als denkbare Alternative wird nicht einbezogen.

Phase 4:

- Die rechtliche Ausgangssituation ist nicht klar genug.
- Unpassende Rechtsform.
- Pflichtteilansprüche werden unterschätzt.
- Testament und Gesellschaftsvertrag werden nicht aufeinander abgestimmt.
- Eine Erbengemeinschaft wird Unternehmer.

Phase 5:

- Die derzeitige Erbschaftsteuerbelastung ist nicht bekannt.
- Ungewollte Entnahmen aus dem Betriebsvermögen.
- Vergessen der Vorsteuerkorrektur (Paragraph 15 a UStG).
- Versicherungsrechtliche Fragen werden nicht geklärt.

Phase 6:

- Finanzierungsprobleme im Zusammenhang mit der Nachfolge sind nicht bedacht.
- Liquiditätsbedrohung durch Pflichtteilansprüche.
- Zugewinnausgleichsanspruch des Ehegatten.
- Erbersatzanspruch des nichtehelichen Kindes.
- Abfindung an weichende Erben.

Phase 7:

- Die Übergabe ist nicht ausreichend organisiert.
- Die Betätigung im Ruhestand ist nicht geklärt.
- Organisatorische Vorsorgemaßnahmen für den Todesfall sind nicht getroffen.
- Zu beachten sind auch untypische Geschehensabläufe, die jedoch – vor allem, wenn sie nicht geregelt wurden – häufig vorkommen:
    1. Die Beteiligten versterben nicht entsprechend der Altersstruktur.
    2. Die Kinder lassen sich scheiden.
    3. Kinder versterben kinderlos.
    4. Der Nachfolger versilbert das Unternehmen.
    5. Geschwister verstreiten sich.
    6. Es tauchen bisher unbekannte Pflichtteilsberechtigte auf.
    7. Einzelne Personen werden pflegebedürftig.
    8. Vertragsänderungen werden nicht abgestimmt.

Diese beispielhaft aufgeführten möglichen Abweichungen vom gedachten Ablauf verdienen eine besondere Beachtung. Es sind hierzu Regelungen zu finden, die Streit und unerwünschte wirtschaftliche, rechtliche und steuerliche Folgen vermeiden.

Quelle: Blick durch die Wirtschaft vom 12. 2. 1997

Abschließend einige Thesen zu Nachfolgeregelungen im wesentlichen in familiengeführten Unternehmen.

15 Thesen zu Familienunternehmen

1. Bei Familienunternehmen ist die Aufgabendelegation schwächer entwickelt als bei Nichtfamilienunternehmen. Als bekanntes Beispiel sei hier C & A erwähnt. Beim Ausscheiden der Führungsperson droht mithin eine Kontinuitätskrise.
2. Eine breitere Delegation von Verantwortung ist unterentwickelt, so daß beim Ausscheiden der Führungsperson oft auch kein nahtloser Übergang gewährleistet ist.
3. Der Ausbildungsstand der Geschäftsführung ist deutlich geringer als bei Nichtfamilienunternehmen.
4. Immer mehr Familienmitglieder finden sich nicht bereit, unternehmerische Verantwortung an Stelle des Vorgängers zu übernehmen. Ein verstärktes Auseinanderdriften von Eigentum und Leitung ist festzustellen.
5. Der Ausbau von Geschäftsführungsverantwortung für den Nachfolgefall ist in Familienunternehmen unterentwickelter als in Nichtfamilienunternehmen.
6. Das Wiederherstellen von Eigentum und Leitung durch Kapitalbeteiligung der Geschäftsführer ist nur in 6 % der untersuchten Fälle festgestellt worden.

7. Bei nicht beteiligten Geschäftsführern ist eine höhere Fluktuation festzustellen, womit mangels Führungskontinuität die strategische Kontinuität des Unternehmens unterbrochen wird.

8. Nicht beteiligte Geschäftsführer ohne die Möglichkeit weiteren Aufstiegs sind bei Familienunternehmen nicht wünschenswert motiviert und neigen häufiger zum Wechsel des Unternehmens.

9. Beteiligungsmöglichkeiten von Geschäftsführern sind gerade bei Familienunternehmen ein Anreiz, neue qualifizierte Führungskräfte zu gewinnen.

10. Mangelnde Führungskontinuität durch häufig wechselnde Geschäftsführer führt zu einer Zunahme des Verschuldensgrades und wirkt sich folglich negativ auf die finanzwirtschaftliche Stabilität solcher Unternehmen aus.

11. Führungsqualität und Führungsverantwortung der Eigentümergesellschafter sind insbesondere bei Familiengesellschaften nicht mehr in ausreichendem Maße gegeben, weshalb man sich diese vermehrt durch Anstellung fremder Manager einkauft. Der Verlust der Einheit von Eigentum und Leitung ist der Preis.

12. „Manager" sind aber nicht zugleich „Unternehmer" und Zeitverträge von Managern bedingen eine Abnahme der Eigenverantwortung für das Unternehmen. Auch hier können Kapitalbeteiligungen von Führungskräften wieder zur Einheit von Eigentum und Leitung führen.

13. Die Arbeitsmotivation von Führungskräften wird maßgeblich von Arbeitsinhalten, Selbständigkeit, Einfluß und dem Durchsetzen eigener Ideen bestimmt. Der Beruf hat Vorrang vor Freizeit und Familie. Anders dagegen bei der Arbeitsmotivation von Arbeitern und Angestellten, bei denen Freizeit und Familie Vorrang vor dem Beruf haben.

14. Führungskräften, Arbeitern und Angestellten ist gemeinsam, daß mit zusätzlichen materiellen Anreizen (höheres Einkommen, Beteiligungen) sowie bei mehr Mitsprache bzw. Übernahme von Verantwortung die Bereitschaft zu zusätzlichem Engagement besteht.

15. Familienunternehmen und die dortigen Kapitaleigner haben Führungsprobleme; Mitarbeiter aller Stufen könnten mit mehr finanzieller Teilhabe und Mitsprache für zusätzliches Engagement gewonnen werden.

Rechtzeitig vor dem „Tag X" sollten Sie mit Hilfe nachfolgender Checkliste prüfen, an welchen Punkten Sie noch Schwachstellen erkennen oder auch Themen, die bislang von Ihnen überhaupt noch nicht angegangen wurden. Auch unter dem Aspekt, die Hilfe eines Beraters in Anspruch zu nehmen, empfiehlt sich diese Vorarbeit, um schneller und damit effizienter zum Punkt zu kommen.

Checkliste zum Thema Nachfolge

Welchen Stellenwert hat das Thema Nachfolge für Sie?

☐ sehr wichtig

☐ wichtig

☐ teils teils

☐ weniger wichtig

☐ unwichtig

☐ keine Angabe

Haben Sie für Ihre Nachfolge bereits Maßnahmen eingeleitet?

☐ ja

☐ nein

☐ keine Angabe

Falls Sie Maßnahmen getroffen haben, welche sind das?

☐ Ausbildung des Nachfolgers

☐ Nachfolger arbeitet bereits im Unternehmen

☐ Übertragung von Eigentumsanteilen

☐ Kontakt zu (Kauf-)Interessenten

☐ Kinder sind bereits Geschäftsführer

☐ Verträge geschlossen

☐ Gespräche, Informationssammlung

☐ Testament

☐ Regelung des Übergangs

☐ Steuerliche Vorkehrungen

☐ Weiterführung durch Familienangehörige

☐ Zeitpunkt der Übernahme bereits festgelegt

(Mehrfachnennungen möglich)

Sind die Vorkehrungen aus Ihrer Sicht schon abschließend geregelt oder noch im Gange?

☐ abschließend geregelt

☐ noch im Gange

☐ keine Angabe

Wie soll die betriebliche Nachfolge geregelt werden?

☐ familienintern

☐ externe Lösung

☐ beides

☐ keine Angabe

Wie zufrieden sind Sie mit den Maßnahmen?

☐ sehr zufrieden

☐ eher zufrieden

☐ teils teils

☐ weniger zufrieden

☐ unzufrieden

☐ keine Angabe

Ist ein schrittweiser Übergang auf den Nachfolger vorgesehen?

☐ ja

☐ nein

☐ keine Angabe

Wenn ja, ist der Zeitpunkt schriftlich fixiert?

☐ ja

☐ nein

☐ keine Angabe

Wenn Sie einen schrittweisen Übergang anstreben, welche Kompetenzen übergeben Sie Ihrem Nachfolger noch während Ihrer eigenen Tätigkeit?

☐ Allein-Geschäftsführung

☐ Mit-Geschäftsführung

☐ Prokura

☐ eigenständige Übernahme von Teilbereichen

☐ Vertretungsbefugnis

☐ eigenständige Personalkompetenz

☐ Sonstiges

(Mehrfachnennungen möglich)

Wenn Ihre Vorkehrungen noch nicht abschließend geregelt sind, was ist noch offen?

☐ Ausbildung der Kinder

☐ fehlende Berufserfahrung

☐ gesamte Nachfolgeregelung

☐ endgültiges Konzept

☐ noch nicht bereit zur Übergabe

☐ Einarbeitung, Übergangszeit

☐ Aufteilung unter mehreren Kindern

☐ Bankgespräche und Verträge

☐ letzte Entscheidung des Kindes

☐ Altersversorgung

☐ Suche eines Gesellschafters

☐ Übereignung von Privat- auf Geschäftsvermögen

☐ Nachfolger finden

☐ Käufer und Preis

(Mehrfachnennungen möglich)

Worin besteht für Sie als Unternehmensleiter persönlich noch Informationsbedarf beim Thema Nachfolge?

☐ kein Informationsbedarf mehr

☐ steuerrechtliche Probleme

☐ wird sich noch zeigen

☐ Information über Organisation

☐ finanzielle Absicherung

☐ überall

☐ kaufmännische Fragen

☐ rechtliche Fragen

☐ zukünftige Marktentwicklung

☐ Vermietung, Verpachtung, Verkauf

☐ Unternehmensbewertung, Wirtschaftsprüfer

☐ Ausbildungsmöglichkeiten für Nachfolger

(Mehrfachnennungen möglich)

Haben Sie bereits bestimmte Konzepte für die Nachfolgeregelung? Wenn ja, welche sind das?

☐ Seminare für Geschäftsführung, Schulungen

☐ Seminare für Junioren

☐ beratende Funktion, Hinweise

☐ Jungunternehmerausbildung

☐ Training on the job in Partnerbetrieben

☐ Gesellschaftsrechtliche Konzepte

☐ Fortführung durch Investitionen sichern

☐ andere Konzepte:

____

____

____

(Mehrfachnennungen möglich)

Wenn Sie sich noch nicht mit der Nachfolgeproblematik beschäftigt haben, warum nicht?

☐ zu früh

☐ will selbst noch das Geschäft führen

☐ keine Zeit

☐ Ausbildung des/der Kindes(r) noch nicht beendet

☐ Kind soll sich selbst entscheiden

☐ Mitgesellschafter übernimmt Betrieb

☐ mehrere Gesellschafter

☐ schon darüber nachgedacht, aber noch kein Konzept gefunden

☐ Thema wird von Nachkommen abgeblockt

Das fällt mir sonst noch zum Thema Unternehmensnachfolge ein:

____

____

____

Quelle: RKW-Information „wir produktiv“ März 1997

Die wichtigsten zu berücksichtigenden Punkte im Hinblick auf die personell-gesellschaftsrechtliche Konstellation der Nachfolge sind im folgenden zusammengestellt:

Unternehmer oder Manager?

- Nichtbeteiligte Manager weisen keine vergleichbare Motivation für das Unternehmen auf, wie in den Fällen der Geschäftsführungsnachfolge aus der Eigentümerfamilie, also in der Einheit von Eigentum und Leitung.
- Bei fremden Geschäftsführern besteht gegenüber beteiligten Geschäftsführern ein höheres Fluktuationsrisiko. Dies führt nicht nur zu Führungsvakanzen und berührt damit die strategische Kontinuität des Unternehmens, sondern hat oft zudem zur Folge, daß der Ausscheidende bei der Konkurrenz landet.
- Die durch Fluktuationsrisiken bedingten häufigeren Neubesetzungen in der Geschäftsführung bei fremden Geschäftsführern verhindern einen erforderlichen Anpassungsprozeß und erhöhen das Risiko einer fehlenden Führungskontinuität.
- Bei fremden Managern ist gegenüber kapitalbeteiligten Führungskräften – bezogen auf das Unternehmen – eine höhere Verschuldensbereitschaft vorhanden.
- Das bei fremden Managern bestehende höhere Fluktuationsrisiko kann sich mangels personeller Kontinuität auf die finanzwirtschaftliche Stabilität des Unternehmens auswirken.

4 Welche Beratungsarten gibt es?

Beratungen unterscheiden sich nach Inhalt und Dauer. Verschiedene Beratungsdienste der gewerblichen Wirtschaft haben fünf Beratungstypen definiert, die sich in ihrer jeweiligen Form in der Praxis wiederfinden.

4.1 Gesamtberatung

Eine Gesamtberatung umfaßt:

- Die Durchleuchtung des gesamten Unternehmens, also der Bereiche Unternehmensführung, Marketing und Vertrieb, Technik und Verwaltung hinsichtlich Strategie, Aufbau- und Ablauforganisation
- Die Ermittlung von Schwachstellen und Rationalisierungsmöglichkeiten in allen betrieblichen Abläufen und Funktionsbereichen
- Vorschläge zur Beseitigung der Mängel, Stufenprogramm zur Rationalisierung in der Reihenfolge der Dringlichkeit
- Hilfe bei der Durchführung der vorgeschlagenen Maßnahmen soweit erforderlich.

Gesamtberatungen werden vor allem bei kleineren Unternehmen durchgeführt. Sie sind typisch für die Aufbauphase nach einer Unternehmensgründung. Das Unternehmen wächst, ohne daß die Organisation entsprechend angepaßt wird. Damit wachsen die Probleme des Unternehmers. Die Daten, die er bisher im Kopf gespeichert hatte, reichen zur erfolgreichen Unternehmensführung nicht mehr aus.

Ziel einer Gesamtberatung ist hier die Neukonzeption der gesamten Unternehmensorganisation, angepaßt an die neue Unternehmensgröße. Wichtiges Nebenziel ist es, mit der Hilfe eines außerbetrieblichen Fachmanns etwas gegen die Betriebsblindheit zu tun. Die hier eingesetzten Berater sind vielfach Branchenfachleute. Sie sollen in der Lage sein, aufgrund ihrer Erfahrungen in ähnlichen Betrieben und mit Hilfe entsprechender Kennzahlen die Position und die Entwicklungsaussichten des Unternehmens in der Branche zu beurteilen.

Gesamtberatungen sind immer wieder erforderlich im Zusammenhang mit Sanierungen, wobei die Bank häufig den Anstoß gibt. Wichtige Sonderfälle waren Überlebens- und Privatisierungskonzepte für Treuhandunternehmen in den neuen Bundesländern. Auch gravierende Änderungen in der Unternehmensleitung sind oft Anlaß für eine Gesamtberatung.

Eine Sonderform der Gesamtberatung ist die sogenannte Gemeinkosten-Wertanalyse. Sie wird von meist größeren Beratungsfirmen in mittleren oder größeren Unternehmen durchgeführt und hat als Ziel eine allgemeine Kostensenkung in allen Betriebsbereichen.

4.2 Schwerpunktberatung, Spezialberatung

Schwerpunktberatungen beziehen sich auf die klassischen betrieblichen Funktionsbereiche

- Logistik, Materialwirtschaft
- Technik und Fertigung

- Marketing, Absatzwirtschaft
- Finanz- und Rechnungswesen
- Personalwirtschaft
- Verwaltung

oder auf mehr oder weniger abgegrenzte betriebliche Teilfunktionen. Typische Aufgabenstellungen für Schwerpunktberatungen sind z. B.:

- Aufbau einer Marketingkonzeption
- Neuorganisation des Vertriebs-Außendienstes
- Verbesserung der Ablauforganisation bei der Auftragsbearbeitung
- Aufbau eines PPS-Systems
- Neugestaltung der Fertigungsorganisation
- Einführung eines Qualitätssicherungssystems
- Einführung eines leistungsorientierten Entlohnungssystems
- Konzeption und Layoutplanung für eine Betriebserweiterung
- Auswahl und Einführung eines vernetzten EDV-Systems
- Neuorganisation des betrieblichen Rechnungswesens.

Aus den aufgezählten Themen ergibt sich, daß bei einer Schwerpunktberatung hohe Ansprüche an die fachliche Qualifikation des Beraters zu stellen sind. Gute Branchenkenntnisse sind zwar in der Regel erwünscht, sie rangieren jedoch hinter den Fachkenntnissen an zweiter Stelle.

Schwerpunktberatungen sind in der Regel am meisten gefragt. Sie resultieren in der Regel aus akuten Mängeln oder Engpässen einer bestimmten Betriebsabteilung, die zu beseitigen sind. Die Beratung muß dabei stets die Verzahnung und die Wechselbeziehungen zu anderen betrieblichen Funktionsbereichen berücksichtigen.

Eine Schwerpunktberatung hat folgende typische Stufen:

- *Analyse.* Betriebliche Daten, Abläufe und Organisationsstrukturen werden systematisch erfaßt.
- *Grobkonzept.* Es werden meist mehrere Alternativen einer Problemlösung überprüft und ein bestimmtes Konzept vorgeschlagen.
- *Feinplanung.* Sie ist eine detaillierte Ausarbeitung des ausgewählten Grobkonzepts.
- *Einführung.* Der Berater überwacht und unterstützt die Einführung in enger Zusammenarbeit mit den Mitarbeitern des Unternehmens.

Die Beratungsschritte Analyse, Grobkonzept, Feinplanung und Einführung können als Stufenprogramm getrennt vertraglich vereinbart werden. Die jeweilige Beratungsdauer ist abhängig von der Beratungsaufgabe und den besonderen Gegebenheiten des Unternehmens, vor allem vom Anteil der Mitwirkung der Mitarbeiter bei den einzelnen Stufen. Häufig kann der Zeitbedarf der Folgestufe erst nach Abschluß der Vorstufe ermittelt werden.

Bei **Spezialberatungen** werden Fachspezialisten zur Lösung ganz spezifischer Einzelprobleme eingesetzt. Beispiele:

- Energienutzung durch Abfallverbrennung
- Stromkostensenkung im Betrieb
- Schalltechnische Beratung zur Verminderung des Lärmpegels
- Wirtschaftliche Reinigung von Abluft und Abwasser
- Ökologische Verpackungsgestaltung
- Abfalloptimierung im Betrieb
- Organisation des betrieblichen Vorschlagswesens
- Optimierung der betrieblichen Versicherungen.

Die Beispiele zeigen, daß bei Spezialberatungen hohe Ansprüche an die fachliche Qualifikation zu stellen sind, während spezielle Branchenkenntnisse meist nur geringe Bedeutung haben. Die Beratung erfolgt auf eng abgegrenzten Arbeitsgebieten, für die in der Regel keine betriebseigenen Mitarbeiter mit ausreichenden Fachkenntnissen vorhanden sind.

4.3 Kurzberatung

Kurzberatungen dauern ein bis fünf Tage. Ziel kann sein:

- Die Lösung eines speziellen Problems, wo ein enger Zeitrahmen für konkrete Vorschläge ausreicht (Spezialberatung).
- Die Kurzanalyse eines Unternehmens, eines Bereichs oder Problems mit Grobkonzept und Maßnahmenplan für Problemlösungen sowie Abschätzung der Kosten und des Nutzens bei der Realisierung.

Eine Kurzberatung kann also einer umfassenden Gesamtberatung oder Schwerpunktberatung vorgeschaltet sein. Sie vermindert das Beratungsrisiko, denn sie bietet die Möglichkeit, in einem zeitlich und finanziell begrenzten Rahmen einen Berater bei der Arbeit kennenzulernen, mit dem man vielleicht langfristig zusammenarbeiten will.

4.4 Interne Beratung

In den bislang behandelten Formen der Beratung stand die Tätigkeit von externen Beratern im Vordergrund. Diese eher einseitige Betrachtung verdrängt den Blick auf die Möglichkeit, daß die Beratung – unter bestimmten Voraussetzungen – auch als interne Dienstleistung im Rahmen organisationseigener Stellen von Unternehmen erbracht werden kann. Für die Klein- und Mittelbetriebe wird allerdings unter Kostenaspekten zu prüfen sein, ob sie sich eine derartige Stelle „leisten“ können. Hier wird die Entscheidung für eine derartige Stelle eher in innovationsorientierten Unternehmen anzutreffen sein, die im allgemeinen in turbulenten Umwelten operieren. Der organisatorische Wandel und damit die Notwendigkeit, eine eigene Stelle im Hause zu haben, die diesen Wandel konstruktiv begleitet, liefern hierbei die besten Argumente. Eine Institutionalisierung interner Beratung liegt dann vor, wenn in einer Unternehmung reine Dienstleistungsstellen mit einer ausschließlichen Spezialisierung auf Beratungstätigkeiten für einen breiteren internen Klientenkreis eingerichtet werden. Dies bedeutet, Berater und Klient sind also Mitglied derselben Gesamtorganisation. Die organisatorische Besonderheit ist dabei, daß die interne Beratung einen speziellen Stellentyp darstellt, der neben die bekannten Stabs-

und Linienstellen tritt; sie hat keine Entscheidungs- und Weisungsbefugnisse. Von Stabsstellen unterscheiden sich die Beratungsstellen dadurch, daß Stäbe in der Regel Hilfsstellen für jeweils eine bestimmte Instanz darstellen, während die Dienstleistung einer reinen Beratungsstelle nicht auf eine bestimmte Instanz fixiert ist, sondern sich an einen breiten Interessentenkreis in der Unternehmung richtet. Es muß jedoch berücksichtigt werden, daß die Unterscheidung in Stabs-, Linien- und Beratungsstelle eher idealtypischen Charakter darstellt und in der Praxis die Merkmale der drei Stellentypen nicht immer klar getrennt werden kann. Das Tätigkeitsfeld des internen Beraters beschränkt sich also auf die eigene Unternehmung, ihre evtl. Sparten, Tochtergesellschaften und Neuerwerbungen. Beratungsdienste sind vor allem in folgenden Tätigkeitsgebieten anzutreffen:

- Planung, Strategie, Marketing und Führungssysteme;
- Aufbau- und Ablauforganisation, EDV, Organisationsentwicklung;
- Finanz- und Rechnungswesen, Controlling, Revision und
- Personal, Aus- und Weiterbildung.

Die Tätigkeiten als solche sind weitgehend deckungsgleich zwischen dem internen und dem externen Berater. Die Frage, in welcher konkreten Situation nun die Alternative externer versus interner Berater zu einer Entscheidung gebracht werden muß, hat zu berücksichtigen, daß beide unterschiedliche Vor- und Nachteile aufweisen. Der Einsatz interner Berater erscheint um so sinnvoller und effizienter, je höher in einer notwendigen Beratungssituation die folgenden Kriterien bewertet werden:

- Unternehmensspezifische Kenntnisse; interne Berater sind im allgemeinen mit den fachlichen, organisatorischen und personellen Besonderheiten der Unternehmung besser vertraut und können entsprechend situationsgerechtere und damit effizientere Lösungen erarbeiten;
- Schnelle Reaktion; interne Berater lassen eine schnelle Reaktion auf akute Probleme zu, während externe Berater naturgemäß eine längere Einarbeitungszeit benötigen;
- Ständige Präsenz; seine Tätigkeit „vor Ort“ erlaubt dem internen Berater eine intensivere Betreuung der Projekte sowie eine gezieltere Nachbetreuung bereits implementierter Projekte (z. B. Änderungsdienste nach Einführung von Stellenbeschreibungen);
- Kostenvergleich; die Kosten eines internen Beraters sind niedriger als die eines externen Beraters.

Diesen Vorteilen beim Einsatz eines internen Beraters stehen jedoch auch eine Reihe von Nachteilen gegenüber. In den folgenden Situationen sollte daher einem externen Berater der Vorzug gegeben werden:

- Die Kapazitätsauslastung; die Kapazitätsauslastung eines internen Full-time-Beraters ist nicht gewährleistet oder die Kosten können von der Unternehmung nicht getragen werden;
- grundlegende Know-how-Defizite; die Bearbeitung der Aufgabe erfordert unternehmensübergreifende und unkonventionelle Lösungen, die dem internen Berater fehlen;
- Konfliktpotential; es bestehen oder entstehen derartige Konfliktverhältnisse, die beim Einsatz des internen Beraters dessen Akzeptanz und/oder Ansehen in der Unternehmung stark beeinträchtigen würden.
- Interessenkollision; der interne Berater ist über seine eigenen Interessen in den Fall verstrickt, so daß eine notwendige unternehmenspolitische Neutralität und Objektivität nicht mehr gewährleistet werden kann.

Die Gegenüberstellung der Vor- und Nachteile einer internen Beratung verdeutlicht, daß diese nicht als eine generelle Alternative zur Form der externen Beratung zu verstehen ist. Eher sollte zur Optimierung des Beratereinsatzes geprüft werden, ob nicht in bestimmten Situationen eine Mischform aus interner und externer Beratung realisiert werden kann.

4.5 Berater als Teilzeitmanager

Eine Sonderform des Beratereinsatzes ist das Teilzeitmanagement bzw. Management auf Zeit. Der Berater übernimmt also für einen bestimmten Zeitraum Managementfunktionen in einem Unternehmen. Er ist damit Bestandteil der Linienorganisation mit entsprechender Entscheidungsbefugnis, die bis zur Entlassung oder Einstellung von Mitarbeitern gehen kann.

Teilzeitmanagement ist vor allem im Klein- und Mittelbetrieb gefragt. Dabei gibt es drei typische Einsatzschwerpunkte:

- *Führungsausfall.* Es kommt immer wieder vor, daß durch Krankheit oder Tod kurzfristig ein Unternehmer, Geschäftsführer oder wichtiger Abteilungsleiter ersetzt werden muß. Dabei ist insbesondere der Zeitraum zu überbrücken, bis der entsprechende Nachfolger, vielleicht der Sohn des Unternehmers, voll eingearbeitet ist.
- *Krisenmanagement.* Schwierige Sanierungsfälle und Krisensituationen können durch Teilzeitmanagement erfolgreich gemeistert werden. Der Berater wird dabei häufig von der Bank bzw. einem Firmenbeirat ausgewählt und eingesetzt.
- *Aufbaumanagement.* Bei Neugründungen von High-Tech-Unternehmen haben die technisch hochqualifizierten Unternehmensgründer häufig keine ausreichenden Kenntnisse in der Betriebswirtschaft. Gerade in der unternehmerischen Anfangsphase kann der Einsatz eines Beraters als Teilzeitmanager dieses Defizit ausgleichen.

Aus den Einsatzbereichen ergibt sich, daß ein Teilzeitmanager ein hohes Maß an praktischer Erfahrung in der Unternehmensführung und profunde Kenntnisse neuzeitlicher Personalführungsmethoden mitbringen muß. Diese sind nur in langjähriger Praxis zu erwerben.

5 Was sind typische Beratungsschwerpunkte?

5.1 Allgemeine Beratungsschwerpunkte

In den letzten Jahren hat die Unternehmensberatung einen gravierenden Wandel erfahren von einer eher technischen Betriebsberatung, Revision und Treuhand hin zur Rationalisierungs-, Organisations-, Beschaffungs- und Personalberatung. Heute stehen nunmehr die Strategie-, Technologie- und Kulturberatung sowie die Unternehmensentwicklung im Mittelpunkt. Im einzelnen sind dies die Beratungsfelder: Unternehmensführung, Personalwesen, Marketing, Technik, Logistik, Controlling, Verwaltung, DV, Softwareentwicklung und Spezialgebiete. Diese Bereiche wurden einerseits durch empirische Erhebungen ermittelt (vgl. z. B. Steyrer 1989), andererseits durch den Bundesverband Deutscher Unternehmensberater (BDU) unter seinen Mitgliedern erhoben (z. Zt. ca. 300 Unternehmensberater und ca. 150 Softwarehäuser). Demnach verteilt sich die Beratungsleistung etwa je zur Hälfte auf die Bereiche klassische Unternehmensberatung, das heißt Beratung des gesamten Unternehmensspektrums, und EDV-Beratung einschließlich Software-Entwicklung. In der klassischen Beratung führt mit 24 % die allgemeine Managementberatung vor der Personalberatung mit 18 %, Technik (15 %), Controlling (6,6 %) und Marketing (6,4 %). Die Verteilung der Beratungsleistung auf Unternehmensgrößenklassen zeigt eine deutliche Korrelation zwischen Größe des Beratungsunternehmens und Größe des Unternehmens auf der Kundenseite. Im Jahre 1987 erbrachten Beratungsunternehmen mit einem Jahresumsatz von über 2 Mio. DM nur 2,8 % ihrer Leistung für Klienten bis zu 49 Mitarbeitern, während Unternehmensberater mit einem Umsatz bis zu 250 000 DM p. a. zu 48 % in diesem Unternehmenstyp Serviceleistungen erbrachten.

Das Rationalisierungs-Kuratorium der Deutschen Wirtschaft (RKW), das z. Zt. jährlich etwa 6000 Beratungen mit ca. 1500 freiberuflichen Beratern durchführt, nennt zehn allgemeine Beratungsschwerpunkte mit entsprechenden Unterthemen:

Unternehmensführung

- Unternehmensleitbild
- strategische Unternehmensplanung
- operationale Unternehmensplanung
- Unternehmensorganisation
- Corporate Identity
- Unternehmenskooperation (Joint Ventures)
- Unternehmensform und Nachfolge

Personalwesen

- Personalkapazitäts- und Strukturplanung
- Stellenbeschreibungen
- Personalentwicklungsplanung
- Beurteilungssystem
- Entlohnungs- und Beteiligungssysteme
- Arbeitszeitgestaltung
- Arbeitssicherheit/Gesundheitsvorsorge
- DV in der Personalverwaltung

Marketing und Vertrieb

- Sortimentsgestaltung
- Statistische und operationale Marketingplanung
- Vertriebsorganisation
  - Außenorganisation
  - Innenorganisation (Auftragsbearbeitung)
  - Telefonverkauf
- Preis- und Konditionenpolitik
- Werbekonzeption
- Export/Euromarketing
- Marketing – Controlling
- Entlohnung im Vertrieb
- DV und Telekommunikation in Marketing und Vertrieb

Logistik/Materialwirtschaft

- Logistikkonzepte
- Standortoptimierung für Lager und Betriebsstätten
- EDV-gestützte Logistiksteuerung
- Beschaffungsmarketing/Einkaufsorganisation
- Bestandsmanagement
- Lagerorganisation
- Lagertechnik
- Lagerplanung
- Verpackung/Versand
- Fuhrpark/Transportoptimierung
- Materialfluß/Innenbetrieblicher Transport
- Materialversorgung/-entsorgung
- Ersatzteilorganisation

Entwicklung und Konstruktion

- Innovationsplanung
- Organisation in Entwicklung und Konstruktion
- CAD-Systeme
- Wertanalyse
- Werksnormung

Fertigung

- Produktionsprogramm
- Kapazitätsplanung
- Eigenfertigung/Fremdbezug
- Fertigungsplanung/Fertigungsorganisation

  - Fertigungsablauf
  - Planungs- und Steuerungssysteme (PPS)
  - Zeitwirtschaft
  - Betriebsdatenerfassung (BDE)
  - Rechnergesteuerte Fertigung (CIM)
  - Just-in-time-Systeme (JIT)
  - Schlanke Fertigung
- Fertigungstechnik
  - Verfahrenstechnologie
  - Arbeitsplatzgestaltung/Ergonomie
  - Auswahl von Maschinen und Anlagen
  - Fertigungsinseln
  - Montagesysteme
- Hilfs- und Nebenbetriebe/Instandhaltung
- Fabrikplanung/Büroplanung
  - Standortoptimierung
  - Flächen- und Raumbedarf
  - Layout-Planung
  - Umzugsplanung

Qualitätssicherung

- QS-System nach ISO 9000 ff.
- Qualitätshandbuch
- Prüfsysteme
- Rechnergestützte Qualitätssicherung (CAQ)
- Qualitäts-Management
- Integrierte QS-Systeme

Finanz- und Rechnungswesen

- Finanzierung/Finanz- und Liquiditätsplanung
- Öffentliche Finanzierungsförderung
- G. u. V.-/Bilanzplanung/Gewinnschwelle
- Kurzfristige Erfolgsrechnung
- Kostenrechnung
- Kalkulation
- Controlling
- DV im Rechnungswesen

Informationsmanagement/Verwaltung

- Büroorganisation
- Büroplanung
- Arbeitsablaufuntersuchungen
- Registratur/Ablagesysteme

- Kommunikationsanalyse
- Kommunikationssysteme
- Kommunikationstechnologien
- EDV-Systemauswahl
  Pflichtenheft

Umweltschutz und Energie

- Umweltschutz-Risikoanalyse
- Luft/Wasser/Abfall/Lärm
- Verpackung
- Recycling/Produktentsorgung
- Energienutzung/Abfallverbrennung
- Rationelle Stromversorgung
- Rationelle Wärmeversorgung

Weitere Beratungsschwerpunkte seien hier aufgezeigt am Beispiel der Deutschen Gesellschaft für Mittelstandsberatung (DGM) (s. Seite 53/54) und einem speziellen Mittelstandsprogramm der Arthur Andersen & Co.

Beispiel: Mittelstandsberatungsprogramm der Arthur Andersen & Co.

Steuerplanung

- Senkung der Steuerbelastung
- Steuerliche Auswirkungen von wichtigen Unternehmensentscheidungen
- Beurteilung verschiedener Rechtsformen aus steuerlicher Sicht (einschließlich Erbschaftsteuer)
- Gestaltung von Gesellschafts- und ähnlichen Verträgen (z. B. Mitarbeiterbeteiligungsverträgen)
- Beurteilung steuerlicher Auswirkungen von letztwilligen Verfügungen (Testamente, Nachfolgeregelungen)
- Spezielle Steuerstudien (z. B. Betriebsaufspaltung, Betriebsverpachtung, Standortfragen, Auslandsaktivitäten u. a.).

Steuerberatung

- Erstellung der Steuerbilanz bzw. Einnahme-/Überschußrechnung, besondere Beachtung von steuerlichen Wahlrechten und Vergünstigungen
- Erstellung von Steuererklärungen für Unternehmen und Unternehmer
- Unterstützung bei steuerlichen Außenprüfungen
- Führen von Rechtsmitteln
- Verhandlungen mit der Finanzverwaltung, vor allem bei steuerlichen Außenprüfungen und für Auskünfte
- Beratung in Zollfragen

Mittelständische Erfolgsfaktoren – aktuelle Chancen und Risiken.

Quelle: Deutsche Gesellschaft für Mittelstandsberatung (Hrsg.): Unternehmensberatung für den Mittelstand. München 1994, S. 2

Zentrale Beratungsthemen der DGM:

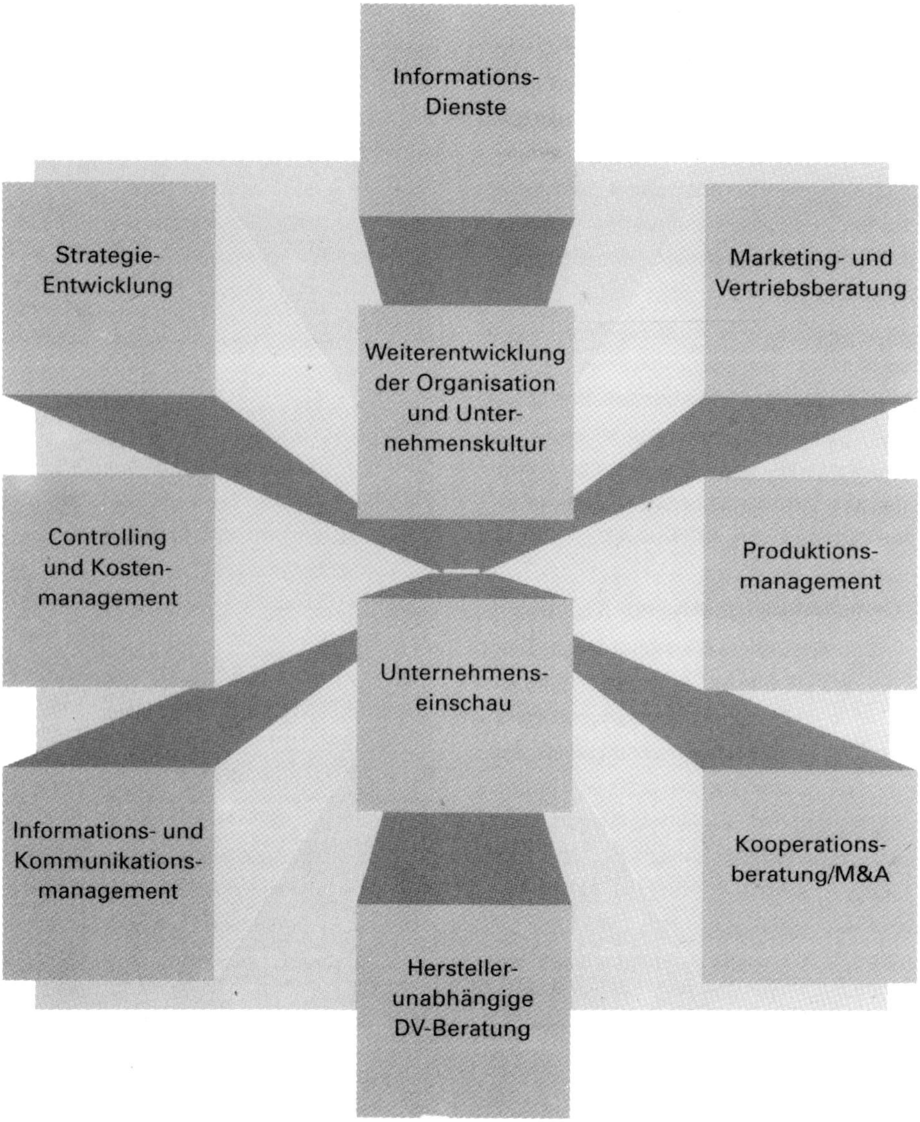

Quelle: Deutsche Gesellschaft für Mittelstandsberatung (Hrsg.): Unternehmensberatung für den Mittelstand. München 1994, S. 2

Jahresabschluß, Rechnungswesen

- Prüfung von Jahresabschlüssen
- Eingeschränkte Prüfung von Jahresabschlüssen („Bescheinigung“)
- Untersuchungen im Zusammenhang mit Kauf- und Verkaufsentscheidungen
- Untersuchungen der Organisation des Rechnungswesens und der internen Kontrolle
- Sonderprüfungen (z. B. Unterschlagungsprüfungen, Kreditwürdigkeitsprüfungen)
- Prüfung bestimmter Bereiche (z. B. Vorräte, Auftragsbearbeitung oder Niederlassungen)
- Vereinfachung der Inventur (z. B. mit statistischen Verfahren)
- Erstellung von Jahresabschlüssen mit „Bescheinigung“
- Gestaltungshinweise für den Jahresabschluß

Bilanz- und Erfolgsanalysen

- Kurzfristige Erfolgsrechnung
- Soll/Ist-Vergleiche (z. B. Periodenvergleiche, Betriebsvergleiche)
- Investitions- und Projektkontrolle
- Vor- und Nachkalkulation
- Liquiditätsanalyse
- Individuelle, anwendungsspezifische Auswertungen
- Unternehmensbewertungen (z. B. beim Kauf oder Verkauf von Unternehmen)

Wahl der Unternehmensform – Umwandlung, Nachfolgeregelungen

- Vorschläge zur Rechts- und Organisationsform unter Berücksichtigung der persönlichen Belange der Gesellschafter
- Betriebswirtschaftliche Aspekte der Unternehmensform
- Vorschläge zur Änderung der Unternehmensform
- Modelle für Mitarbeiterbeteiligungen
- Steuerliche Beurteilung der Auswirkungen
- Steuerliche und wirtschaftliche Beurteilung testamentarischer Verfügungen

Unternehmensgründung

- Erstellung eines Unternehmensplanes
- Modellrechnungen (z. B. Finanzierungsalternativen)

- Beratung zur Rechtsform
- Finanzierungsberatung
- Öffentliche Fördermaßnahmen
- Standortwahl
- Anmeldungen bei Behörden (z. B. Gemeinde, Finanzamt, Arbeitsamt, Landeszentralbank, Berufsgenossenschaft)

Betriebswirtschaftliche Beratung

- Beratung und Hilfe bei Planung und Budgeterstellung
- Finanzplanung
- Kritische Analyse von Monatsabschlüssen
- Beratung bei Cash Flow-Analysen und Finanzierungsfragen
- Mitwirkung bei Verhandlungen zur Kapitalbeschaffung (z. B. Banken, Venture Capital, Börseneinführung)
- Gemeinkostenanalyse
- Kostenstellen-/Kostenträgeranalyse
- Deckungsbeitragsrechnung
- Beratung bei Investitionsentscheidungen (z. B. Kauf, Leasing)
- Produktivitätssteigerung (Just-in-Time)

Organisationsberatung

- Entwicklung von Berichtssystemen und -paketen (z. B. auch für ausländische Tochtergesellschaften)
- Routinen für Monatsabschlüsse
- Erstellung eines Organisationsplanes mit Abgrenzung der Verantwortungsbereiche (Stellenbeschreibungen)
- Budget und Berichtswesen nach Verantwortungsbereichen
- Einführung von Kostenrechnungen
- Einführung eines internen Kontrollsystems

Personal-Computer

- Unterstützung bei der Einführung von PC-Anwendungen
- Auswahl von Hardware und Software (z. B. für Finanzbuchführung, Fakturierung, Bestandsführung)

- Installationsunterstützung
- Anwendertraining

Buchhaltungsservice

- Finanzbuchführung mittels DATEV
- Lohn- und Gehaltsbuchführung

Quelle: Arthur Andersen & Co. (Hrsg.): Beratung mittelständischer Unternehmen, S. 8–10

5.1.1 Organisationsberatung

Jedes Unternehmen, gleich welcher Branche oder Betriebsgröße, ist ständig mit organisatorischen Problemen konfrontiert.

Dabei kann es sich einmal um Fragen mehr grundsätzlicher Art handeln, die mit dem Aufbau des Betriebs, der Organisationsstruktur, zusammenhängen. Wie ist z. B. die Aufgaben- und Funktionsverteilung neu zu regeln, wie können die Anweisungs- und Informationswege verkürzt und damit verbessert werden? Darüber hinaus werden sich laufend Probleme ergeben, die aus den Arbeitsabläufen innerhalb des Betriebes resultieren. Wie müssen die einzelnen Arbeitsvorgänge zeitlich und örtlich hinter- bzw. nebeneinander ablaufen, um die Leistungserstellung bestmöglich zu gestalten, d. h. um qualitativ einwandfreie Produkte bzw. Leistungen termingerecht mit minimalen Kosten erstellen zu können?

Für alle diese Fragen haben sich die großen Unternehmen gesonderte Abteilungen geschaffen, die sich ausschließlich mit Organisationsproblemen befassen. Hier werden von speziell ausgebildeten Mitarbeitern die Arbeitsabläufe innerhalb eines Betriebes oder eines Konzerns näher untersucht. Sodann werden Vorschläge erarbeitet, wie die Kombination von Menschen und Betriebsmitteln in den einzelnen Bereichen neu gestaltet werden kann, um die jeweilige Teilaufgabe besser als bisher zu lösen.

Handelt es sich um organisatorische Grundsatzfragen, wie z. B. die Einführung eines neuen Führungssystems oder eine Neuverteilung von Aufgaben nach funktionellen Gesichtspunkten, dann wird sich die Unternehmensleitung selbst von Großunternehmen nicht allein auf die eigene Organisationsabteilung stützen. Sie wird vielmehr geeignete Organisationsberater von außen heranziehen, um sich deren Kenntnisse, Erfahrungen und deren neutrale Beurteilung zunutze zu machen.

Wie aber sollen kleinere und mittlere Unternehmen verfahren, wenn sie organisatorische Probleme zu lösen haben? Über eigene Organisationsspezialisten, die alle Fragen selbständig und kompetent zu lösen in der Lage sind, werden diese Unternehmen in der Regel nicht verfügen. Und dabei wäre häufig ein mutiges Anpacken der vorhandenen Organisationsprobleme so wirkungsvoll und nützlich. Speziell im Verwaltungsbereich von Klein- und Mittelbetrieben liegen häufig noch beträchtliche Rationalisierungsreserven. Ein durchforstetes, verbessertes Beleg- und Informationswesen, ein aussagefähigeres, von allem Ballast befreites Rechnungswesen, der Einsatz moderner technischer Hilfsmittel, die verstärkte Heranziehung von zahlreicheren Mitarbeitern als bisher zur Übernahme von Verantwortung, ein neues Führungssystem also, all das kann zu positiven Veränderungen führen, die sich letztlich im Betriebsergebnis niederschlagen werden.

Zunächst einmal muß sich die Unternehmensleitung darüber klar werden, daß sich grundlegende Organisationsfragen nicht mit der „linken Hand“ von Mitarbeitern lösen lassen, die bereits mit ihren laufenden Tagesarbeiten voll ausgelastet sind. Ohne die aktive Mitarbeit von betriebseigenen Führungskräften läßt sich eine organisatorische Umstrukturierung nicht bewältigen.

Es muß also ein geeigneter Mann aus dem eigenen Betrieb (möglicherweise auch ein kleineres Team von vielleicht drei Personen), der von seiner Qualifikation her in der Lage ist, sich in solche, das Gesamtunternehmen berührende Fragen einzuarbeiten, von einem Teil seiner bisherigen Aufgaben freigestellt werden.

Und dann muß der Schritt zu einem Organisationsberater gewagt werden. Ohne seine Kenntnisse, ohne seine Erfahrungen aus einer Vielzahl von Beratungen, ohne sein neutrales und objektives Urteil lassen sich grundlegende organisatorische Veränderungen kaum bewerkstelligen.

Wer aber im eigenen Unternehmen bereits Überlegungen und erste Arbeiten über die zu lösenden Organisationsprobleme angestellt hat, sitzt dem Berater in einem ersten Kontaktgespräch nicht hilflos gegenüber. Man will sich zwar seines fachmännischen Rates bedienen, auf jeden Fall aber aktiv an der Lösung der anstehenden Probleme mitarbeiten.

Diese Klarstellung ist wichtig. Sie zeigt dem Berater von Beginn an, daß er als Lösungsansätze nur solche Vorschläge präsentieren kann, die von dem Unternehmensteam als realistisch und mit den im Grundsatz vorhandenen betrieblichen Möglichkeiten als vereinbar angesehen werden.

Sie macht ihm außerdem deutlich, daß er nicht mit einem „Dauerberatungsauftrag“ rechnen kann, vielmehr soll er nur in solchen Fragen beraten, in denen auf sein Fachurteil nicht verzichtet werden kann. Dies kann wiederum für einen längeren Zeitraum gelten.

Alle anderen Arbeiten jedoch, für die auch betriebseigene Kräfte eingesetzt werden können, sollten nur in Ausnahmefällen dem Berater übertragen werden. – Und diese Arbeitsteilung, diese „Eigenhilfe“ bei der Lösung der anstehenden Organisationsfragen, sollte von Anfang an klargestellt werden. Ein guter Organisationsberater wird hiergegen keine Einwendungen vorbringen.

Sind die ersten personellen Schritte mit der Auswahl einiger weniger Mitarbeiter und der Beauftragung eines Beraters getan, so muß über die schrittweise Inangriffnahme der Organisationsprobleme Klarheit gewonnen werden. Zusammen mit dem Berater wird schriftlich fixiert, in welchen Abschnitten und auf welchen Wegen man sich der Lösung des Problems zu nähern gedenkt.

Dabei wird der Berater in der Regel folgenden Weg vorschlagen:

1. Genaue Formulierung des Ziels der Reorganisation
2. Ist-Analyse
   a) Aufnahme des Ist-Zustandes
   b) Analyse des Ist-Zustandes
      - Grobanalyse
      - Feinanalyse
   c) Kritik des Ist-Zustandes
3. Erarbeitung von Alternativen und Entscheidung für eine Lösung
4. Einführung dieser Alternative
5. Kontrolle der Verwirklichung.

Bei allen Teilschritten kann von Anfang an eine erhebliche Eigenleistung des Betriebes mit dem Organisationsberater vereinbart werden.

Besonders bei den Punkten 2 a und 2 b können die eigenen Arbeiten einen Anteil von rd. $^2/_3$ ausmachen.

Bei der Kritik des Ist-Zustandes (2 c) und der Erarbeitung von Lösungsalternativen ist der Organisationsberater natürlicherweise stärker eingeschaltet. Von Fachleuten wird die mögliche Eigenleistung in diesen Phasen insgesamt immer noch auf rd. 50 % geschätzt.

Beim 4. Schritt schließlich, der Einführung der als am geeignetsten anzusehenden Lösung, kann die Aufgabe des Beraters auf ein Minimum begrenzt werden. Er vertritt lediglich als „Neutraler" die getroffene Entscheidung gegenüber den tangierten Mitarbeitern, kann sich im übrigen aber auf eine Überwachung und auf Hilfestellungen bei evtl. auftauchenden, nicht einkalkulierten Schwierigkeiten beschränken.

Wie die Mitarbeiter des Betriebes im einzelnen eingesetzt werden können, welche Untersuchungen sie anzustellen haben, wie z. B. bei der Ist-Aufnahme die Aufgaben der einzelnen Mitarbeiter und die dafür benötigten Zeiten mit der notwendigen Genauigkeit ermittelt werden, darüber wird sie der Organisationsberater unterrichten. Er wird sie in die Verfahren einweisen, Arbeitsabläufe schriftlich und zeichnerisch festzuhalten sowie Tätigkeitslisten und Funktionsdiagramme zu erstellen.

Er wird das Arbeitsteam schließlich mit Methoden vertraut machen, die Ist-Zustände systematisch und kritisch zu durchleuchten, wobei das Hauptaugenmerk jeweils auf denjenigen Tätigkeiten liegen wird, die die meiste Zeit beanspruchen.

Die hierbei festgestellten Mängel müssen dann auf ihre Ursachen hin untersucht werden; das wird nicht immer ganz einfach sein, denn vielfach liegen die Mängel tiefer und versteckter als es auf den ersten Blick scheint. Hier wird vor allem die Erfahrung des Beraters nützlich sein, sich nicht mit der Feststellung einer Ursache zu begnügen, sondern die Ursachenkomplexe aufzudecken.

Aus der kritischen Durchleuchtung des Ist-Zustandes und den festgestellten Mängeln schließlich ergeben sich alternative Verbesserungsvorschläge. Sie müssen ebenfalls analysiert und auf ihre Vor- und Nachteile hin geprüft und bewertet werden. Aus allem wird sich endlich eine Lösung herauskristallisieren, die der Unternehmensleitung dann zur Entscheidung vorgelegt werden muß.

Ist diese Entscheidung gefallen, so beginnt die Phase der Einführung. Gerade in Mittel- und Kleinbetrieben braucht der organisatorische Aufwand hierfür nicht wie bei Großbetrieben bis auf den letzten Arbeitsplatz vorangetrieben werden. Der Organisationsberater wird in der Regel aus seiner Erfahrung beurteilen können, welche Dokumentationen und welche Vorbereitungen bei den einzelnen betroffenen Mitarbeitern erforderlich sind.

Im vorstehenden ist ein pragmatischer Weg aufgezeichnet, wie die Unternehmensleitung von Klein- und Mittelbetrieben zweckmäßig mit Beratern auf dem Gebiet der Organisation zusammenarbeiten können.

Es wurde eine Lösung skizziert, die eine Reihe von Vorteilen aufweist:

- man liefert sich einem Berater nicht völlig aus, sondern arbeitet partnerschaftlich mit ihm zusammen;
- man setzt den Berater nur dort ein, wo er ausgesprochener Fachmann ist, und erledigt Routinearbeiten mit eigenen Kräften;

- dadurch bekommt man die Beratungskosten in den Griff und drückt sie auf ein unabdingbares Minimum;
- durch die Mitarbeit des eigenen betrieblichen Teams bildet man Leute mit eigenen organisatorischen Erfahrungen und Kenntnissen heran;
- diese Mitarbeiter werden sich bei fruchtbarer Zusammenarbeit mit dem Berater mit der gefundenen Lösung identifizieren und auch bei Schwierigkeiten nicht resignieren;
- sie haben bereits bei der Erarbeitung von Lösungen mit ihrem Sachverstand und ihrer Betriebskenntnis dafür gesorgt, daß die Realität als Basis für künftige Lösungen immer erhalten blieb.

Die Nachteile, die sich erkennen lassen, sind gering. Sie liegen vor allem darin, daß eigene Mitarbeiter wenigstens teilweise und auf Zeit von ihren Routinearbeiten freigestellt werden müssen und insoweit das „Tagesgeschäft“ etwas zu kurz kommen könnte.

5.1.2 EDV-Beratung

In einer Zeit, in der wir alle direkt oder indirekt mit dem Computer leben, müssen die Unternehmer und die leitenden Führungskräfte im Unternehmen sich mit dem Einsatz der elektronischen Datenverarbeitung stärker befassen als es bisher getan wurde. Es geht hierbei nicht nur um Fragen der Automatisierung und Technisierung, sondern es handelt sich um entscheidende Probleme der Leistungs- und Wettbewerbsfähigkeit auf dem Markt von heute und morgen. Auch in Klein- und Mittelunternehmen wird die EDV (neuerdings auch „IV“ = Informationsverarbeitung)* heute in vielen Abteilungen eingesetzt. Herkömmliche Ressortgrenzen werden durch den Einsatz von EDV in der Betriebsdatenerfassung, bei der Prozeßsteuerung, im kaufmännischen Rechnungswesen und beim Informationssystem überbrückt. Die zunehmende Verflechtung der Anwendungen, die Installation von Großrechnern und ihre Vernetzung haben zu einer stetigen Erhöhung der Personalkosten und des Sachaufwandes geführt. Dabei ließen sich in der Vergangenheit Fehlentwicklungen bei der Einführung der EDV oft nicht vermeiden, z. B. durch:

- fehlende oder unzureichende Dokumentation mit der Folge hoher Personalaufwendungen für die Pflege von Alt-Anwendungen,
- nicht kompatible EDV-Anlagen und Anwendungen, die Insel-Lösungen entstehen ließen.

Es läßt sich daher feststellen, daß die Zeit reif ist für eine Konsolidierung bisheriger Entwicklungen der EDV innerhalb eines Unternehmens.

Daher sollte die Möglichkeit genutzt werden, gewachsene Strukturen in der EDV-Organisation auf ihre Wirtschaftlichkeit zu untersuchen, wie dies in anderen Unternehmensbereichen ebenfalls üblich ist. Aufbauend auf eine Bestandsaufnahme und Analyse der Anwenderzufriedenheit sowie der EDV-Kosten können Empfehlungen für den Produktionsfaktor EDV gegeben werden. Die Hauptaufgaben des DV-Managements sind dabei:

- die Anforderungen der Fachabteilungen, soweit wirtschaftlich, zu erfüllen,
- leistungsfähige Dialogverfahren zur Verfügung zu stellen,
- die Ablauforganisation beim EDV-Anwender, im Rechenzentrum und bei der Software-Entwicklung optimal zu gestalten,

* Weitere Begriffsmöglichkeiten bestehen in den Bezeichnungen „IM“ (Information – Management) und „IS“ (Information – Systems).

- kostengünstige, den jeweiligen Anforderungen entsprechend dimensionierte Rechnerleistung bereitzustellen,
- die Anwendungsentwicklung systematisch zu planen und die Kosten für Anwendungspflege zu optimieren.

Die Wirtschaftlichkeit einer EDV-Abteilung ergibt sich aus der Gegenüberstellung von Arbeitsleistung und verursachten Kosten. In die Betrachtung werden alternative Lösungen für den EDV-Einsatz und besondere Finanzierungsformen (wie Kauf oder Leasing) einbezogen. Soweit möglich, wird die Bewertung durch Kennziffern und Branchenvergleiche ergänzt.

Es kann kein Zweifel bestehen, daß die rationelle Nutzung der EDV zu den vorrangigen Aufgaben der Unternehmenspolitik gehört. Entscheidungen auf diesem Gebiet sind organisatorisch, finanziell, unternehmerisch und nicht zuletzt personell von so weitgehender Bedeutung, daß nur eine klare und umfassende Orientierung über die Voraussetzung und Einsatzmöglichkeiten der EDV sowie vor allem eine wertneutrale Analyse der in jedem Unternehmen unterschiedlichen Probleme und Lösungswege zu erfolgen hat. Das ist mit eigenen Mitarbeitern nicht immer erreichbar. Entweder fehlen fachliche Voraussetzungen und müssen noch in einem mühsamen Lernprozeß erworben werden, oder aber eine wertneutrale Analyse ist durch die divergierenden Interessen der einzelnen Funktionsbereiche gefährdet. Hier setzt nun die Arbeit des EDV-Beraters ein.

Zur Betrachtung von IV-Beratungshäusern muß zunächst eine der prägnantesten Veränderungen aufgezeigt werden. In den vergangenen Jahren haben sich drei Arten von Beratungshäusern im IV-Bereich herauskristallisiert:

1. der auf eine bestimmte Fachmaterie spezialisierte Berater (z. B.: bestimmte Branchen oder Fachbereiche, oder spezielle Kenntnisse einer bestimmten Hard- oder Softwaretechnik)
2. das Projekt-Consulting-Unternehmen (es werden in erster Linie ausschließlich Mitarbeiter „verleast" → Manpower-Geschäft)
3. das generalistisch orientierte Beratungsunternehmen (hier erfolgt im eigentlichen Sinn die „Beratung" durch hochqualifizierte IV-Manager, die in erster Linie globale Problematiken analysieren und für die Lösung im Detail aufbereiten).

Jede dieser drei Kategorien hat ihre Marktberechtigung. Eine Wertigkeit ist durch diese Kategorisierung nicht gegeben. Die Einsatzgrundsätze sind nur äußerst unterschiedlich und daher näher zu beleuchten:

Zu 1.:

Hier findet der Auftraggeber meist hochspezialisierte IV-Organisatoren und -Programmierer, die, auf der Basis ihrer hohen Detailkenntnisse einer ganz bestimmten Fachmaterie (z. B. Warenwirtschaft oder Wertpapierhandel, ggf. auch bestimmte Systemkenntnisse), ihm eine zuverlässige Problemlösung anbieten können. Vorsicht ist, auch dieses ohne Wertung, lediglich dort anzusetzen, wo von diesen Beratern globale und strategische Planungen und Konzepte, ggf. auch für andere Fachmaterien, erwartet werden.

Zu 2.:

Dieses sind meist größere Firmen, deren Geschäft darin besteht, die Kunden punktuell und zeitlich oft eng befristet mit der Zurverfügungstellung von Fachpersonal zu betreuen. Der Begriff „Beratung" ist hier in der Regel ohne Bedeutung, dient allenfalls dazu, die Bestimmungen des Arbeitnehmer-Überlassungs-Gesetzes (AÜG) zu umgehen. Ohne Sinn und Nutzen ist dieses allerdings in keinster Weise. Die Kunden erwarten Man-Power, damit die projektorientierten

Mitarbeiterbedarfe (z. B. im Programmierungsbereich) zeitlich befristet abgedeckt werden können, neue Mitarbeiter also nicht eingestellt werden müssen. Auch wenn für derlei Leistungen Höchstpreise fakturiert werden, rechnet sich das für die Auftraggeber. So sind die Kunden für diese Beratungsunternehmen meist Großunternehmen, die entsprechende Projektaktivitäten und Wartungsarbeiten vornehmen müssen.

Zu 3.:

Die Einsatzmöglichkeiten dieser Kategorie beginnen in erster Linie bei der Problemanalyse (Studienarbeit) und der Lösungskonzeption. Strategische Planungen des IM in Hinblick auf die gesamte IV sowie die Betrachtung von betriebswirtschaftlichen Grundlagen bilden die Beratungsansätze und richten sich zunächst an die Firmen- oder Bereichsführungen. In diesen Beratungen finden wir den Projekt-Manager, der die Planung, Steuerung und Kontrolle komplexerer Aufgaben/Projekte gewährleistet und dem Kunden als „Berater“ zur Seite steht. Objektivität und Neutralität sind unabdingbare Voraussetzung, Herstelleranbindungen etc. bewußt vermieden.

Gefragt sind diese Beratungsfirmen dann, wenn die Aufgaben komplexer und von entscheidender Bedeutung für den Auftraggeber sind (z. B. Hardware-Wechsel, Gesamtumstellungen, Umstellungen auf komplexe Standardlösungen, komplexe Neuentwicklungen, strategische Hard- und Software-Planungen, Gutachten und Studien etc.).

Nun ist damit nicht gesagt, daß es nicht auch Mischformen aus diesen drei Kategorien gibt. Selbstverständlich haben gute Beratungshäuser oft Abteilungen oder Tochterfirmen, die das jeweils andere Marktsegment abdecken. Bei der Beauftragung allerdings ist es für den potentiellen Kunden wichtig, daß er sich über die Art seiner zu vergebenden Aufgabe im klaren ist, welche Ausrichtung und ggf. Spezialisierung „sein“ Berater haben sollte, damit die höchstmögliche Effizienz für ihn gegeben ist. Dabei spielt die Größe des Beratungshauses (Mitarbeiterzahl) überhaupt keine Rolle (ein Vertriebsargument, was leider viel zu oft Beachtung findet).

Gerade in der Kategorie 1 und 3 sind die Beratungsfirmen in der Regel nicht besonders groß, das Know-how allerdings stark konzentriert.

Bei der Auswahl sollte also nicht allein das Auge zählen. Referenzen und Vergleichsprojekte sowie die Erfahrungen der zu involvierenden Spezialisten und IV-Manager sollten kritisch beurteilt und ausgewertet werden. Angebote sind unter dem Gesichtspunkt der Dokumentation von Know-how zu betrachten und zeigen oft die Erfahrung und Detailkenntnis über die zu lösende Aufgabe.

Dabei ist es sicher nicht die richtige Vorgehensweise, einen EDV-Berater ins Haus zu holen und ihm nicht klare Zielvorstellungen über das, was man mit EDV erreichen will, vorzugeben. Dazu muß aber der Unternehmer mehr über die EDV und die Möglichkeiten, die sich mit der Anwendung der EDV für sein Unternehmen ergeben, wissen, denn die Formulierung der EDV-Zielvorstellung ist eine nicht delegierbare Aufgabe der Unternehmensführung. Während auf allen anderen Sektoren das Management konkrete Zielsetzungen vorgibt, fehlen sie meist im EDV-Bereich. Daher einige grundsätzliche Vorbemerkungen, die Sie beim Einsatz von Beratern beachten sollten.

Äußerst wichtig innerhalb der Zusammenarbeit mit Beratern ist das Bewußtsein zur Abstimmung mit dem Berater und der Kontrolle seiner Ergebnisse. Hier fehlt es oft den Auftraggebern an Mut und Bereitschaft zur Mühe, den Projektfortschritt kritisch zu betrachten und die Teilergebnisse zu verifizieren. Der Umstand einen Berater beauftragt zu haben gewährleistet allein nicht die Zielgenauigkeit der Problemlösungen. Berater sind auch nur Menschen und können fehlen. Dieses zumal der Berater zunächst in die unternehmensinternen Eigenheiten eingearbeitet werden muß, Informationen von Mitarbeitern erfragen und bewerten muß. Hier wird die Überprüfung ganz natürlich notwendig.

Aus diesem Grund ist es wichtig, den Berater zu Erstellung (und Einhaltung) von Projektplanungen anzuhalten, Teilergebnisse zu definieren, Abstimmgespräche zu terminieren und Besprechungs- und Abnahmeprotokolle zu führen. Dieses dient nicht nur der Absicherung, gleichfalls ist eine Abstimmungsdokumentation möglich, die als Richtlinie in der Entwicklung dienen kann und den Projektfortschritt transparenter macht. So etwas nennt man Projektmanagement, das A & O eines jeden Projektes.

Ein besonders wichtiges Thema innerhalb der Zusammenarbeit mit Beratern ist der Punkt der Kostenentwicklung von Beratungsprojekten; die Analyse und Konzeptionsphasen müssen daher mit äußerster Genauigkeit durchgeführt werden.

Die hier investierte Zeit und Mühe (als auch Kosten) müssen den Kosten gegenübergestellt werden, die die Änderung von Details verursachen, sofern sie zu einem späteren Zeitpunkt in einer der folgenden Projektphasen eingearbeitet werden. Der Auftraggeber und der Projektmanager haben also in der Problemanalyse und -konzeption so ausgefeilt zu arbeiten, daß das Fehler- oder Änderungsvolumen so gering wie möglich ist.

Steigerung der Kosten wegen Fehler/Modifikationen

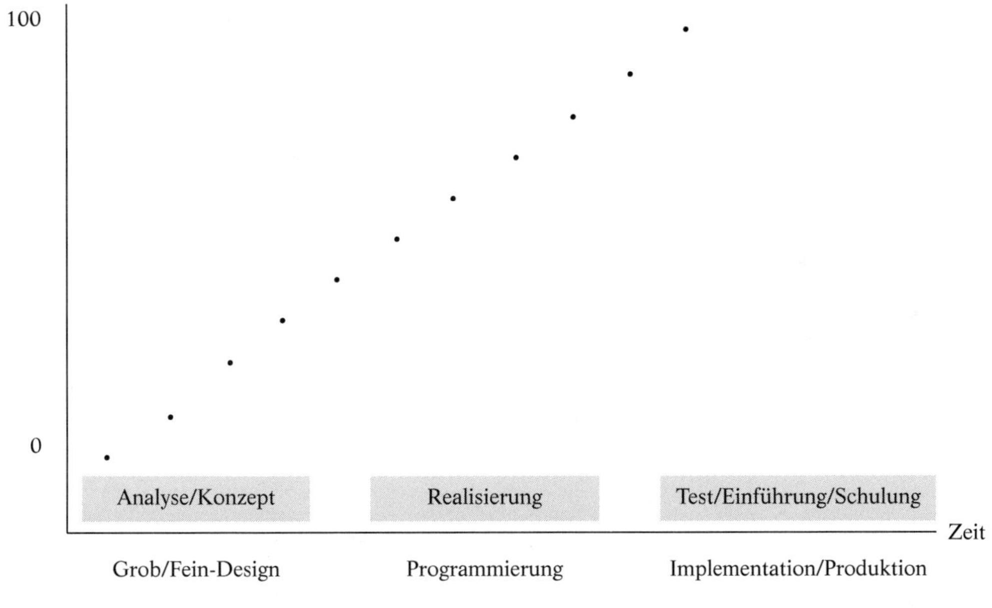

Ein zusätzlicher Aufwand (und somit Kosten) für die projektdurchgängige Dokumentation rechnet sich zudem durch die schnellere Identifikation von Änderungsbedarfen und Änderungsaufwänden und ermöglicht eine transparente Beurteilungsgrundlage für die Entscheidungsfindung.

Mehr und mehr Unternehmen erwarten von einer IV-Beratung die Auftragsabwicklung unter den Maßgaben der „Festpreisbeauftragung“. Das bedeutet, daß das Beratungshaus den Aufwand im Vorwege schätzt und ein verpflichtendes Angebot für die Durchführung/Realisierung abgibt.

Einerseits ist dieses Verfahren durchaus zu empfehlen, da Kosten und Zeiträume klar und verbindlich definiert werden können. Andererseits bedingt es die vorangeschaltete Vorbereitung der Beurteilungsgrundlagen durch den Auftraggeber, also Aufwand und genaue Arbeit, und bewirkt oftmals, daß Mißstimmung und Ärger durch unzureichende Grundlagen das Projekt begleiten.

Empfehlung:

Kleinere, überschaubare und klar zu definierende Projekte können und sollten durchaus im Festpreisverfahren an einen Berater vergeben werden.

Umfangreiche, komplexe und im Vorwege nicht unbedingt zu überschauende Projekte sollten nicht den Bedingungen des Festpreises unterliegen. Hierbei ist es ratsam, die einzelnen Projektphasen, nach Analyse und Bewertung, schrittweise im Festpreis zu vergeben.

Die herkömmliche Zusammenarbeit mit Beratungsformen erfolgt auf der Basis der aufwandsbezogenen Berechnung. Hier werden Stunden-, Tages-, Wochen- oder Monatssätze vereinbart und nach Mitzeichnung der Leistung berechnet.

Um Unstimmigkeiten bei der Überprüfung der geleisteten Aufwände von vornherein zu vermeiden, sollte der Auftraggeber immer darauf bestehen, daß die projektinvolvierten Mitarbeiter des Beratungshauses an der auftraggeberinternen Zeiterfassung teilnehmen (Zeitkarte o. ä.). Ist das nicht möglich, so sollten alle Leistungszeiträume auf einem Bericht erfaßt werden und von dem Projektleiter täglich abgezeichnet werden.

Ein zentrales Problem in der Zusammenarbeit mit IV-Beratern besteht sehr oft darin, daß sich die internen Mitarbeiter durch die Hinzunahme von externen Kapazitäten zurückgesetzt und unterbewertet empfinden. Das führt oft zu Dissonanzen innerhalb der Projekt-Teams und trägt somit nicht zur Förderung des Fortschritts bei.

Für den Auftraggeber ist es daher wichtig, daß er im Vorwege genauestens die Möglichkeiten und Kapazitäten des eigenen Hauses prüft und bewertet. Gerade bei der Verteilung der Projektverantwortungen (Projektleitung/Management/Projektkontrolle) sowie innerhalb der Abstimmungsverfahren sollte sensibel das Gleichgewicht erhalten bleiben. Das bedeutet, daß es sehr sinnreich ist, die Projektleitung gesamt sowohl mit einem internen als auch mit einem externen Mitarbeiter zu besetzen.

Die Beteiligung der betroffenen Fachbereiche ist ebenfalls, dieses schon aus fachlicher Kontroll-Sicht, von Bedeutung und muß als wichtig beachtet werden.

In diesem Zusammenhang tritt oft das Problem auf, daß die externen Mitarbeiter zunächst in die hausinternen Individualitäten eingearbeitet werden müssen und dieses nicht immer reibungslos und in kurzer Zeit möglich ist. Die internen Mitarbeiter nutzen dabei häufig das Argument, daß sie es ja sind, die den „teuer bezahlten" Berater erst „schlau machen" müssen (nach dem Motto: das Geld sollte man lieber ihnen geben).

Hier ist es wichtig, daß der Berater nie die individuellen Gegebenheiten wissen kann, dazu ist die IV-Welt nun einmal zu breitgefächert. Seine Aufgaben sind meist ja auch anders angelegt. Zwar braucht er die Mittel und Möglichkeiten des Auftraggebers, um sein Wissen einzubringen, aber schließlich ist es sein Spezial-Know-how, was der Auftraggeber von ihm erwartet.

Die internen Mitarbeiter müssen also im Vorwege motiviert und angehalten werden, die externen Berater anzuleiten und einzuführen. Im Umkehrschluß sind es gerade sie wieder, die von dem extern hinzugenommenen Know-how für spätere Zeiten (Wartung/Produktion) profitieren sollen. Das nennt man Know-how-Transfer und bedeutet eine Verpflichtung auch für den Berater.

Die Auswahl des Projektmitarbeiters, der seitens der Beratungsfirma zur Verfügung gestellt werden soll, sollte nicht ausschließlich allein durch das Beratungsunternehmen erfolgen. Auch der Auftraggeber muß sich ein Bild von seinem Berater machen, besonders, wenn das Projekt einen längeren Zeitraum einnehmen wird. Schließlich wird er für eine gewisse Zeit auch „sein" Mitarbeiter sein und sollte in die Projekt-Mannschaft und das Unternehmen persönlich und wesensmäßig passen.

Ist es dem Auftraggeber möglich, auch die technischen Erfahrungen des IV-Beraters zu beurteilen, so sollte ein entsprechendes Interview auf jeden Fall erfolgen. Leider sind nicht alle Beratungshäuser so kompetent, daß mit geschlossenen Augen der empfohlene Berater genommen werden kann.

Besonders zu empfehlen ist in diesem Zusammenhang, daß sich das auftraggebende Unternehmen zuvor ein detailliertes Anforderungsprofil erstellt. Dieses soll die Erfahrungswerte des Beraters beschreiben und die unabdingbaren technischen Voraussetzungen aufführen.

Besonders wichtig bei der Auswahl des Beratungspartners ist die Betrachtung der Neutralität. Viele Berater unterhalten Kooperationsverträge mit Hard- und Softwareherstellern und versuchen aus Eigeninteresse, dem Auftraggeber neue oder weitere Produkte für den Kauf zu empfehlen. Daß der Beratungscharakter hierbei nicht mehr aufrecht ist, merken viele Auftraggeber nicht und lassen sich überzeugen.

Damit soll nicht gesagt sein, daß derlei Empfehlungen immer falsch sind. Sie sollten seitens des Unternehmens jedoch kritisch gesehen und vor allem durch die eigenen Mitarbeiter verifiziert werden.

Gerade bei Aufträgen, die den Neukauf von Hard- und Software beinhalten, aber auch bei anderen Projekten sind hard- und softwareunabhängige Beratungsformen besonders zu empfehlen. Der Auftraggeber sollte, sofern es nicht bereits bekannt ist, auf diese Neutralität achten und ggf. nachfragen. Eine punktuelle Hinzunahme eines begutachtenden Beratungshauses ist eine zusätzliche und zu empfehlende Möglichkeit.

Einige Beratungsfirmen garantieren dem Auftraggeber die langfristige Know-how-Überlassung (auch nach Beendigung des Auftrages) durch Weitergabe des Projektwissens an eine hohe Anzahl von Mitarbeitern. Dieses geschieht, um dem Auftraggeber zu dokumentieren, daß auch nach Projektende das Projekt-Know-how weiterhin im Hause des Beraters zu finden ist. Dieses Argument trügt, da die Mitarbeiter selbstverständlich sofort z. B. in andere Projekte gesteckt werden und nicht einfach mal so abgezogen werden können.

Natürlich ist diese Frage der Know-how-Gestellung auch über die Projektgrenzen hinweg ein wichtiger Aspekt. Schließlich möchte der Auftraggeber zumindestens für eine gewisse Zeit auf das Know-how weiterhin zugreifen können (z. B. Gewährleistungen, Wartung oder Modifikationen).

Um diesem Punkt gerecht werden zu können, sollte der Auftraggeber diesen Punkt in die Beratungsverträge einflechten. Zahlen muß er diesen Aufwand so oder so. Mit einer solchen Verpflichtung allerdings kann er die ihm wichtigen Kapazitäten jedoch für eine definierte Zeit „reservieren" und hat klare Kostenfronten geschaffen.

Mit einer solchen Maßnahme können auch die IV-Beratungsfirmen gut leben. Einerseits können sie die Man-Power-Planungen besser vornehmen, und zweitens sind für die Mitarbeit in dem Projekt durchaus auch freiberufliche Kräfte interessant, die ansonsten, nach Beendigung des Projektes, das Beratungsunternehmen meist gleich wieder verlassen.

Welche typischen Lösungsansätze zur Erhöhung der Wirtschaftlichkeit einer EDV-Organisation ergeben sich aus der Schwachstellenanalyse? Meist sind es

- eindeutige Funktionszuordnung der Mitarbeiter im Rechenzentrum,
- Erstellung bzw. Überarbeitung der Stellenbeschreibungen,
- Ermittlung der Funktionskosten pro Bezugseinheit,
- Verlagerungen von Arbeiten an Serviceunternehmen,
- Einführung alternativer Datenerfassungsmethoden,
- Zentralisierung oder Dezentralisierung von EDV-Tätigkeiten,
- Vermeidung von Mehrfacheingaben als Folge unzureichender Integration,
- Vermeidung von doppelten und möglicherweise inkonsistenten Datenbeständen durch nicht vernetzte Personalcomputer,
- Reduzierung des Rechenzentrumbetriebes um eine Schicht durch Umgestaltung von Arbeitsplätzen und Einführung bedienerloser Nachtschichten.

Erst danach sollte man die EDV ausschreiben, die Herstellerangebote anfordern und vergleichen und die Entscheidung treffen.

Wie geht die Aufnahme des Ist-Zustandes vor sich?

Ideal wäre eine Statuserfassung als eine Art Blitzlichtaufnahme des organisatorischen Ist-Zustandes. Dies ist annähernd möglich durch direktes Befragen, Aufzeichnen der Arbeitsabläufe und Datenmengen in Interviews, Auswerten der meist umfangreich vorliegenden Arbeitsanweisungen und sonstigen Organisationsunterlagen, wie Karteien und Statistiken. Es hat keinen Zweck, diese Ist-Aufnahme zu exakt und minutiös durchführen zu lassen. Keiner wird später zugeben, daß er die mannigfaltigen Leerlaufzeiten – das Warten am Telefon, die Pause hier, das Privatgespräch dort – auf die einzige schöpferische Stunde des Tages geschlagen hat, die sich später als nicht automatisierbar erweist. Berge von Fragebogen, in denen sich keiner mehr zurechtfindet, sind sinnlos. Es kommt darauf an,

1. die heutigen Arbeitsschwerpunkte und -zusammenhänge zu erkennen,
2. einen sicheren Blick für Datengrößenordnungen zu bekommen,
3. Schätzunterlagen für die EDV-Wirtschaftlichkeitsrechnung zu erarbeiten.

Gelingt dies, hat man einigermaßen festen Boden unter den Füßen für den Entwurf der EDV-Gesamtkonzeption, das Fundament für die EDV-Anwendung.

Am Beispiel der BDO Deutsche Warentreuhand AG, die die Wirtschaftlichkeit der EDV in Unternehmen aller Größenordnungen untersucht, wird nachfolgend die Untersuchungsmethodik zur Beurteilung der EDV-Wirtschaftlichkeit dargestellt.

Die Beurteilung der DV-Wirtschaftlichkeit im Rahmen der Aufbau- und Ablauforganisation im Rechenzentrum ergibt sich aus einer Gegenüberstellung von Arbeitsleistung und Kosten. Zur Ermittlung der Arbeitslast und der Qualität der Arbeitsausführung im Rechenzentrum gehört die Erhebung des Mengengerüstes und der zeitlichen Verteilung von:

- Erfassungsbelegen,
- Jobs für die Arbeitsvorbereitung,
- benötigten Magnetbändern,
- Druckausgaben (nach Druckzeilen, Formularwechsel usw.),
- Gründen für Systemabbrüche und Wiederholungsläufe.

Soweit möglich, werden vorhandene maschinelle Aufschreibungen der installierten Rechner für diese Untersuchungen verwendet.

Zur Überprüfung des Personalbedarfs ist eine Gemeinkostenwertanalyse geeignet. Vergleichszahlen aus anderen Rechenzentren werden herangezogen und die Anforderungen zur Aufrechterhaltung der Sicherheit im Rechenzentrum berücksichtigt. Bei der Analyse der Wirtschaftlichkeit und der Berechnung des Personalbedarfs wird einer notwendigen Funktionstrennung Rechnung getragen.

Die Gemeinkostenwertanalyse in den einzelnen Abteilungen und Arbeitsgruppen des Rechenzentrums erfolgt in Einzelschritten:

- Ermittlung des Ist-Zustandes
- Funktionsanalyse der Tätigkeiten
- Ermittlung der Funktionskosten
- Analyse der Funktionszeiten und -kosten
- Prüfung des Ist-Zustandes
- Auswertung der Arbeitsergebnisse
- Ermittlung von Lösungen
- Prüfung von Lösungen
- Vorschlag und Verwirklichung einer Lösung.

Die Zufriedenheit der Anwender mit den Leistungen des Rechenzentrums wird bei der Beurteilung der DV-Wirtschaftlichkeit mit berücksichtigt, da überprüft wird, inwieweit die im Produktionsplan vorgegebenen Soll-Leistungen mit den Ist-Leistungen übereinstimmen.

Die Entwicklung steht nicht still. Die Einführung der EDV ist ein in vielen Unternehmen bereits erfolgter Schritt. Zu den bisherigen Führungsaufgaben tritt als neue der Zwang, die elektronischen Datenverarbeitungsanlagen voll auszunutzen und die Verwaltungsarbeiten auf noch weitergehende Automatisierbarkeit zu untersuchen.

In der EDV-Praxis ist bereits eine Reihe von zukunftsorientierten Merkmalen zu erkennen. Hierzu gehört die schärfere Trennung echter Führungsaufgaben von automatisierbaren Routineentscheidungen. Dazu gehört vor allem die steigende Bedeutung von computerunterstützten Informationssystemen für die einzelnen Ebenen der Unternehmensführung (vgl. Kappler/ Rock [Hrsg.] 1990).

Das letzte Jahrzehnt hat die EDV-Anwendung – nach einem mühseligen Lernprozeß mit der EDV – in vielen Unternehmen ins Kraut schießen lassen. Immer größere Maschinen wurden bestellt; zwar wuchs die Quantität der EDV-Arbeiten, nicht in gleicher Proportion aber die Qualität, z. B. in Richtung des Aufbaus von einem Netz von Informationssystemen.

Diese in vielen einzelnen Arbeitsinseln entstandenen EDV-Anwendungen in einem zusammenfassenden EDV-Gesamtkonzept miteinander zu verbinden, ist eine Aufgabe, der sich viele Unternehmen in Zukunft widmen müssen.

Auch hier läßt sich der EDV-Berater mit der breiten Erfahrung und den Vergleichsmöglichkeiten zu anderen Unternehmen – wenn er richtig gesteuert wird – gut einsetzen.

Der Unternehmensberater im Bereich „EDV und Software" sollte folgende Voraussetzungen erfüllen:

1. Der Berater muß über Managementwissen und betriebswirtschaftliche Grundkenntnisse verfügen, da Änderungen im EDV-Bereich das Unternehmen in der Regel immer ganzheitlich betreffen.
2. Das Dienstleistungsangebot sollte auch Schulungs- und Trainingsmaßnahmen für Mitarbeiter beinhalten.
3. Weiter sind Erfahrungen im Erkennen und Durchführung von Rationalisierungsmaßnahmen notwendig, da der Ausbau des EDV-Bereichs häufig Rationalisierungseffekte mit sich bringt.
4. Mindestens ein Mitglied des Top-Managements muß dem Berater als Ansprechpartner zur Verfügung stehen.
5. Die Maßnahmen sind so zu planen, daß bei Bedarf Ausbaumöglichkeiten vorhanden sind.
6. Mit bereits im Unternehmen vorhandenen EDV-Systemen muß die Kompatibilität abgeklärt werden.
7. Im Vorfeld ist zu entscheiden, ob ein EDV-Systemplaner oder ein Systemanalytiker für die Bewältigung der anstehenden Aufgaben benötigt wird.
8. Der Berater muß über Kenntnisse in der Personalführung verfügen, da neue EDV-Maßnahmen häufig Akzeptanzprobleme bei den Mitarbeitern hervorrufen.
9. Hinsichtlich der Durchführung ist ein Projektteam aus Mitarbeitern verschiedener Unternehmensbereiche zu bilden, das vom Berater geleitet wird.

Wann empfiehlt sich die Zusammenarbeit mit einem Unternehmensberater im Bereich „EDV und Software"?

1. Bei anstehenden Änderungen oder beim beabsichtigten Ausbau des bestehenden EDV- und Softwaresystems.
2. Wenn mit Hilfe eines verstärkten Einsatzes der EDV Rationalisierungsmaßnahmen im Unternehmen durchgeführt werden sollen.
3. Wenn sich im Alltag immer wieder Probleme mit der EDV oder der Software zeigen.
4. Schulung von neuen Mitarbeitern im EDV-Bereich.

Die Zusammenarbeit mit einem Unternehmensberater im Bereich „EDV und Software" bietet die Vorteile:

1. Aufgrund der raschen technischen Neuerungen im EDV-Bereich werden Etatplanungen häufig deutlich überschritten. Der Unternehmensberater erstellt einen Finanzrahmen für das Unternehmen, der eine feste Größe darstellt.
2. Bei Problemen kann der Unternehmensberater über eine „Hotline" immer wieder schnell und problemlos angesprochen werden.
3. Anstehende Systemerweiterungen können dank des unternehmensspezifischen Know-hows des Beraters schnell und meist kostengünstiger realisiert werden.
4. Da Maßnahmen im EDV-Bereich als ganzheitliche Aktionen, bezogen auf das Unternehmen, verstanden werden, zeigen sich häufig Rationalisierungseffekte, an die bis dahin ein Manager nicht gedacht hat.

Quelle: Zimmermann 1994, S. 54/55.

5.1.3 Personalberatung

5.1.3.1 Auswahl und Einstellung

Derzeit arbeiten groben Schätzungen zufolge zwischen 400 und 2000 Personalberater in der Bundesrepublik Deutschland. Die Tabellen 1 und 2 geben einen Eindruck über die unterschiedlichen Größenordnungen auf internationaler Ebene (Top 20) und für Deutschland (Top 10). Genauere Zahlen sind leider nicht verfügbar, denn „Personalberater ist, wer sich so nennt". Die Bezeichnung wird nicht geschützt. Wenn man den Stellenteil der überregionalen Tageszeitungen analysiert, stellt man fest, daß der Anteil der Anzeigen, die über Personalberater geschaltet werden, ständig zunimmt. Rund 35 % aller Inserate lassen das suchende Unternehmen nicht erkennen, sondern werden unter dem Namen eines Beratungsunternehmens geschaltet (vgl. Pillat, Neue Mitarbeiter erfolgreich anwerben, auswählen und einsetzen, 1990 S. 68). Bei Managern der ersten und zweiten Führungsebene werden deutlich über 50 % über die Personalberatung gesucht. Grundsätzlich kann man drei wichtige Aufgabenfelder unterscheiden, die von den Personalberatern wahrgenommen werden:

1. Die Analyse der zu besetzenden Stelle;
2. Die Suche nach den richtigen Personen für diese Stelle;
3. Die Auswahl der am besten geeigneten Person.

In diese drei Tätigkeitsfelder fallen die unterschiedlichen Einzelaktivitäten der Personalberater, die sich folgendermaßen aufgliedern:

Tätigkeitsfeld 1: Diese Tätigkeiten dienen vorwiegend der Erfassung der zu besetzenden Stelle und der Beschreibung der Qualifikationsmerkmale, die vom Bewerber mitgebracht werden müssen. Sie umfassen a) Positionsanalysen, b) Anforderungsprofile und c) Aufgaben- und Kompetenzanalysen.

Tätigkeitsfeld 2: Die Suche nach der geeigneten Person ist meist der zweite Teil der Tätigkeit, bei der die geeigneten Mittel für diese Aufgabe ausgewählt und angeboten werden müssen. Dies sind a) Insertionspläne, b) Anzeigenformulierungen, c) Anzeigengestaltung und d) Sichtung und Abwicklung der Bewerbungseingänge.

Tätigkeitsfeld 3: Diese Dienstleistungen dienen meist der Einengung des Bewerberkreises zur Auswahl der Person, die am besten für die Stelle geeignet erscheint. Daran schließt sich in aller Regel die Endauswahl des Bewerbers an, die vom Unternehmer in Zusammenarbeit mit dem Personalberater durchgeführt wird. Befragungen von Personalberatungsfirmen ergaben, daß vor allem die direkten Kontakte mit dem Bewerber bzw. mit der Person des Bewerbers am häufigsten von den Unternehmen nachgefragt werden. In allen Nennungen ist die Beratung und Unterstützung bei der Endauswahl der Bewerber die am häufigsten abverlangte Aufgabe.

Über die Zweckmäßigkeit der Einschaltung von derartigen Agenturen meint ein Fachmann der Branche:

Wenn Unternehmen in einer Phase äußerster Sparsamkeit vermehrt Personalberatungen zur Suche von Führungskräften beauftragen, obwohl sie das formal auch selbst könnten, verursachen sie scheinbar zusätzliche Kosten und handeln widersinnig. Trotzdem steckt gerade in dieser Verhaltensweise ein logischer Sinn: Durch den Zwang zur Sparsamkeit wuchs in kurzer Zeit allerorten das Bestreben nach Schutz vor personellen Fehlentscheidungen, eben nach einer Methode zur Minderung des Risikos. Unter dem Druck der veränderten, sprich engeren wirtschaftlichen Verhältnisse vollzog sich demnach bei Unternehmens- und Personalleitungen eine deutliche Verlagerung der Kostenbetrachtung: Als entscheidend werden nicht mehr die Kosten

Tabelle 1: Die größten Personalberater der Welt

	Umsatz 1995 in Millionen	Veränd. zum Vorjahr in Prozent	Zahl der Berater
1. Korn/Ferry International[1])[2])	215,7	14,4	442
2. Heidrick & Struggles[1])	161,0	18,6	192
3. SpencerStuart[3])	150,3	13,3	208
4. Egon Zehnder International[1])[4])	146,3	20,2	161
5. Russell Reynolds Associates	132,1	21,2	182
6. Amrop International	126,7	32,1	220
7. Paul Ray Berndtson	90,0	38,5	138
8. Ward Howell International	73,0	4,3	165
9. GKR Neumann	72,5	12,8	155
10. Norman Broadbent International	57,5	28,3	82
11. Transearch International	47,5	26,0	152
12. InterSearch	46,8	23,2	133
13. The Hever Group	44,5	20,3	54
14. Boyden	40,4	28,2	72
15. Tasa International	40,0	11,7	81
16. IIC Partners	35,2	0	93
17. Accord Group	32,6	–2,7	97
18. KPMG Peat Marwick/Foster Partners	32,3	4,2	114
19. AT Kearny Executive Search	31,4	10,2	70
20. Horton International	30,5	24,0	109
Gesamt	1606,3	17,4	2920

[1]) testierter Abschluß; [2]) 1995/96 (30. April); [3]) 1994/95 (30. September); [4]) 1994/95 (31. Oktober).
Quelle: Executive Recruiter News

Tabelle 2: Die größten Executive-Search-Unternehmen nach Honorarumsätzen 1994

Deutschland	(Millionen Mark)
1. Amrop Mülder	30,2
2. Egon Zehnder	29,2
3. Paul Ray Berndtson	26,2
4. Delta-Hever Group	23,7
5. Ward Howell	19,2
6. Heidrick & Struggles	13,5
7. Hoffman Herbold	12,3
8. Accord/Roland Berger	12,1
9. GKR Neumann	10,0
10. Spencer Stuart	8,2

Personalsuche über Anzeigenschaltung eingeschlossen
Quelle: Economist Intelligence Unit

für die Personalbeschaffung angesehen, sondern vielmehr die Verhinderung der immensen Folgekosten, die durch Fehlentscheidungen entstehen. Insofern kommt der Personalentscheidung im Führungsbereich immer stärker die Bedeutung einer hohen Investitionsentscheidung zu.

Wenn man berücksichtigt, daß zwischen 30 und 50 % aller „Ehen im Führungsbereich" – je nach Hierarchieebene – innerhalb der ersten drei Jahre wieder auseinandergehen, kommt einer detaillierten Kostenbetrachtung ganz besondere Bedeutung zu.

Gehen wir von der Suche eines **Marketing-** oder **Vertriebsleiters** aus, der Geschäftsführung direkt nachgeordnet, ausgestattet mit ca. 160 000 DM Jahres-Einkommen und entsprechender Positions-Ausstattung. Für Altersversorgung und sonstigen Sozialaufwand sind 50 000 DM anzusetzen, für die notwendige Sekretärin insgesamt 80 000 DM, für das Firmenfahrzeug 20 000 DM, für Umzugskosten/Trennungsentschädigung/Heimfahrten insgesamt 20 000 DM, für die Suche und Auswahl (die eigentlichen Beschaffungskosten) 70 000 DM. Daraus ergibt sich neben dem sog. Beschaffungsaufwand von knapp 100 000 DM ein jährliches Kostenbudget von ca. 300 000 DM, sprich knapp 1 Million DM innerhalb der ersten drei Jahre.

Geht die Zusammenarbeit innerhalb dieses Zeitraums schief, dann war nicht nur dieser direkte Aufwand eine Fehlinvestition; die verlorenen Jahre am Markt, der Effizienzverlust kommen hinzu. Dies kann in einer verschärften Wettbewerbssituation von ausschlaggebender Bedeutung für die Existenz des Unternehmens sein, ganz unabhängig von dem notwendigen Zeitaufwand für die Suche eines Nachfolgers mit einzuhaltenden Verfügbarkeitsfristen.

Durch die Zusammenarbeit mit einem externen Personalberater setzt die Risikominderung bereits im Vorfeld der eigentlichen Suche ein. Sie beginnt mit der fachkundigen Erarbeitung des Anforderungsprofils und des Positionsumfelds, der Markttransparenz des Beraters, wo gesucht werden soll und wo mit Sicherheit nicht gesucht zu werden braucht, zu welchem Zeitpunkt und über welche Form der Zielansprache „richtige" Bewerber anzusprechen und zu finden sind. Mit besonderem Schwergewicht erweist sich die Risikominderung durch die **Beurteilungs-Sicherheit** des Personalberaters. Selbstverständlich sind Unternehmensleitungen und Personalleiter dazu ebenso befähigt, aber erfahrungsgemäß handeln sie meistens unter hohem Zeitdruck und lassen sich obendrein viel zu häufig vom Wunschdenken nach dem „gemalten" Mann, z. B. mit absoluter Branchennähe, leiten. Die Folge ist ein hoher Prozentsatz an Fehlentscheidungen. Natürlich kann keine Personalberatung absolute Garantie für die Auswahl des **richtigen** Bewerbers geben. Durch die Zusammenarbeit mit erfahrenen Personalberatern läßt sich das Risiko aber insofern ganz beachtlich vermindern, als die Personalberatung oder der Personalberater vieljährige Erfahrung einbringt und in dieser Zeit Tausende von Bewerbern interviewt und beurteilt hat. Er hat sie nicht nur beurteilt, er hat in den meisten Fällen auch deren spätere Entwicklung im Unternehmen verfolgt und damit seine eigene Urteilsfähigkeit schärfen können. Dort liegt der eigentliche Sinn in der Zusammenarbeit mit einer Personalberatung, und eben dadurch entsteht der hohe betriebswirtschaftliche Nutzen.

Selbstverständlich sind auch die Beschaffungskosten für Führungskräfte, sprich Kosten für Personalberatung, von Bedeutung, denn sie sind hoch. Es ist jedoch weithin unbekannt, daß im Unternehmen selbst etwa die gleichen Kosten entstehen, wenn es die Personalsuche und -auswahl selbst durchführt. Nur werden die Kosten dafür in keinem Unternehmen gesondert erfaßt und ausgewiesen, und nach Abschluß einer Aktion gibt es dazu auch keine unmittelbare Veranlassung mehr. Lassen wir eventuelle Insertionskosten außer Betracht, weil sie in jedem Falle identisch sind, bleiben zum echten Kosten-Vergleich die Zeitaufwendungen für die verschiedenen Phasen der Such-Vorbereitung, der Suche und Auswahl bis hin zur Einstellungsentscheidung und Vertragsgestaltung. Ein Personalleiter mit 120 000 DM Jahresgehalt und entsprechendem Gemeinkostenzuschlag müßte hier mit etwa 1000 DM pro Arbeitstag angesetzt werden, ein Unternehmer oder Geschäftsführer zumindest mit dem doppelten Kostenansatz. Rechnet man die erforderlichen Mann-Tage zusammen, speziell wenn auch der Unternehmer oder Geschäftsführer von Beginn der Aktion an in das Selektionsprozedere eingeschaltet ist, dann erweist sich bei objektiver Betrachtung der Kostenbilder die annähernde Kostengleichheit beider Methoden.

Trotzdem führt gerade dieser reine Kostenvergleich zu falschen Erkenntnissen; denn die zusätzlichen und eigentlichen Leistungen einer Personalberatung wie Diskretion, Sicherheit, Erfahrung und spezielles Know-how, die schließlich zur erwünschten Risikominderung führen, sind in Werten kaum darstellbar.

Wie soll man die Qualifikation des Personalberaters testen? Am besten anhand folgender Checkliste:

1. Ist der Sie besuchende Repräsentant auch Ihr künftiger Gesprächspartner bei der Abwicklung eines Auftrages, d. h., führt er das Projekt selbst durch, oder ist er Projektleiter?
2. Über welchen beruflichen Erfahrungshintergrund verfügt der Berater?
3. Beherrscht er das Auswahlprozedere?
4. Verfügt der Berater über den Suchauftrag hinaus über genügend Fachkompetenz, um Sie in damit verbundenen Fragen beraten zu können (Organisationsfragen, Vertragsgestaltung, Gehaltsniveau, Problemlösung als Ganzes)?
5. Hat er sich auf bestimmte Branchen konzentriert?
6. Kann er entsprechende Referenzen nennen?
7. Kann er Ihnen sagen, wieviel Prozent seiner Kunden bereits mehrere Aufträge erteilten, d. h. Dauerkunden sind?
8. Ist eine langfristige Zusammenarbeit mit dem Sie besuchenden Berater gesichert? Lassen Sie sich berichten, wie lange der Berater für das von ihm vertretene Haus tätig ist. Bei manchen Beratungsunternehmen finden Sie eine „Taubenschlagsatmosphäre“ vor, die eine Kontinuität in der Zusammenarbeit in Frage stellt.
9. Ist der Berater bereit, als Problemlöser auch in schwierigen Bereichen (Konstruktion, Entwicklung, Software etc.) tätig zu werden?
10. Ist die Konditionsgestaltung eindeutig, transparent und leistungsbegleitend?

Hieraus und aus der Bewertung der menschlichen Eigenschaften ist erkennbar, ob es sich um ein Unternehmen handelt, welches solide Arbeit leistet.

So kann schnell und zuverlässig sichergestellt werden, ob der Personalberater dem Personalchef ein adäquater Gesprächspartner ist, was letztlich auch die Erfahrungen in der Zusammenarbeit zeigen werden.

Die weltweit führende Personalberatungsfirma Korn/Ferry hat eigene Empfehlungen zur Auswahl der besten Personalberater formuliert:

„Kaum eine Geschäftsverbindung ist so eindeutig auf gegenseitiges Vertrauen angewiesen, wie die Zusammenarbeit von Personalberater und Unternehmensleitung. Unser Haus hat deshalb den Rahmen einer Vorgehensweise abgesteckt, um es einem Unternehmen zu erleichtern, die richtige Entscheidung für eine seriöse Personalberatungsfirma zu treffen.

Suchen Sie einen Personalberater, beginnen Sie am besten mit einem Telefonkontakt bei bekannten Personalberatungsfirmen. Sie stellen sich als eventueller Kunde vor und fragen nach dem Berater, der für Ihren Industriezweig zuständig ist. Verabreden Sie ein Treffen in Ihrem oder noch besser in seinem Büro, denn Ihr erster Eindruck von der ‚Atmosphäre' des Büros ist wichtig, von den Mitarbeitern, die Sie zu Gesicht bekommen und natürlich von dem Berater, den man Ihnen vorstellt. Sind die Leute offen und aufgeschlossen?

Können Sie sich vorstellen, daß diese Leute Ihr Unternehmen gegenüber der Öffentlichkeit repräsentieren?

Machen Sie Ihre eigene Umfeld-Analyse! Welchen Hintergrund hat die Firma und ihre Berater? Wie lange sind sie schon am Markt tätig? Wieviele Büros hat die Firma und wo auf der Welt ist sie präsent?

Welche spezifischen Positionen im Management werden von der Personalberatungsfirma gesucht und plaziert? Sind es die gleichen oder ähnliche, die Sie suchen? Kann der Personalberater Ihnen Referenzen von kompetenten und zufriedenen Klienten geben?

Sehr wichtig für Sie ist die Frage, wie der Personalberater bei der Suche nach einer Führungskraft vorgeht. Welche Firmenanalysen werden vorher durchgeführt und in welcher Weise? Lassen Sie sich die Arbeitsweise des Beraters genau erklären. Seine Kompetenz und sein Einfühlungsvermögen entscheiden bei der Suche nach dem Manager, den Sie suchen und der wie ein Mosaikstein in das Bild Ihres Unternehmens passen muß, nicht nur fachlich, sondern auch von seiner Persönlichkeit her gesehen. Erkundigen Sie sich danach, wie die Positionsbeschreibung erarbeitet wird.

Wie hält der Personalberater Sie über den Fortgang der Sucharbeit auf dem Laufenden? Wie viel Zeit setzt die Firma an, bevor sie Ihnen geeignete Kandidaten präsentiert. Wie viele Kandidaten werden Ihnen vorgestellt? Wie lange dauert es im Durchschnitt, um einen Auftrag abzuwickeln bis zur Vertragsunterschrift?

Die Fragen nach den Kosten und nach welchen Kriterien die Rechnungen gestellt werden, sind ein weiterer wesentlicher Punkt, der zu klären ist.

Viele große Personalberatungsfirmen haben einen sogenannten ‚Ethik-Kodex', der ihre Arbeitsweise festlegt. Fragen Sie danach.

Und noch etwas ist wichtig. Welche Vertragsänderungen werden gegebenenfalls notwendig, wenn Sie während der Suche nach einer Führungskraft Ihre Vorgaben ändern oder eine andere Position besetzen wollen.

Wenn alle Fragen zu Ihrer Zufriedenheit geklärt worden sind, dann sollte einer guten Zusammenarbeit nichts mehr im Wege stehen."

Die Preise einer Personalberatung bei der Suche und Auswahl von neuen Mitarbeitern gliedern sich in Honorar und Sachkosten. Das Beratungshonorar wird auf der Basis der verwendeten Zeit kalkuliert und als Vergütung der Beratungsleistung berechnet. Es ist nicht erfolgsabhängig und hat keinen Provisionscharakter. Es umfaßt als Grundgebühr die gesamte Auftragsabwicklung einschließlich Formulierung, Gestaltung und Mitwirkung bei der Aufgabe der Anzeige.

Unter Sachkosten sind die Bearbeitungsgebühr je Bewerbung, die Sichtung, der Schrift- und Telefonverkehr mit den Bewerbern und dem Auftraggeber zu verstehen. Hinzu kommen Fahrkosten, Telegramme, Telefongespräche, Fernschreiben, die je nach Anfallen in Rechnung gestellt werden. Berechnet werden außerdem Vorstellungskosten für den Bewerber, Nebenkosten, Fahrauslagen und Tagesspesen. Schließlich zählen auch die Insertionskosten, die abhängig sind von der Größe der Anzeigen, der Zeitung oder Zeitschrift, in der sie veröffentlicht werden, zu den Sachkosten.

Für die Vermittlung und Auswahl von Bewerbern ergab eine Umfrage unter 23 Personalberatern unterschiedliche Honorarsysteme.

- *Pauschalhonorar:*

  Der Berater berechnet einen festen Pauschalbetrag, der sich nach der Notierung der zu besetzenden Position richtet: 1–2 Brutto-Monatsgehälter, 10–15 % des Jahreseinkommens oder gelegentlich auch darüber. In einigen Fällen ist dieses Honorar erfolgsabhängig.

- *Abrechnung nach festen Sätzen:*

  Einzelne Tätigkeiten werden gesondert berechnet: Etwa pro Vorprüfung einer eingehenden Bewerbung, pro Bewerbergespräch, pro graphologisches Gutachten.

- *Mischform aus der ersten und zweiten Möglichkeit:*

  Das Honorar setzt sich aus gewissen Grundpauschalen plus festen Sätzen für geleistete Arbeitsaufwendungen zusammen.

- *Abrechnung nach Arbeitsaufwand:*

  Das Honorar setzt sich aus bestimmten Stunden- und Tagessätzen für den tatsächlich geleisteten Arbeitsaufwand zusammen.

Über das Honorar von Personalberatern, soweit sie zu Aufgaben wie Personalplanung, Aufbau eines Personalinformationssystems usw. herangezogen werden, lassen sich generelle Aussagen nicht machen. Die Honorarsätze pro Tag liegen zwischen 1600 DM und 3800 DM.

Seitens der Berater werden bei der Auswahl von Mitarbeitern hin und wieder psychologische Tests angewandt. Die vorgekommenen Auswüchse der psychologischen Tests*, die auch nach Meinung der Gewerkschaften unzumutbar in die Intimsphäre des Menschen eindringen, haben zu Diskussionen angeregt. Die meisten Personalleiter lehnen derartige Tests ab. Einige Berater befürworten psychologische Tests in gewissem Rahmen, um damit folgende Faktoren messen zu können:

1. „*Intelligenz und Wissen;* es ist sicherlich wichtig zu erfahren, ob Intelligenzhöhe und Art den Anforderungen einer Position entsprechen. Zu viel Intelligenz kann genauso fehl am Platz sein wie zu wenig. Die Tests können sowohl Intelligenzhöhe sowie -art relativ exakt feststellen. Dasselbe gilt für das Wissen.

2. *Fertigkeiten;* um Fertigkeiten herauszufinden, sind Tests absolut notwendig. Eine Sekretärin mag in gutem Glauben versichern, ihre Orthographie, ihre Steno- und Maschinenschreibkenntnisse wären perfekt. Nur ein Test kann hier schnelle Gewißheit verschaffen.

3. *Fähigkeiten;* wichtig ist es auch festzustellen, wie groß die Fähigkeit ist, sich neue Fertigkeiten anzueignen. Auch hier sind Tests äußerst wertvoll.

4. *Führungsstil, Ansichten, Interessen;* hier spart der Test Zeit und liefert Grundlagen für spätere Gespräche."

Bei einer Umfrage in mehreren Großfirmen wurde ermittelt, ob und in welchem Umfang Eignungstests bei Bewerbern durchgeführt werden. Dabei antwortete die Mehrzahl der Firmen, sie benutzten keine Tests, sondern Graphologen. Bei der Auswahl von Managementpositionen ist allerdings in den letzten Jahren ein gewisser Anstieg in der Anwendung von Tests erkennbar. Begründet wird dieses Desinteresse damit, daß vor allem der Berufsweg interessiere. Aus ihm

* Zander, E., Lohn- und Gehaltsfestsetzung in Klein- und Mittelbetrieben, 10. Auflage, Freiburg i. Br., 1994.

seien Fähigkeiten und Eigenschaften des Bewerbers am besten ersichtlich. Die moderne Psychologie sucht die besonderen Strukturen, die für einen bestimmten Menschen charakteristisch sind, durch Tests aufzuschließen. Mit Hilfe von Tests soll die Auswahl der Bewerber objektiviert werden. Ein Test soll aufzeigen, welche individuellen Verklemmungen, Beeinträchtigungen und Möglichkeiten vorliegen und welche Trends erkennbar oder nicht erkennbar sind. Ein Test soll eine Art Stichprobe sein, um die individuellen Gegebenheiten und charakterologischen Momente zu untersuchen.

Es lassen sich im einzelnen die drei Arten von Tests, der Persönlichkeitstest, der Fähigkeitstest und der Leistungstest beschreiben. Ziel dieser Tests ist, daß sie so objektiv wie irgend möglich sein sollen. Nur dann sind sie für die Firma und den Bewerber wirklich vorteilhaft. Rechtzeitig durchgeführt helfen sie Pannen in der späteren täglichen Arbeit zu vermeiden. Im allgemeinen sollte jedoch dem Fachmann (Psychologen) die Durchführung und Auswertung von Tests vorbehalten bleiben. Er vermag die mögliche Relativität eines solchen zur Persönlichkeitsauslotung bestimmten Hilfsmittels verantwortlich abzuschätzen. Allenfalls einfachere Formen von Tests kann auch der geübte Laie nutzbringend anwenden.

Unterschieden wird zwischen *Leistungstests,* bei denen das spezielle Berufsfeld von entscheidender Bedeutung ist, *Fähigkeitstest* (Intelligenztest), bei denen es um Feststellung bestimmter Fähigkeiten geht (Gedächtnis, Konzentrationsfähigkeit, technisches Verständnis) und *Persönlichkeitstests,* die Auskunft über die charakterliche Eigenart eines Menschen, über Willenshaltung und soziale Anpassungsfähigkeit geben.

Neben der üblichen Form der Betätigung von Personalberatern, über Annoncen neue Mitarbeiter für die Auftraggeber zu beschaffen, muß noch das sog. **headhunting** erwähnt werden. Ins Deutsche übersetzt würde es die etwas anrüchige Bezeichnung „Kopfjagd" erhalten. Worum es geht? Personalberater erhalten beispielsweise den Auftrag, eine Spitzenkraft zu finden (meist gemessen ab einem bestimmten Jahreseinkommen [z. B. 150 000 DM]). Im folgenden wird eine kommentierte Auflistung von überwiegend mit headhunting befaßten Personalberatungen gegeben.

Beim Bund der deutschen Unternehmensberater kann eine Mitgliederliste angefordert werden, die einen Teil der Personalberatungsunternehmen enthält:

BDU-Fachverband Personalberatung
Friedrich-Wilhelm-Straße 2
53113 Bonn
Telefon (02 28) 23 06 25

Zwanzig Headhunter, darunter die meisten der bekannten Gesellschaften, haben sich in einem gesonderten Verein zusammengeschlossen:

Vereinigung Deutscher Executive Search-Berater (VDESB)
Frankfurt Airport Center
60549 Frankfurt
Telefon (0 69) 69 35 40.

Dort ist auch eine Mitgliederliste zu erhalten. Die Mitgliedsgesellschaften haben sich zur Einhaltung verschiedener berufsethischer Grundsätze verpflichtet, zu denen unter anderem gehört, nicht auf Basis eines Erfolgshonorars zu suchen.

Weder im BDU noch in dieser Vereinigung sind jedoch alle wichtigen Headhunter, seien es größere Gesellschaften oder die Büros bekannter Einzelberater, Mitglied.

Es gibt einige Bücher, die eine Übersicht über die Personalberatungsgesellschaften bieten. Dort sind auch die meisten Headhunter aufgelistet. Das umfangreichste Nachschlagewerk, in dem sich auch Fachtexte finden, ist:

„Personalberater 95, Management Consultants in Deutschland/Österreich/Schweiz“, Verlag Heinrich Sadler, Ratingen, Telefon (0 21 02) 6 90 09.

Im selben Verlag ist auch ein Buch zum Research erschienen.

Regelmäßig veröffentlichen die *Frankfurter Allgemeine Zeitung* und das *Handelsblatt* Firmeninformationen über Headhuntinggesellschaften. In Magazinen wie dem *Managermagazin* oder der *WirtschaftsWoche* werden gelegentlich Beiträge zur Marktentwicklung in der Personalberatung publiziert.

Die wichtigste Informationsquelle ist jedoch die Mund-zu-Mund-Propaganda, also die Empfehlung eines Headhunters durch eine andere Firma, für die er erfolgreich tätig war.

Etliche Gesellschaften versenden in meist unregelmäßigen Abständen Informationsbroschüren oder ähnliche Materialien an ihre Kunden und einen Personenkreis, den sie auf sich aufmerksam machen wollen.

Die einzige Gesellschaft, die aus Deutschland bzw. der Schweiz heraus eine eigenständige internationale Organisation mit Hauptsitz in Zürich aufgebaut hat, ist:

Dr. Egon Zehnder & Partner
Toblerstraße 80
8044 Zürich
Telefon (1) 2 61 27

In Deutschland unterhält diese Gesellschaft unter dem Namen *Egon Zehnder International* fünf Büros, wobei sich das älteste in Düsseldorf befindet:

Egon Zehnder International
Königsallee 30
40212 Düsseldorf
Telefon (02 11) 13 99 90

Das Unternehmen mit insgesamt 24 Büros in Europa war bis vor kurzem unangefochtener Marktführer unter den Beratungsunternehmen im deutschsprachigen Raum.

Dr. Jürgen B. Mülder hat die größte rein deutsche Gesellschaft geschaffen. Er ist in dem lockeren internationalen Verbund *Amrop International* eingebunden:

Amrop International Mülder & Partner
Hugo-Eckener-Ring
60459 Frankfurt
Telefon (0 69) 69 35 41

Die erfolgreichste österreichische Gesellschaft, die sich in einem großen internationalen Verbund zusammengeschlossen hat und den österreichischen Markt bestimmt, ist:

H. Neumann International
Guenthergasse 3
1090 Wien
Telefon (02 22) 40 14 00

Eine der erfolgreichsten unter den jüngeren Gesellschaften ist die:

Hoffmann, Herbold & Partner
Altkönigstraße 3
61462 Königstein
Telefon (0 61 74) 29 05 0

Zu den ungewöhnlichsten internationalen Gesellschaften gehört

Ward Howell
Königsallee 6
40212 Düsseldorf
Telefon (02 11) 3 23 93 41

Diese Gesellschaft hat nur Partner, und jeder Partner arbeitet selbständig. Individuelle Beratung wird mit internationalen Kontakten verbunden.

In den größeren Gesellschaften konzentrieren sich verschiedene Berater häufig auf wenige Branchen. Andere – zumeist kleinere – Gesellschaften arbeiten schwerpunktmäßig. Beispielsweise arbeitet die

Olaf Jürgens Management Consultants
Plittersdorfer Straße 64
53173 Bonn
Telefon (02 28) 3-5 94 95

stärker auf internationaler Ebene sowie im medizinischen, chemischen und pharmazeutischen Bereich.

Alle größeren Headhuntinggesellschaften arbeiten auf einer partnerschaftlichen Basis. Einige Berater sind Partner, wobei der Gründer oder Namensgeber fast immer über eine Sperrminorität verfügt. Andere Berater können den Partnerstatus erlangen. Darum ist es auch nicht möglich, für alle der hier angeführten Gesellschaften Ansprechpartner zu nennen.

Quelle: Leciejewski 1996, S. 32–36

Das suchende Unternehmen geht von der Überlegung aus, nur Kräfte, die in ihrer Tätigkeit zufrieden sind und nicht vorhaben zu wechseln, seien gut. Deshalb müssen sie angesprochen werden, ob sie Interesse haben, eine andere Position in einem anderen Unternehmen zu übernehmen.

Wie gehen diese Berater vor? Die Aufgabe soll etwa darin bestehen, einen marketing-orientierten Generalmanager für eine deutsche Pharmafirma zu besorgen. Zunächst wird eine Liste aller pharmazeutischen Firmen Deutschlands zusammengestellt. In einer dieser Firmen muß der richtige Mann zu finden sein. Sind die Namen und Adressen erstellt, werden sie ausgewertet. Es entsteht ein Bild über die ersten, zweiten und dritten Kräfte und vielleicht auch über die Projektmanager. Meint der Berater, dieser oder jener Manager sei vielversprechend genug, wird er ihn ansprechen, um zunächst zu klären, ob der Betreffende überhaupt bereit ist, mit ihm über die angebotene Veränderung zu verhandeln.

Daß die direkte Ansprache von Managern im Vormarsch ist, die Suche per Anzeige dagegen abnimmt, wird durch Zahlen gestützt, die die Hamburger SCS Personalberatung unlängst vorgelegt hat und die auf einer Befragung der 30 größten Personal- und Headhunting-Unternehmungen für Führungs- und Fachkräfte beruhen (vgl. Management Wissen, 3/88). Demnach ist der Anteil der Stellenausschreibungen für Führungs- und Fachkräfte in den überregionalen

Tageszeitungen, die von Beratern geschaltet wurden, seit 1982 von 33,5 % auf 20 % im Jahre 1987 gesunken. Dieser Trend wird sich eher fortsetzen, zumal seit kurzem das Vermittlungsmonopol der Bundesanstalt für Arbeit, das bislang den Personalberatern eine direkte Ansprache nicht gestattete, gebrochen wurde.

Abhängig von der jeweils zu besetzenden Führungsebene ergeben sich allerdings unterschiedliche Inanspruchnahmen der Suchstrategien: 1. Führungsebene: 22 % über Suchanzeige, 12 % über Direktansprache; 2. Führungsebene: 25 % über Suchanzeige, 5 % über Direktansprache; 3. Führungsebene: 10 % über Suchanzeige und 1 % über Direktansprache.

Neuere Betätigungsfelder ergeben sich für europäische und global operierende Personalberatungen, die auf grenzüberschreitende Managersuche gehen. Den europäischen Binnenmarkt vor Augen wird gerade von Klein- und Mittelbetrieben der „Euromanager" gesucht, der eine Expansion ins europäische Ausland ermöglichen soll. In zunehmendem Maße gilt dies auch für globale Aktivitäten (zumindest für mittelständische Unternehmen).

Sagt der Manager auf Grund seiner eigenen, freien Willensentscheidung „ja", so beginnt ein Prozeß der Gespräche, der dazu führen kann – nicht muß –, daß dem Manager am Ende eine neue Aufgabe angeboten wird. In jedem Stadium dieses Prozesses hat er die Möglichkeit, sein „Ja" in ein „Nein" umzuwandeln, ohne daß sich daraus für ihn irgendein Nachteil ergibt, genau wie der Berater – und später sein Klient – jederzeit die Möglichkeit haben, seine weitere Kandidatur auszuschließen.

Bei der großen Zahl der vom Berater zusammengestellten Zielfirmen, und damit potentiellen Kandidaten, führt dieses Verfahren fast immer dazu, daß bei einem der angesprochenen Manager das Interesse an der Aufgabe und die geforderten Qualifikationen so weitgehend zusammentreffen, daß er wechselt.

Auf jeden Fall helfen qualifizierte Personalberater auch in dieser Hinsicht volkswirtschaftlich sehr viel, allein, wenn wir die bessere Markttransparenz berücksichtigen.

Insbesondere vor dem Hintergrund internationaler Aktivitäten sind die folgenden Ausführungen von Interesse:

Trotz der angespannten wirtschaftlichen Lage ist der deutsche Personalberatungsmarkt auch weiterhin ein ausgesprochener Wachstumsmarkt. Zu dieser Einschätzung gelangt Karl C. Lange, geschäftsführender Gesellschafter der internationalen Personalberatungsgesellschaft Boyden, Bad Homburg. Zum einen generierten die Maßnahmen der Unternehmen zur Stärkung ihrer Wettbewerbsfähigkeit neue oder zusätzliche Bedarfsfelder – insbesondere für eine Personalberatung, die sich international orientiere und auf Führungspositionen spezialisiere. Beispielsweise lasse die Entwicklung globaler Führungsstrukturen in den großen Unternehmen einen Bedarf an international erfahrenen und vielsprachigen Managern entstehen. Diese könnten jedoch oft nicht nur in Deutschland gefunden werden, weshalb Boyden eine deutliche Zunahme von Aufträgen verzeichnen konnte, bei denen gleichzeitig in mehreren Ländern gesucht werden mußte.

Auch die starke Zunahme der Auslandsinvestitionen deutscher Industrien – beispielsweise in Asien, hier allen voran China und neuerdings auch Indien, aber genauso in Osteuropa, Lateinamerika und den Vereinigten Staaten – erfordere die Suche von ausländischem Führungspersonal.

Hinzu kommt nach Auffassung von Lange, daß die fundamentalen Veränderungen in der Zielsetzung von Unternehmen hin zu stärkerer Gewinnorientierung (Shareholder-Value-Prinzip) es in vielen Fällen erforderlich machten, Führungskräfte mit „neuen Mentalitäten" von außen zu gewinnen.

Gleichzeitig habe es der Abbau von Hierarchien unmöglich gemacht, die Personalpolitik generell darauf auszurichten, Führungskräfte im Unternehmen heranreifen zu lassen. So müßten auch Großunternehmen, für die dies früher unüblich war, auf die Dienstleistung von Personalberatern zurückgreifen.

Um sich auf die Bedürfnisse zunehmend global operierender Unternehmen einzustellen, plane Boyden, branchenspezifische Aktivitäten international zu koordinieren. Die erste derartige Branchenberatungspraxis betreffe den Bereich Finanzdienstleistungen.

Ein zusätzliches Aufgabenfeld in Deutschland wird zukünftig die Beratung von Unternehmern darstellen. Die dazu neu gegründete und von Alexander von Stechow geleitete Division „Boyden Board Consult" will sich beispielsweise mit der Schwierigkeit von Mittelständlern beschäftigen, geeignete Nachfolger zu finden, und sie bei der Einrichtung und Besetzung von Beratungs- und Aufsichtsgremien beraten.

Während der Bundesverband Personalvermittlung (BVP) in Bonn noch kürzlich die Arbeitsvermittlung als „recht mühsames Geschäft" bezeichnete und die Aufgabe von rund einem Fünftel der im Verband vertretenen Agenturen beklagte, blickt die internationale Personalberatungsgesellschaft Boyden, Bad Homburg, 1995 auf das erfolgreichste Jahr ihres Bestehens zurück. Wie Lange gegenüber dieser Zeitung erklärte, konnten die im internationalen Verbund tätigen deutschen Boyden-Büros in Bad Homburg, Bremen und Düsseldorf ein Wachstum von 35 % auf umgerechnet sieben Millionen DM verzeichnen.

Quelle: Blick durch die Wirtschaft vom 2. 5. 1996

Die Tätigkeiten der Personalberater brauchen sich nun keinesfalls auf die Auswahl von geeigneten Bewerbern auf ausgeschriebene Stellen zu beschränken. Vielmehr werden Berater auch zum Aufbau einer Personalplanung oder auch eines Personalinformationssystems herangezogen, denn betriebliche Personalbestandsplanung, Beschaffungsplanung und Personaleinsatzplanung darf nicht mehr Stiefkind der Unternehmensplanung sein.

Eine große Rolle wird zukünftig auch der Aufbau von Beurteilungssystemen spielen, da jeder Mitarbeiter nach dem neuen Betriebsverfassungsgesetz das Recht hat, sich seine Beurteilung eröffnen zu lassen. Gerade kleine und mittlere Firmen werden hierbei gerne auf Vorlagen und Erfahrungen von Beratern zurückgreifen.*

Ein zukünftig noch bedeutsameres Gebiet wird die Weiterbildung sein. Während die innerbetriebliche Schulung bis zum unteren Management bereits bei einigen Großunternehmen recht bedeutsam ist, spielt sie bei mittleren und kleineren Unternehmen in der Regel eine untergeordnete Rolle. Hier ist man auf das vielfältige und verwirrende Angebot auf dem außerbetrieblichen, nationalen und internationalen Aus- und Fortbildungsmarkt angewiesen. Dieser kann aber nur noch von Spezialisten überschaut und beurteilt werden.

Ein Personalberatungsteam muß nach einer genauen Analyse des unternehmensspezifischen Bildungsbedarfs ein Konzept für ein Aus- und Fortbildungssystem entwickeln. Hierzu gehören Empfehlungen für gezielte, aufeinander aufbauende, inner- und außerbetriebliche Schulungsmaßnahmen einschließlich der Angaben über Kosten, Personal- und Zeitbedarf.

Man sollte sich die Entscheidung für den geeigneten Personalberater nicht leicht machen. Insbesondere sollten folgende Grundsätze beachtet werden:

- Das persönliche Vertrauen zum Berater der eigenen Wahl ist unverzichtbar und steht nach wie vor an der Spitze der Auswahlkriterien.

* Zander, E., Lohn- und Gehaltsfestsetzung in Klein- und Mittelbetrieben, 10. Auflage, Freiburg i. Br. 1994

- Eine Personal- und Organisationsberatung sollte das Rätsel des eigenen organisatorischen Aufbaus mustergültig gelöst haben.
- Die Marktstellung des Beratungsunternehmens gibt Auskunft über den Grad des entgegengebrachten Vertrauens, die Qualität der Mitarbeiter und die Gültigkeit der Organisation.
- Die Effizienz und Leistungsfähigkeit der Beratung ist für die Entscheidung ein besonders kritischer Punkt.
- Der Erfolg kann eigentlich nur in einer langfristigen führungsbetonten und partnerschaftlichen Zusammenarbeit liegen.
- Personalberater sollten in erster Linie Unternehmensberater sein.
- Ernst zu nehmende Personalberater sind durchsetzungsorientierte, unternehmerische Partner ihrer Mandanten.
- Das beraterische Konzept gibt Aufschluß darüber, ob sie es mit einem ernsthaften, anspruchsvollen Partner zu tun haben, der sich mit den Problemen seines Marktes auseinandergesetzt und einen Lösungsweg gefunden hat.
- Die Beratungsleistung sollte stets transparent und aktuell sein, damit sie ein Führungsinstrument in den Händen des Auftraggebers werden kann.

5.1.3.2 Outplacement-Beratung

Seit etwa Ende der 70er Jahre gibt es in der Bundesrepublik eine besondere Form der Personalberatung, das Outplacement. Wie so viele Denkanstöße und Verfahren gerade im Bereich des Personalwesens kommt auch diese Idee aus den USA. Hinter der Bezeichnung verbirgt sich der Gedanke, daß sich ein Unternehmen mit Beraterhilfe von einem Mitarbeiter trennt – ohne den allzu häufigen Arbeitsgerichtsprozeß und ohne Abfindung. Der Betroffene hat in aller Regel dennoch Vorteile: Er erleidet keinen Karriereknick, sondern – und hier liegt die Leistung des Personalberaters – wechselt nur in ein anderes Unternehmen. Nach dem Wechsel erfolgt eine Betreuung des Managers durch den Berater, der oftmals auch noch die Einarbeitungsphase gemeinsam mit dem neuen Mitarbeiter durchläuft. Ende der 80er Jahre waren etwa ein Dutzend der Personalberater auf dem Gebiet des Outplacement spezialisiert. Am nachfolgenden Beispiel sollen die Vorzüge einer einvernehmlichen Trennung von einer Führungskraft mit Hilfe eines Beraters deutlich werden (vgl. Management Wissen 3/88, S. 86):

Der leitende Mitarbeiter, Diplomkaufmann Alfons Müller, 52 Jahre alt, ist seit 15 Jahren bei einem mittelständischen Nahrungsmittelhersteller als Verkaufsleiter tätig. Er ist Prokurist, hat eine Firmenpensionszusage, fährt einen Dienstwagen und bezog 1986 ein Jahreseinkommen von 144 000 DM. Sein Vertrag ist mit einer Frist von sechs Monaten zum Ende eines Kalenderjahres kündbar.

Veränderung und Positionsverlust. Zum 1. Januar 1987 wird die Firma vom bisherigen Inhaber an einen ausländischen Nahrungsmittelkonzern verkauft. Dessen Leitung will den Vertrieb der Tochter in die Muttergesellschaft integrieren. Darin ist kein Platz mehr für den Prokuristen Müller.

Bereits im Januar beginnen die Gespräche über eine Trennung. Die neue Geschäftsleitung will fair sein, sie strebt eine einvernehmliche Regelung zu guten Konditionen an. Um das Risiko des leitenden Mitarbeiters, eine adäquate neue Position zu finden, weitgehend auszuschalten, bietet die Firmenleitung das Einschalten eines Outplacement-Beraters an. Müller akzeptiert das Angebot, nachdem ihm die finanziellen Rahmenkonditionen neu bestätigt wurden. Er bleibt jedoch zunächst weiter in ungekündigtem Arbeitsverhältnis. Die Trennung wird für Ende 1987 angestrebt.

Suche und Abschluß einer neuen Position. Am 25. Januar wird durch die Firma der Outplacement-Auftrag erteilt. Die Kosten: 21 600 Mark Honorar zuzüglich 3000 Mark für Sachkosten. Nach viermonatiger intensiver Zusammenarbeit zwischen Berater und Klient kann Herr Müller Ende Mai 1987 einen neuen Anstellungsvertrag als Verkaufsleiter zu einem Jahreseinkommen von 160 000 Mark abschließen, den er bereits am 1. 7. 1987 antreten muß. Die Aufhebung des Arbeitsvertrages mit seiner alten Firma wird zum 30. 6. 1987 vorgenommen.

Folgende Abbildung gibt zusammenfassend den phasenweisen Ablauf eines Outplacement-Programms wieder.

Die Phasen eines Outplacement-Programms

Quelle: Leciejewski 1996, S. 66

Das finanzielle Ergebnis für beide Vertragsparteien

1. *Die Situation des Prokuristen Müller:*

- eine neue Position per 1. 7. 1987 mit einem Jahreseinkommen von 160 000 Mark, das heißt eine Verbesserung von 16 000 Mark;
- Mitnahme der unverfallbaren Pensionszusage, Wert der Rente per heute 1200 Mark im Monat;
- Abfindung in Höhe eines Jahreseinkommens (15 Monatsverdienste à 12 000 Mark für 15 Dienstjahre x Faktor 0,8); *144 000 Mark*
- anteilige Vergütung von 50 % des Verdienstes aus der Restlaufzeit des Vertrages bis zum möglichen Kündigungstermin am 31. 12. 1987 (drei Monatsverdienste = 36 000 Mark abzüglich der Hälfte der Kosten der Outplacement-Beratung, das sind 12 300 Mark); *23 700 Mark*
- Abfindung insgesamt **167 000 Mark**

2. *Die effektiven Leistungen der Firma*

- Abfindung: ein Jahreseinkommen *144 000 Mark*
- Vergütung der Restlaufzeit des Vertrages (sechs Monate; 50 % von 72 000 Mark/halbe Beratungskosten) *23 700 Mark*
- Kosten der Outplacement-Beratung (Honorar 15 % des Jahreseinkommens = 21 600 Mark + Sachkostenpauschale 3 000 Mark) *24 600 Mark*
- es wurden gezahlt **192 300 Mark**

3. *Leistungen der Firma bei Kündigung per 31. 12. 1987*

- sechs Monatsverdienste à 12 000 Mark *72 000 Mark*
- anteilige Sozialkosten für gesetzliche Verpflichtungen, Alterssicherung, Dienst-Pkw etc. circa 33 % von 72 000 Mark *24 000 Mark*

Abfindung ein Jahreseinkommen (war zugesagt) *144 000 Mark*

es hätten gezahlt werden müssen **240 000 Mark**

Nutzen der Firma. Bei der einvernehmlichen Form der Vertragsauflösung zum 30. 6. 1987 gegenüber einer Kündigung zum 31. 12. 1987 – unter Zugrundelegung einer gleichen Abfindungssumme in beiden Fällen – spart die Firma circa **48 000 Mark.** Diese Rechnung ändert sich nicht, wenn die Abfindungssumme höher oder niedriger vereinbart wird.

Fazit:

- Die Trennung mit Hilfe einer Outplacement-Beratung wird für die Firma kostengünstiger (48 000 Mark).
- Das Betriebsklima bei den übrigen Führungskräften wird nicht beschädigt. Fairneß und Noblesse werden zur Kenntnis genommen.
- Der ausscheidende Leitende ist in hohem Maße finanziell abgesichert.

Der Unternehmensberater im Bereich „Outplacement“ sollte folgende Voraussetzungen erfüllen:

1. Aufgrund seines Selbstverständnisses sollte er nur im Bereich Outplacement und nicht auch in der Personalführung tätig sein.
2. Sein Werdegang und seine Referenzen beweisen, daß er in der Lage ist, ein optimales Outplacement durchzuführen.
3. Neben der Einzelberatung sollte er auch Seminare und Sprechstunden anbieten.
4. Wichtig sind seine internationalen Kontakte, damit er bei Bedarf vom Ausland nach Deutschland oder von Deutschland ins Ausland agieren kann.
5. Bei Bedarf muß er in der Lage sein, seinen Klienten ein Büro samt Büroservice zur Verfügung zu stellen.
6. Er muß bereit sein, im Falle einer erfolglosen Vermittlung Nachleistungen zu erbringen.

Wann empfiehlt sich die Zusammenarbeit mit einem Unternehmensberater im Bereich „Outplacement“?

Bevor den betroffenen Mitarbeitern die Kündigung ausgesprochen wird. Schon bezogen auf die Durchführung der Kündigung, kann er wertvolle Tips und Ratschläge geben. Weiter kann er den Schock der Kündigung bei den betroffenen Mitarbeitern durch ein Beratungsgespräch, unmittelbar im Anschluß der Kündigung geführt, lindern.

Die Zusammenarbeit mit einem Unternehmensberater im Bereich „Outplacement“ bietet die Vorteile:

1. Das Unternehmen kann seine soziale Verantwortung gegenüber den freigestellten und den im Unternehmen verbliebenen Mitarbeitern beweisen.
2. Diese soziale Verantwortung wirkt sich motivationsfördernd auf die im Unternehmen verbleibenden Mitarbeiter aus.
3. Die Mitarbeitertrennung kann schneller und problemloser vollzogen werden.
4. Negative Signalwirkungen, bezogen auf das Innen- und Außenverhältnis des Unternehmens, bleiben aus.
5. Klagen vor dem Arbeitsgericht können in der Regel vermieden werden.
6. Überhöhte Abfindungsforderungen seitens der betroffenen Mitarbeiter werden nicht erhoben.

Quelle: Zimmermann 1994, S. 48

5.1.4 Der Berater als Trainer

Gute Berater mit pädagogischen Fähigkeiten sind manchmal als Dozenten an Hochschulen, häufig in der Weiterbildung von Führungskräften aus der Wirtschaft tätig.

Überbetriebliche Weiterbildungsveranstaltungen für Führungskräfte werden in großer Zahl vom RKW, den Kammern und Verbänden, manchmal auch von Unternehmensberatern selbst organisiert und durchgeführt. Gute Berater finden hier eine ausgezeichnete Plattform, ihre Fachkompetenz darzustellen und damit auch den einen oder anderen Beratungskunden zu akquirieren. Umgekehrt kann sich ein Seminarteilnehmer ein gutes Urteil über einen Dozenten bilden, mit dem er vielleicht einmal als Berater zusammenarbeiten möchte.

Viele mittlere und größere Firmen setzen zunehmend Unternehmensberater als Trainer für die betriebsinterne Weiterbildung und als Moderatoren für Workshops ein. Bei diesen Seminaren kann speziell auf die jeweiligen Belange und Besonderheiten des betreffenden Unternehmens eingegangen werden. Damit wird den häufigen Klagen begegnet, externe Kurse seien zu allgemein und zu wenig betriebsbezogen.

Nachfolgend eine Zusammenstellung der wichtigsten Themen, die das RKW für interne Zielgruppen anbietet:

Zielgruppen	**Themen**
Unternehmensführung Bereichsleiter, Abteilungsleiter, Projektleiter	Mitarbeiterauswahl, Mitarbeiterentwicklung Mitarbeiterführung Konfiktbewältigung Zeitmanagement Arbeitstechniken Moderationstechniken Besprechungsleitung Projektleitung Train the Trainer
Betriebsleiter, Meister, Gruppenleiter	Einführung neuer Mitarbeiter Arbeitsunterweisung Mitarbeiterführung Dienstaufsicht und Kontrolle Arbeits- und Zeitplanung Qualitätssicherung Produktivitätssicherung Kostenreduzierung Arbeitsrecht
Sekretärinnen	Arbeits- und Zeitplanung Chefentlastung Korrespondenztraining Telefonieren Protokollführung Besucherbetreuung Arbeiten mit dem PC
Verkäufer, Servicetechniker, Messepersonal	Verkaufsgespräch Käuferpsychologie Angebotspräsentation Kundenpflege
Gewinnung neuer Kunden	Vertragsrecht im Verkauf Verkaufskorrespondenz Verkaufen per Telefon PC-Einsatz im Verkauf
Einkäufer	Marktbeobachtung Lieferantenpflege Vertragsrecht im Einkauf Wertanalyse Qualitätssicherung im Einkauf PC-Einsatz im Einkauf

Datenschutzbeauftragte,	Datenschutzmaßnahmen
Umweltschutzbeauftragte,	Umweltschutzmaßnahmen
Sicherheitsbeauftragte	Arbeitssicherheitsmaßnahmen

5.2 Beratungsschwerpunkte im Klein- und Mittelbetrieb

Große Unternehmen lassen wichtige Entscheidungen zu Fragen der Strategie, Planung, Marketing, Controlling, Organisation, Bilanzierung, Finanzierung, Steuern, Revision und Recht durch eigene Stabsstellen oder spezielle Fachabteilungen vorbereiten. Für kleine und mittlere Unternehmen ist die Einrichtung derartiger Stabsstellen oder Abteilungen und das Vorhalten von aktuellem Fachwissen in aller Regel zu teuer.

Hinzu kommt, daß hinsichtlich der Nutzungsmöglichkeiten durch externe Berater gerade der Mittelstand auf unausgeschöpfte Potentiale zurückgreifen kann. Häufig sind die Strategien nur im „Hinterkopf" des Unternehmers vorhanden, die Mitarbeiter wissen darüber nicht Bescheid und gehen unter Umständen falsche Wege. Hier kann der Berater helfen und die Dinge transparent machen. Häufig ist hier ein Handicap ein gut funktionierendes internes Berichtssystem, d. h. die griffige Aufbereitung der entscheidungsrelevanten Zahlen und Fakten.

Auch in kleinen und mittleren Firmen setzt sich zunehmend die Erkenntnis durch, daß im Hinblick auf sich immer rascher ändernde Marktbedingungen auch die Steuerungs- und Entscheidungsprozesse innerhalb des Unternehmens komplexer werden. Aus einer Ende der 80er Jahre vorgelegten empirischen Studie, in der einerseits kleine und mittlere Unternehmen nach ihrem Beratungsbedarf befragt wurden und andererseits ein Vergleich mit bereits vorliegenden Studien vorgenommen wurde, lassen sich folgende Ergebnisse zeigen (vgl. Steyrer 1989, S. 39):

– Unternehmensführung	25 %
– Materialwirtschaft/Produktion	19 %
– Organisation/Verwaltung	16 %
– Datenverarbeitung	17 %
– Personalwesen (exkl. Aus- und Weiterbildung und Personalberatung)	9 %
– Absatzwirtschaft/Marketing	8 %
– Rechnungswesen	3 %
– sonstige Beratungsbereiche	3 %

Die Ergebnisse spiegeln im Grunde Bekanntes wider. Die Unternehmensführung wird von einem Viertel der Befragten als verbesserungswürdig angesehen. Der relativ geringe Anteil des Beratungsbedarfs im Rechnungswesen ist dadurch erklärbar, daß mit hoher Wahrscheinlichkeit die Rechnungswesen-Projekte im Rahmen der verschiedenen EDV-Projekte subsumiert wurden.

Das RKW Bayern hat aus 735 im Jahre 1992 durchgeführten Beratungen in Klein- und Mittelbetrieben folgende Beratungsschwerpunkte ermittelt:

– Unternehmensführung	24,4 %
– Materialwirtschaft	3,3 %
– Technik und Fertigung	28,3 %
– Absatzwirtschaft	11,8 %
– Finanz- und Rechnungswesen	16,6 %
– Personalwirtschaft	3,3 %
– Verwaltung	12,4 %

6 Wie findet man einen qualifizierten Berater?

Nach der Statistik gibt es zur Zeit etwa 40 000 Unternehmensberater in Deutschland. Der Titel „Unternehmensberater" ist – im Gegensatz zum Steuerberater – nicht geschützt. Jeder kann sich so nennen, ganz gleich welche Ausbildung und Qualifikation er dafür mitbringt. (Mitglieder des BDU müssen allerdings gewisse Aufnahmevoraussetzungen erfüllen.) Dies macht die Beraterauswahl besonders schwierig.

- Wie ist es möglich, den richtigen Berater zu finden, Spreu von Weizen zu trennen?
- Welche Auswahlkriterien müssen besonders beachtet werden?
- Wer kann bei der Beraterauswahl qualifiziert helfen?

Wichtig sind die fachliche und persönliche Qualifikation sowie das Honorar. Referenzen und geeignete Institutionen der Wirtschaft können die Auswahl erleichtern.

6.1 Fachliche Beraterqualität

Fachwissen

Es klingt fast trivial, aber an erster Stelle muß der Berater Fachmann für das Gebiet sein, auf dem er eingesetzt wird. Hier gibt es immer wieder Probleme bei umfangreichen Beratungen, wo das geforderte breite Fachspektrum von einem Fachmann allein nicht abgedeckt werden kann. In solchen Fällen muß ein Team eingesetzt werden, oder es müssen mehrere Einzelberatungen an verschiedene Fachleute vergeben werden.

Erfahrung

Theoretische Kenntnisse des Beraters sind wichtig und nützlich, sie reichen jedoch nicht aus. Fast immer bringt die Erfahrung aus früherer verantwortlicher Tätigkeit in der Wirtschaft und von selbst durchgeführten ähnlichen Beratungsprojekten Vorteile: Zeitersparnis, Vergleichsmöglichkeiten als Mittel gegen die Betriebsblindheit, größere Sicherheit beim Finden der richtigen Lösung.

Branchenkenntnisse

Sie sind bei betriebswirtschaftlichen Beratungen nützlich, bei technischen Beratungen wichtig, manchmal unabdingbar.

Spezialisierte Branchenberater haben sich insbesondere bewährt in den Sparten Bekleidung, Holzverarbeitung, Grafisches Gewerbe, im Handel, Handwerk und bei Dienstleistungen.

Methodische Fähigkeiten

Gute Berater sind Systematiker und kennen bewährte Methoden, um schnell und wirtschaftlich Befragungen durchzuführen und die Daten zu ermitteln, die sie benötigen. Methodische Fähigkeiten des Beraters sparen insbesondere in der Analysephase Zeit und Geld. Sie bieten auch eine gute Gewähr dafür, daß keine wichtigen Einflußfaktoren für das Beratungsergebnis vergessen werden.

Moderationsfähigkeit

Sie ist um so wichtiger, je größer das Unternehmen und je komplexer die Beratungsaufgabe ist. Hier muß der Berater manchmal zum Dozenten werden, der Workshops mit Führungskräften moderiert und Schulungsmaßnahmen durchführt. Auch bei umfangreichen Präsentationen von Beratungsergebnissen sind pädagogische Fähigkeiten gefragt.

Darstellungsvermögen

Ein Berater muß seine Vorstellungen überzeugend in Wort und Schrift darstellen können. Dies setzt Sprachkompetenz und die Beherrschung aller modernen technischen Möglichkeiten der Erstellung übersichtlicher Unterlagen und deren Visualisierung voraus.

Neutralität

Häufig geht es bei Beratungen um die Empfehlung bestimmter Geräte, Systeme oder Methoden, also um Investitionen. Eine neutrale Auswahl setzt voraus, daß der Berater keinerlei Bindung zu Lieferanten hat und keine Provisionen erhält. Dies spielt eine besondere Rolle bei der EDV-Auswahl.

6.2 Persönliche Beraterqualifikation

Einfühlungsvermögen

Immer wieder werden Beratungen abgebrochen, obwohl der Berater ausgezeichnete Fach- und Branchenkenntnisse hat, nur weil er als Mensch nicht mit denen harmoniert, die er beraten soll.

Ein guter Berater muß auch ein guter Psychologe sein. Gerade bei Beratungen in Klein- und Mittelbetrieben kann richtiges Einfühlungsvermögen entscheidend sein für den Beratungserfolg, ebenso wichtig wie Fachkompetenz.

Überzeugungsvermögen

Der Satz „Nur wer selbst brennt, kann andere entzünden" gilt für viele Beratungen. Persönliches Engagement des Beraters macht es leichter, Unternehmensleitung und Mitarbeiter von notwendigen Änderungen zu überzeugen.

Zuverlässigkeit

Ein guter Berater hält seine Zusage. Dies gilt besonders für Termine. Qualifizierte Berater sind meist gut beschäftigt und haben „Lieferzeiten". Sie sollten sich jedoch hüten, Termine zu nennen, bei denen sie vorher schon wissen, daß sie sie nicht einhalten können, nur um einen Auftrag zu erhalten. Der daraus entstehende Schaden kann für ein Unternehmen beträchtlich sein.

6.3 Externe Auswahlhilfe

Das Risiko der Beraterauswahl kann erheblich vermindert werden, wenn man möglichst viele externe Informationen nutzt, bevor man einen Auftrag erteilt. Folgende Möglichkeiten stehen zur Verfügung:

Beraterempfehlungen

Die Empfehlung eines Beraters durch eine befreundete Firma oder einen guten Geschäftspartner kann eine wichtige Auswahlhilfe sein. Es gibt qualifizierte Einzelberater und kleine Beratungsteams, die fast ausschließlich auf diese Art zu neuen Kunden finden.

Naturgemäß muß dabei geprüft und berücksichtigt werden, ob die Beratungsaufgabe und das Beratungsumfeld vergleichbar sind.

Referenzen

Gute und seriöse Berater geben Referenzen. Lassen Sie sich zwei bis drei Adressen mit Ansprechpartner geben, wo vergleichbare Beratungsobjekte durchgeführt wurden. Rufen Sie an und überprüfen Sie die Angaben.

Verbände

Viele Fachverbände führen Listen von spezialisierten Branchenberatern und nennen ihren Mitgliedsfirmen Berater, die erfolgreich in der Branche tätig waren.

Ein Teil der Unternehmensberater ist in berufsständischen Verbänden organisiert, von denen man Beraterverzeichnisse mit Selbstdarstellungen ihrer Mitglieder erhalten kann.

Kammern

Manche Industrie- und Handelskammern führen Listen von Unternehmensberatern, die in ihrem Kammerbezirk ansässig sind. Sie dürfen jedoch aus Gründen der Neutralität keine einzelnen Berater benennen.

Handwerkskammern haben eine eigene Beratungsorganisation, die nach Sparten gegliedert und öffentlich gefördert ist. Zusätzlich werden freiberufliche Berater vermittelt, die sich für Handwerksbetriebe bewährt haben.

Vorgespräch, Angebot

Berater sind im allgemeinen zu einem kostenlosen Vorgespräch bereit. Es ist unabdingbar bei mittleren und größeren Beratungsprojekten und hat meist zwei Hauptziele:

Präsentation des Beratungsunternehmens

Folgende Punkte sollten beachtet werden:

- Ausbildung, frühere Tätigkeiten
- Gründungsjahr, Entwicklung der Unternehmensberatung
- Zahl und Qualifikation der Mitarbeiter
- fachliche und branchliche Schwerpunkte
- bisherige Beratungsprojekte, Referenzen
- persönliche Eindrücke von Seriosität, menschlichen Qualitäten, Überzeugungskraft, Moderationsfähigkeit, Art der Präsentation, Beratungsphilosophie.

Projektdefinition

Eine gemeinsame Definition des Beratungsprojekts ist die Basis für die Auftragserteilung bzw. die Ausarbeitung eines entsprechenden Angebots. Folgende Punkte sind zu klären und sind in der Regel Elemente eines Angebots:

- Beratungsziel, Aufgabenstellung
- Vorgehensweise, Beratungsschritte
- eingesetzte Beratermitarbeiter, Projektleitung
- Mitwirkung von Firmenmitarbeitern, Teambildung
- Dokumentation, Beratungsbericht
- Präsentation der Ergebnisse
- Beratungsdauer, Projektlaufzeit, Termine

- Honorare, Reisekosten, Nebenkosten
- Zuschußmöglichkeiten
- Zahlungsbedingungen.

6.4 Beratung durch das Rationalisierungs-Kuratorium der Deutschen Wirtschaft (RKW)

Das RKW setzt ausschließlich freiberufliche Berater ein, etwa 1500 pro Jahr. Die Beraterauswahl erfolgt aufgrund einer vorgeschalteten kostenlosen Kontaktberatung. Seit 1960 wurden über 100 000 Beratungen durchgeführt und ausgewertet, einschließlich einer umfassenden Erfolgskontrolle.

Als neutrale Institution der Wirtschaft ist das RKW in allen Bundesländern vertreten und hat wohl das meiste Know-how über den Beratermarkt. Eine umfangreiche Experten-Datenbank wird laufend erweitert.

Im einzelnen sieht die RKW-Beratung folgende Schritte vor:

1. Ein Mitarbeiter des Beratungsdienstes klärt mit der Unternehmensleitung, wo betriebliche Probleme liegen. Er formuliert die konkrete Aufgabenstellung.
2. Der Mitarbeiter vereinbart mit dem Unternehmen Zeitpunkt, Dauer und Kosten der Beratung.
3. Das RKW beschafft im Rahmen der Bestimmungen staatliche Zuschüsse zu den Beratungskosten.
4. Das RKW wählt aus einer großen Zahl ständig getesteter freiberuflicher Berater den am besten geeigneten Fachmann aus.
5. Das RKW setzt im Auftrag des Unternehmens den freiberuflichen Berater ein. Er ist damit im Namen und auf Rechnung des RKW tätig und an die Absprachen mit dem Unternehmen gebunden.
6. Der RKW-Beratungsdienst übernimmt die Verantwortung, daß der eingesetzte Berater die gestellten Aufgaben erfolgreich löst.
7. Das RKW bleibt während der Beratungszeit eingeschaltet und überprüft den Fortschritt der Arbeiten.
8. Das RKW stellt als Partner des Unternehmens fest, ob das Beratungsziel erreicht wurde.
9. Das RKW überprüft zu einem späteren Zeitpunkt, welchen Erfolg die Beratung gebracht hat.

6.5 Beratungsdienste der gewerblichen Wirtschaft

Im besonderen Interesse ihrer primär aus kleinen und mittleren Unternehmen bestehenden Ansprechpartner haben sich die Beratungsdienste von Verbänden und Organisationen der gewerblichen Wirtschaft in einem Arbeitskreis zusammengefunden. Dieser Arbeitskreis, der auch als Gesprächspartner der öffentlichen Hand zur Verfügung steht, tauscht sowohl Erfahrungen der Beratungspraxis aus als er auch gemeinsam durchzuführende Maßnahmen zur Förderung des Beratungswesens erörtert. Diesem Gremium gehören an:

Betriebswirtschaftliche Beratungsstelle für den Einzelhandel (BBE-Unternehmensberatung),

Bundesbetriebsberatungsstelle für den Deutschen Groß- und Außenhandel (BBG),

Bundesverband der Deutschen Industrie (BDI) – Abt. Mittelstandspolitik,

Deutscher Handwerkskammertag (DHKT), Zentralverband des Deutschen Handwerks (ZDH) – Abt. Gewerbeförderung,

Deutscher Industrie- und Handelstag (DIHT) – Referat für Grundsatzfragen der Industrie,

Gesellschaft zur Förderung des Deutschen Hotel- und Gaststättengewerbes (INTERHOGA),

Förderungsgesellschaft des Bundes der Selbständigen – Deutscher Gewerbeverband (BDS/DGV),

Unternehmensberatung Spedition und Lagerei (USL)

sowie

Rationalisierungs-Kuratorium der Deutschen Wirtschaft (RKW) – Beratungsdienst,

Zentralverband Gewerblicher Verbundgruppen (ZGV).

Diese, aber auch andere auf Verbandsebene „institutionalisierten" Beratungsdienste genießen als Selbsthilfe-Einrichtungen der Wirtschaft ein besonderes Vertrauen seitens der Unternehmerschaft. Ihre Zielsetzung ist, die Produktivität der einzelnen Wirtschaftseinheiten zu fördern (Adressen im Anhang).

Memorandum des Arbeitskreises der Beratungsdienste von Verbänden und Organisationen der gewerblichen Wirtschaft zur Fortführung staatlich geförderter Mittelstandsberatungen seitens der Bundesregierung ab 1990

I. Notwendigkeit der Beratungsförderung – ordnungspolitisch gebotene Berechtigung

1. Kleine und mittlere Unternehmen bilden als unentbehrliche Stützpfeiler die Basis für die Funktionsfähigkeit der sozialen Marktwirtschaftsordnung in der Bundesrepublik Deutschland. Ohne deren Risiko-, Investitions- und Innovationsbereitschaft sowie ohne deren Beiträge etwa zur Nachwuchsrekrutierung, zur Schaffung und Sicherung von Arbeitsplätzen würden die für ein kontinuierliches Wirtschaftswachstum unerläßlichen Impulse fehlen.

2. Der Mittelstand hat stets seine flexible Anpassungsfähigkeit angesichts wechselnder Herausforderungen eines sich ständig vollziehenden Strukturwandels bewiesen. Damit er auch weiterhin seine Leistungen zum Vorteil der gesamten Volkswirtschaft nutzbringend entfalten kann, ist die Politik verpflichtet, nicht nur wirtschaftsfreundliche Rahmenbedingungen zu schaffen, sondern gleichzeitig dafür Sorge zu tragen, daß durch Hilfe zur Selbsthilfe betriebsgrößenbedingte Nachteile ausgeglichen werden.

3. Die Finanz- und Haushaltsbeschlüsse zur Steuerreform sowie die mittelfristige Finanzplanung machen deutlich, daß die seit Jahrzehnten bewährte Gewerbeförderung – vor allem im Hinblick auf die materielle Unterstützung von Beratungsleistungen – in Mittelausstattung und Förderkonditionen erneut einschneidend beschnitten werden soll.

4. Die Unternehmensberatung – in ihrer Effizienz 1987 beispielsweise vom Ifo-Institut für Wirtschaftsforschung im Auftragsgutachten des Bundesministeriums für Wirtschaft bestätigt – hat sich unbestritten als das intensivste, konzentrierteste und direkt wirksamste Medium zur Weitergabe von Sachkenntnis, Umfeldwissen und Anwendungserfahrung erwiesen.

Für kleine und mittlere Unternehmen, die ohne Stabsstellen auskommen müssen, ist jedoch eine extern geförderte Beratung meist die einzige Chance, auf den Einzelfall zugeschnittenes Know-how zur Bewältigung neuer Marktdaten (im In- und Ausland) oder zur Lösung betriebswirtschaftlich-technologischer und damit verknüpfter personalwirtschaftlicher Probleme zu erwerben.

5. Mittelstandspolitik als einmalige oder gelegentliche staatliche Beteiligung an besonderen Betriebsausgaben ist fehlgeleitet. Sie muß vielmehr als verläßlich angelegte, sinnvoll konditionierte Daueraufgabe der Gemeinschaft dazu dienen, daß kleinere und mittlere Unternehmen aus eigener Initiative Freiräume für längerfristige Dispositionen ausschöpfen können. Die auf diese Weise gesund zu erhaltende Vielzahl selbständiger Einheiten belebt die Konkurrenz, gewährleistet ein heterogenes, nach Abnehmerpräferenzen ausgerichtetes Güter- und Dienstleistungsangebot, wirkt konjunktur- und beschäftigungspolitisch stabilisierend, sorgt für eine rasche Umsetzung des technischen Fortschritts und garantiert den Freiheitsgehalt unserer demokratischen Gesellschaftsordnung.

6. Der wiederholt von der Bundesregierung propagierte hohe Stellenwert geförderter Mittelstandsberatung darf nicht leichtfertig aus reinen Fiskalgründen unterminiert werden. Die bisher zu Recht gewährten Zuschüsse – nicht strukturlenkend, sondern marktkonform praktiziert – sollen auch in Zukunft keineswegs ihre überschaubare Dimension einer Anreizfunktion zur Inanspruchnahme externer Experten sprengen, womit deren Subventionsunerheblichkeit bestätigt ist.

7. Für kleinere und mittlere Unternehmen bedeuten angesichts ihrer durchschnittlich äußerst geringen Eigenkapitalausstattung und immer wieder auftretenden Liquiditätsengpässe die hohen marktüblichen Beratungskosten eine beachtliche Finanzierungshürde. Staatliche Zuwendungen zur Verbilligung von Beratungsleistungen erleichtern daher die Entscheidung zugunsten der Auftragsvergabe, deren bisheriger Umfang dazu beigetragen hat, konzentrationsbegünstigende Marktverschiebungen einzudämmen, Insolvenzen und schädliche Auswirkungen auf dem Arbeitsmarkt vor allem außerhalb der Ballungszentren zu vermeiden.

8. Kleineren und mittleren Unternehmen wird auch innerhalb der Europäischen Gemeinschaft ein besonders hoher Stellenwert zugemessen. Der größere Wirtschaftsraum des europäischen Binnenmarktes stellt eine zusätzliche Herausforderung dar. Die Ausweitung regionaler Begrenzungen, das Auftreten fremder Wettbewerber, die Erschließung unbekannter Bezugs- und Absatzfelder, der Umgang mit ausländischen Rechts- und Sozialordnungen wirft für die im Außenwirtschaftsgeschäft vielfach unerfahrenen Unternehmen eine Fülle neuer Fragen auf, die sich nur mit externer Beratungshilfe beantworten lassen. Hierzu bedarf es erheblich qualifizierter Beraterleistungen. Zu deren Förderung ist die Bundesregierung bisher den richtigen Weg gegangen, der nicht verlassen werden sollte.

II. Status und Anspruch der Gewerbeförderungsleitstellen

1. In die Abwicklung staatlich geförderter Mittelstandsberatungen sind die ohne Gewinnorientierung tätigen Organisationen und Verbände der Wirtschaft eingeschaltet. Als Leitstellen nehmen sie neben akquisitorischen Funktionen die „Betreuung" der ratsuchenden kleineren und mittleren Unternehmen durch Mitarbeiter wahr, die nicht allein über branchenbezogene Spezialkenntnisse verfügen, sondern Qualifikationen beherrschen, um der Gewerbeförderung als Partner der öffentlichen Hand die Anstöße zu geben, die für einen sinnvollen und effektiven Einsatz finanzieller Zuwendungen notwendig sind. Somit wird verbürgt, daß die Haushaltsmittel denjenigen Empfängern zugute kommen, für die sie nach der Zweckbestimmung vorgesehen sind.

2. Die Einbindung der berufsständischen Selbstverwaltungseinrichtungen wirkt über den Einzelfall hinaus positiv als branchenübergreifender Multiplikatoreffekt. Die Leitstellen – institutionell und personell von der jeweiligen Trägerorganisation getrennt – achten darüber hinaus vertragsgemäß auf die strikte Einhaltung der Geheimhaltung der anfallenden Daten und der Neutralitätsverpflichtung gegenüber Mitgliedern und Nichtmitgliedern.

3. Der bei den Leitstellen verankerte Sachverstand ist unabdingbare Voraussetzung für die unvoreingenommene Erkenntnis der Stärken und Schwächen geförderter Unternehmensberatungen bzw. der daraus zu ziehenden Konsequenzen in Form von Empfehlungen an den Bund zugunsten der bedarfsgerechten Ausgestaltung und unbürokratischen Handhabung der Gewerbeförderung.

4. Das System der koordinierenden zentralen Leitstellen mit deren dezentralen „Erfüllungsgehilfen" bei einzelnen Wirtschaftszweigen hat sich bewährt. Eine Zusammenfassung führt zu keiner Kosteneinsparung, denn der Aufwand bemißt sich ausschließlich nach der Zahl der Beratungsprojekte und nicht nach der der ortsnahen Ansprechpartner.

III. Voraussetzungen zur Förderung von Mittelstandsberatungen

1. Der Arbeitskreis der Beratungsdienste von Verbänden und Organisationen der gewerblichen Wirtschaft wendet sich nachdrücklich gegen jede weitere Verschlechterung der öffentlichen Beratungsförderung. Bereits die „Richtlinien über die Förderung von Unternehmensberatungen für kleine und mittlere Unternehmen" in der Fassung vom 6. Dezember 1984 – befristet bis zum 30. September 1989 – haben beispielsweise aus industrieller Sicht eine tendenzielle Umfunktionierung in Richtung auf eine Kleinstbetriebsförderung ausgelöst, ganz abgesehen von der wesentlichen Verringerung des prozentualen Zuschußsatzes zu den Beratungskosten.

2. Bei verantwortungsbewußter Weiterführung geförderter Beratungsleistungen – wie das in anderen EG-Mitgliedstaaten geschieht – sind erneute Konditioneneinengungen ebenso wenig vertretbar wie etwa lediglich eine Begünstigung der Beratung auf dem Weg in die Selbständigkeit.

   Es ist vielmehr unter den Vorzeichen des aufkommenden EG-Binnenmarktes im Rahmen des künftigen Förderprogramms maßgebend, neben allgemeinen Beratungen herkömmlicher Art, neben Existenzgründungs- und Existenzaufbauberatungen sowie neben Energieeinsparberatungen gleichermaßen auch Spezialberatungen insbesondere auf den Gebieten der Innovation, des Umweltschutzes, der Logistik oder der Informations- und Kommunikationstechnologien umfassend zuzulassen, damit der Dynamik der wirtschaftlich-sozialen Änderungsvorgänge seitens der kleineren und mittleren Unternehmen unverzüglich Rechnung getragen werden kann.

3. Im Interesse einer geordneten Abwicklung ist es ferner unverzichtbar, daß auch zukünftig die Förderrichtlinien sowohl die Regelung der Anerkennung der auftragsgemäßen Beratungsleistungen durch das begünstigte Unternehmen und die Bezahlung des Beraterhonorars vor Antragstellung auf Bezuschussung als auch die Dokumentation der Beratungsleistung in Form von Beratungsberichten beibehalten.

6.6 Studentische Beratungsdienste

Zielgruppe von studentischen Beraterinnen und Beratern sind vor allem kleine und mittelständische Betriebe. Diese Unternehmen können sich richtig teure Berater vielfach nicht leisten und sind dankbar für diese Form des Wissens-Transfers aus der Theorie in die Praxis. Den Studierenden geht es vor allem um den Praxisbezug ihres Studiums. Das große Geld heimsen sie im allgemeinen nicht ein. Mittlerweile soll es in Deutschland rund 40 sogenannte „Junior-Beratungen“ geben, in denen sich Studentinnen und Studenten als Consultants organisieren (s. untenstehende Übersicht). Sie haben vor einigen Jahren einen eigenen „Bundesverband Deutscher Studentischer Unternehmensberatungen“ (BDSU) gegründet:

Kontaktadresse:

Bundesverband Deutscher Studentischer Unternehmensberatungen (BDSU)
Adelungstraße 41
64283 Darmstadt
Telefon (0 61 51) 29 57 54

▪ STUDENTEN IN NADELSTREIFEN ▪

Oscar macht Schule. Bundesweit bieten inzwischen Studentenunternehmen ihre Beraterdienste an. Einstiegsmöglichkeiten für Interessierte:

▪ AUGSBURG
Junior Management Spektrum
Tel.: 08 21/58 60 17

▪ BAYREUTH
JBB – Junior Beratung Bayreuth
Tel.: 09 21/55 21 97

▪ BERLIN
Company Consulting Team
Tel.: 0 30/31 42 16 69
Uniconsult
Tel.: 0 30/7 84 57 13

▪ DARMSTADT
Junior Comtec
Tel.: 0 61 51/2 86 14

▪ DUISBURG
VIA – Wissenschaft in der Praxis
Tel.: 02 01/78 49 48

▪ GÖTTINGEN
Market Team, Büros in 17 Städten u. a. Bremen, Frankfurt und Mannheim
Tel.: 05 51/4 46 04

▪ HAMBURG
Contact & Cooperation, weitere Büros in Aachen, Frankfurt, Gießen, Trier und Würzburg,
Tel.: 0 40/4 10 75 59
Wi-Ing Aktiv/Hanseatic Consulting
Tel.: 0 40/4 39 29 97

▪ JENA
Studentische Unternehmens- & Projektberatung
Tel.: 0 36 41/37 29 91

▪ KÖLN
Oscar GmbH
Tel.: 02 21/2 40 69 66
Marketing zwischen Theorie und Praxis, Büros in 14 Städten u. a. in Kiel, Leipzig und Münster, Tel.: 02 21/81 03 80

▪ MÜNCHEN
Student Consulting Group
Tel.: 0 89/33 79 56

▪ NÜRNBERG
Junior Consulting Team
Tel.: 09 11/43 74 60

▪ OSNABRÜCK
Studentop – der Management Workshop
Tel.: 05 41/9 69 30 14

▪ PADERBORN
Campus Consult
Tel.: 0 52 51/28 22 51

▪ PASSAU
Instead
Tel.: 08 51/5 83 56

▪ REGENSBURG
Intouch
Tel.: 09 41/9 43 22 70

Quelle: Bundesverband Deutscher Studentischer Unternehmensberatungen, eigene Recherchen

7 Wie läuft eine Beratung ab?

Der klassische Ablauf einer Beratung erfolgt nach einem Stufenprogramm mit folgenden Schritten:

Vorgespräch, Angebot

Der kompetente und seriöse Berater ist gewöhnlich zu einem kostenlosen Vorgespräch bereit. Wichtig ist, daß er Sie als Klienten zu Wort kommen läßt, zuhört und Vorschläge zum Projektablauf macht.

Sie als Auftraggeber definieren die Aufgabenstellung und die Zielsetzung der Beratung. In den Fällen, wo eine Aufgabenstellung und Zielsetzung der Beratung nicht sofort definiert werden können, wird der Berater in einer kurzen Analyse (ca. drei bis fünf Tagwerke) den Beratungsbedarf feststellen und/oder in einem gemeinsamen Workshop mit dem Auftraggeber Aufgaben und Zielsetzung der Beratung definieren.

Wichtige Elemente des Vorgesprächs sind auch die Funktionsbereiche des Unternehmens und deren Führungskräfte (Organisationsplan), betriebliche Besonderheiten, auf die im Laufe der Untersuchung zu achten ist, sowie bestehende Planungen der Unternehmensleitung, die bei der Ausarbeitung einer Soll-Konzeption zu berücksichtigen sind (z. B. geplante Änderung des Produktions- oder Vertriebssortiments, Betriebserweiterung, bevorstehende personelle Änderungen etc.).

Nach einer kurzen Frist gibt der Unternehmensberater ein klares Angebot mit mindestens folgenden Inhalten ab:

- Aufgabenstellung, Beratungsziel
- Vorgehensweise
- Beratungsmethode
- Beratungsdurchführung (Projektteam)
- geplanter Zeitaufwand
- Honorar, Reisekosten, Nebenkosten
- Zahlungsbedingungen
- Beginn der Beratung/Zeitdauer
- Regelungen zur vorzeitigen Beendigung.

Betriebsrundgang

Er wird sinnvoll verbunden mit der Vorstellung des Beraters bei allen Abteilungsleitern und Sachbearbeitern der betrieblichen Funktionsbereiche, die in die Untersuchung einbezogen werden.

Bei Beratungen im technischen Bereich soll der Rundgang möglichst im Sinne des Materialflusses erfolgen. Er beginnt also bei der Entladung der Rohstoffe und endet beim Versand. Damit gewinnt der Berater einen ersten optischen Gesamteindruck des Betriebes.

Häufig ergeben sich aus dem Betriebsrundgang bereits die ersten Ansatzpunkte für spätere genauere Untersuchungen wie z. B. Rückläufe und Überschneidungen im Materialfluß, unzureichende Transportmittel, veralteter Maschinenpark, unzureichende Kapazitätsausnutzung, Materialstauungen etc. Alle diese Dinge werden notiert und im weiteren Verlauf der Untersuchung genauer unter die Lupe genommen.

Ist-Analyse

Sie bildet den Kernpunkt der Voruntersuchung: Voraussetzung für die Entwicklung einer wirtschaftlichen Soll-Konzeption ist die detaillierte Kenntnis der bestehenden Arbeitsabläufe in allen betroffenen Betriebsabteilungen. Durch sachliche Gespräche und Beobachtungen am Arbeitsplatz wird geklärt und schriftlich festgehalten:

1. Wer führt die Arbeit durch?

2. Was wird gemacht?

3. Wie wird es gemacht? Also: welche technischen Hilfsmittel werden eingesetzt, welche Formulare werden verwendet, wie sind sie gestaltet etc. und schließlich

4. wieviel Vorfälle (Belege, Werkstücke) werden in einer bestimmten Zeiteinheit bearbeitet?

Ein erfahrener Analytiker ist mit Hilfe einer planvollen Untersuchungsmethodik in der Lage, auch komplizierte Zusammenhänge rasch und lückenlos zu erfassen und aufzuzeichnen. Dabei ergibt sich fast immer eine natürliche Reihenfolge der Untersuchung im Sinne einer Werkstücks- bzw. Belegbearbeitung (z. B. bei der Auftragsabwicklung, der Abwicklung von Bestellungen etc.).

Bei der Aufnahme des Ist-Zustandes sind besonders die Nahtstellen zwischen den einzelnen Betriebsabteilungen genau zu beachten: Gemeint sind hier die Wechselbeziehungen z. B. zwischen Vertrieb und Arbeitsvorbereitung, Arbeitsvorbereitung und Fertigung, Fertigung und Konstruktion – kurz, die Beziehungen zwischen allen Betriebsbereichen, die eng miteinander in Kontakt stehen. Sehr häufig finden sich gerade hier die neuralgischen Punkte in der Organisation eines Unternehmens und damit wichtige Ansatzpunkte für wirksame Verbesserungsvorschläge. Die vielen Vergleichsmöglichkeiten des Beraters aus anderen Betrieben sind hier ein entscheidender Vorteil bei der Untersuchung.

Ein wichtiges Hilfsmittel bei der Ist-Analyse sind geeignete Erhebungsformulare zur Erfassung betrieblicher Daten und Kennzahlen. Sie müssen so gestaltet sein, daß sie leicht auszufüllen und dennoch aussagefähig sind (z. B. Trendanalysen, Strukturanalysen).

Verbesserungsvorschläge

Ziel der kritischen Beurteilung des Ist-Zustands ist je nach Aufgabenstellung:

1. Das Erkennen von Schwachstellen im Betrieb und die Entwicklung und Begründung geeigneter Vorschläge zur Verbesserung.

2. Die Aufstellung eines Rationalisierungsprogramms, in dem die Vorschläge in der Reihenfolge der Dringlichkeit bzw. Ergiebigkeit zusammengestellt sind, und zwar möglichst mit Terminen und Namen der Personen, die mit der Durchführung der Einzelmaßnahmen zu beauftragen sind.

3. Die Entwicklung einer Soll-Konzeption bei größeren Projekten, wie z. B. Umstellung auf elektronische Datenverarbeitung, Einführung von Leistungslohn, Neubauplanungen in der Fertigung.

Alle Vorschläge für den Soll-Zustand müssen zukunftsorientiert und praktisch durchführbar sein. Der Berater muß dabei Größe, Organisationsstand, Branche und besondere Verhältnisse des Unternehmens berücksichtigen.

Ergebnispräsentation

Die Ergebnisse einer Beratung werden in der Regel in einer Schlußbesprechung der Unternehmensleitung präsentiert. Häufig nehmen daran auch die wichtigsten betrieblichen Führungskräfte teil. Vor einer zu starken Ausweitung des Teilnehmerkreises muß jedoch gewarnt werden, da sonst die Gefahr besteht, daß zu lange über unwesentliche Ressortdetails gesprochen wird und für die Diskussion wesentlicher Grundsatzfragen nicht mehr genug Zeit verbleibt.

Eine Präsentation dauert meist mehrere Stunden. Grundsätzlich sollte so lange diskutiert werden, bis bei allen Teilnehmern Klarheit über den vorgetragenen Sachverhalt besteht. Ein guter Berater wird die rein verbale Darstellung so weitgehend wie möglich durch Zahlenmaterial, Skizzen, Zeichnungen, Formularentwürfe und Wirtschaftlichkeitsberechnungen ergänzen. Solche Hilfsmittel können von ausschlaggebender Bedeutung sein, wenn es darum geht, die Unternehmensleitung und die Führungskräfte von der Brauchbarkeit der Verbesserungsvorschläge zu überzeugen.

Untersuchungsbericht

Die Ausarbeitung eines Untersuchungsberichtes verursacht zusätzliche Kosten; dennoch wird in der Praxis selten darauf verzichtet. Es hat sich gezeigt, daß wesentliche Ergebnisse einer Voruntersuchung allzuleicht verlorengehen, wenn keine schriftliche Unterlage darüber vorhanden ist, auf die immer wieder zurückgegriffen werden kann. Dies gilt insbesondere dann, wenn sich die Durchführung der vorgeschlagenen Einzelmaßnahmen über einen längeren Zeitraum erstreckt.

Ein „normaler" Untersuchungsbericht besteht aus zehn bis 50 Seiten und ist folgendermaßen gegliedert:

1. Aufgabenstellung
2. Unternehmensbild (Sortiment, Umsatz, Beschäftigte)
3. Kritik zum Ist-Zustand der untersuchten Abteilungen
4. Vorschläge zur Verbesserung bzw. Soll-Konzeption mit Begründung
5. Zusammenfassung, stichwortartiges Rationalisierungsprogramm
6. Anlagen (Zahlenübersichten, Formulare, Skizzen etc.)

Der Bericht soll klar und sachlich aufgebaut sein. Dazu gehört, daß Überflüssiges ebenso konsequent weggelassen wird (z. B. Firmengeschichte) wie persönliche Kritik. Ein Berater muß sich stets vor Augen halten, welch schwerwiegende Konsequenzen ein leichtfertiges Urteil für den persönlich Betroffenen haben kann. Er sollte es in jedem Fall dem Unternehmer überlassen, aus einer sachlich begründeten Kritik der bestehenden Organisation die erforderlichen Schlüsse über die Qualifikation der betroffenen Führungskräfte zu ziehen.

Der Inhalt des Untersuchungsberichtes ist in der Regel eine systematisch geordnete schriftliche Aufzeichnung der Schlußbesprechung. Viele Berater gehen umgekehrt vor, d. h. sie erstellen zunächst den Bericht, der anschließend mit der Unternehmensleitung diskutiert wird. Beide Wege haben sich in der Praxis bewährt.

Anschlußberatung

Bei einer Voruntersuchung ergeben sich meist zwei Arten von Verbesserungsvorschlägen:
- die direkt von eigenen Kräften in die Tat umgesetzt werden können,
- für die die weitere Hilfe eines Beraters erforderlich ist.

Der Anteil der ohne weitere Beratungshilfe durchführbaren Vorschläge ist naturgemäß stark abhängig von der fachlichen Qualifikation und der laufenden Auslastung der betrieblichen Kräfte, die dafür verantwortlich herangezogen werden sollen. Wird für die Durchführung bestimmter Maßnahmen ein Berater eingesetzt, so kann der Inhalt dieser Anschlußberatung folgende Aufgabenstellung sein:

1. Ausarbeitung detaillierter Arbeitsunterlagen (z. B. Pläne, Formulare, Nummernsysteme, Zeittabellen etc.).
2. Mitwirkung bei der Auswahl von technischen Einrichtungen und Organisationsmitteln.
3. Schulung und Einarbeitung betrieblicher Mitarbeiter in neue Arbeitsmethoden.
4. Mitwirkung bei der Einführung der neuen Organisation, Durchführung von Probeläufen.
5. Mitwirkung bei der Korrektur und Verbesserung des neuen Systems.

Ein guter Berater wird immer versuchen, betriebliche Kräfte bei der Einführung neuer Arbeitsmethoden von Anfang an und so weitgehend wie möglich als aktive Mitarbeiter heranzuziehen. Dadurch können Einwände und Anregungen rechtzeitig aufgegriffen und verarbeitet werden, psychologische Widerstände werden leichter überwunden, und die Beratung wird billiger. Mit folgenden Menschentypen hat es der Berater u. U. zu tun:

Reformer
Widerständler
Schläfer
Aktivist
Freund
Zuträger
Bewahrer
Opportunist
Grabenkämpfer
Intrigant
Warner
Experte
Karrierebewußte
Neugierige
Arrogante
Papiertiger

Der Reformer:

Er begrüßt den Unternehmensberater und teilt ihm mit, daß Änderungen schon längst hätten vollzogen werden müssen. Meist sagt er gleich, welche Änderungen unbedingt durchgeführt werden sollten. Er ist enttäuscht, wenn der Unternehmensberater seine „Reformvorschläge" nicht oder nicht voll berücksichtigt.

Der Widerständler:

Er lehnt den Unternehmensberater von vornherein ab. Bei jeder sich bietenden Gelegenheit baut er Barrieren auf, legt sogenannte Fallen. Aus seiner Ablehnung macht er allerdings kein Geheimnis.

Der Schläfer:

Er äußert sich nicht für oder gegen den Unternehmensberater, doch die von ihm abverlangten Informationen brauchen übermäßig viel Zeit, bis sie auf dem Tisch liegen. Ganz nach dem Motto „alles mit Gemütlichkeit" oder „morgen ist auch ein Tag" erledigt er seine Arbeiten.

Der Aktivist:

Auch der Aktivist äußert sich nicht für oder gegen den Unternehmensberater, allerdings ist er das krasse Gegenteil vom „Schläfer". Er erledigt nicht nur prompt die ihm aufgetragenen Arbeiten, sondern liefert in der Regel immer mehr als verlangt wurde.

Der Freund:

Er begrüßt den Unternehmensberater und bietet ihm gleich von vornherein seine „Freundschaft" an. Dabei will er früher als andere Mitarbeiter irgendwelche Ergebnisse oder Vorschläge, die der Berater erarbeitet hat, erfahren. Nicht selten entpuppt sich dieser Typus auch als „Schleimer" oder „Radfahrer". Also jemand, der seine Fahne „nach dem gerade vorherrschenden Wind dreht".

Der Zuträger:

Er begrüßt den Unternehmensberater, allerdings nicht offen. Heimlich informiert er ihn über im Unternehmen vorhandene, angebliche Mißstände. Meist sind Rachegefühle sein Leitmotiv.

Der Bewahrer:

Er ist gegen den Unternehmensberater eingestellt, denn dieser bringt nach seiner Meinung viele Änderungen, die unnötig sind. Er will bisherige Abläufe und Verhältnisse bewahren und schützen, weil er sie für bestens empfindet.

Der Opportunist:

Er begrüßt meist anfangs den Unternehmensberater und wartet erste Arbeitsergebnisse ab. Liegen diese vor, bezieht er die Gegenposition. Auf fachlich-sachlicher Ebene versucht er die Arbeitsergebnisse in Frage zu stellen.

Der Grabenkämpfer:

Er begrüßt den Unternehmensberater offen, doch hinterrücks bezieht er eine Antihaltung. Durch verschiedene heimliche Aktivitäten versucht er, den Berater ins Leere laufen zu lassen.

Der Intrigant:

Er ist mit dem Grabenkämpfer zu vergleichen, doch im Gegensatz zu diesem versucht er nicht nur die Arbeit des Beraters zu torpedieren, sondern er versucht auch die Person in Mißkredit zu bringen. Er informiert sich auf eigene Faust über den Berater und versucht dabei, negative Informationen ausfindig zu machen. Diese verbreitet er dann im Unternehmen. Findet er keine negativen Anhaltspunkte, werden nicht selten selbsterfundene Gerüchte gestreut.

Der Warner:

Er begrüßt den Unternehmensberater und warnt ihn gleichzeitig vor Personen, Abläufen und Praktiken im Unternehmen. Er informiert den Berater häufig auch über zwischenmenschliche Beziehungen oder Verwandtschaftsverhältnisse. Beispiel: „Der Abteilungsleiter X ist mit dem Chef verwandt, da müssen Sie sehr vorsichtig sein!" Der Warner rät dem Berater, wo dieser sich am besten heraushalten sollte.

Der Experte:

Er begrüßt den Unternehmensberater, indem er sich mit ihm auf eine Stufe stellt. Er sucht den ständigen Kontakt sozusagen von Experte zu Experte. Dem Berater erteilt er bei jeder sich bietenden Gelegenheit Tips und Ratschläge.

Der Karrierebewußte:

Er verhält sich gegenüber dem Berater neutral, bezieht in der Anfangsphase also keine Position. Stellt er fest, daß der Berater in seinem Sinne tätig ist, sieht er für sich also Karrierechancen, bezieht er eine Pro-Position und hilft nach Kräften. Stellt er allerdings fest, daß der Berater Möglichkeiten verfolgt, die ihm schaden könnten, geht er in eine Kontra-Position und arbeitet nach Kräften gegen den Berater.

Der Neugierige:

Er begrüßt den Unternehmensberater und sagt ihm umfangreiche Unterstützung zu. Doch diese Unterstützung ist meist nur verbaler Natur. Vor allen Dingen sucht er immer wieder die Nähe des Beraters, um ihn ausfragen zu können. Während der „Freund“ hier mehr eine abwartende Haltung einnimmt, ist der „Neugierige“ aktiv, bei jeder sich bietenden Gelegenheit stellt er Fragen.

Der Arrogante:

Er lehnt den Unternehmensberater ab. Für ihn ist der Berater ein Übel, ob notwendig oder nicht. Er ist der Meinung, daß er die Arbeit des Beraters lässig selbst erledigen könnte, doch leider fehlt ihm die Zeit hierzu. Zudem sieht er das „Wühlen in den einzelnen Abteilungen“ als unter seiner Würde an.

Der Papiertiger:

Er verhält sich zumindest vordergründig gegenüber dem Berater neutral. Doch über alles, was der Berater von ihm will, werden Aktennotizen verfaßt. Gleichzeitig wird jede mündlich übermittelte Information schriftlich dokumentiert. Der „Papiertiger“ wird häufig auch als „Pedant“ bezeichnet.

Grundsätzlich gilt, bezogen auf die Kontaktpersonen des Unternehmensberaters im Unternehmen: Ein guter Berater nutzt in allen Unternehmensdisziplinen, -bereichen oder -abteilungen das jeweils vorhandene Fachwissen der Mitarbeiter. Er arbeitet also zuerst einmal mit den vorhandenen „Ressourcen“. Das heißt, er muß sich eindenken und einarbeiten, um dann, bezogen auf seinen Auftrag, Lösungsvorschläge erarbeiten zu können. Das ganze passiert mit Hilfe von Mitarbeitern des Auftraggebers.

Die Lösungsvorschläge werden zusammen mit den Mitarbeitern erarbeitet, denn diese können die Realisierungsfähigkeit der Vorschläge am besten bewerten. Zudem müssen sie in der Regel die Realisierung der Vorschläge, die Praxisumsetzung, auch selbst vornehmen. Hieraus ist zu ersehen, daß ein Berater offen und vielseitig sein muß, um sich eindenken zu können. Dabei kann die Vermittlung von Detailwissen an den Berater sehr nützlich und für die Lösung sehr hilfreich sein. Grundsätzlich gilt: Der Berater interessiert sich in erster Linie nicht für Details, sondern für Zusammenhänge.

Quelle: Zimmermann 1994, S. 86–90

Bei langfristigen Beratungen genügt es häufig, wenn der Berater von Zeit zu Zeit für einige Tage in den Betrieb kommt, um Teilergebnisse zu überprüfen und neue Impulse zu geben. Auf diese

Art hat sich in vielen Fällen eine mehrjährige fruchtbare Zusammenarbeit ergeben. Der Berater wird zum Betreuer, zum Hausberater des Unternehmens und zum „Beichtvater" für Unternehmensleitung und Führungskräfte.

Unterrichtung des Betriebsrats

In zunehmendem Maße stößt der Einsatz von Beratern auf die Ablehnung durch Gewerkschaften und Betriebsräte. Vor allem dann, wenn es um Rationalisierung und Kosteneinsparung geht, regen sich die Widerstände gegen das Wirken von Beratern.

Oft entstehen die Mißfälligkeiten einfach durch mangelnde Information der Betriebsvertretungen. Zwar ist die Zusammenarbeit des Unternehmers mit einem Berater in der Regel nicht mitbestimmungspflichtig; jedoch kommen andere Beteiligungsrechte in Betracht.

Das ist etwa dann der Fall, wenn der Unternehmer mit Hilfe von Beratern Rationalisierungsvorhaben angeht, neue Fabrikations- und Arbeitsmethoden einführen will oder sonstige Vorhaben betreiben möchte, die die Interessen der Arbeitnehmer des Unternehmens wesentlich berühren können. Bei Vorliegen dieser Voraussetzungen hat der Wirtschaftsausschuß gemäß § 106 BetrVG einen Anspruch auf rechtzeitige und umfassende Unterrichtung.

Außerdem gebietet der in § 2 Abs. 1 BetrVG normierte Grundsatz der vertrauensvollen Zusammenarbeit dem Arbeitgeber, seinen Betriebsrat über Art, Ziel und Umfang des Einsatzes von Beratern im Betrieb zu unterrichten, wenn sich aus deren Tätigkeit wesentliche Auswirkungen auf die Belegschaft ergeben können.

Gelegentlich werden freiwillige Vereinbarungen zwischen Unternehmer und Betriebsrat geschlossen, in denen z. B. die Art und Weise der Information des Betriebsrats über die Arbeitsfortschritte des Beraters geregelt sind. Problematisch – auch für den Betriebsrat – werden solche Vereinbarungen, wenn sie der Betriebsvertretung ein Mitentscheidungsrecht, etwa in Gestalt eines Vetorechts, gegen Vorschläge des Beraters einräumen, denn das wirtschaftliche Risiko bleibt beim Unternehmer, und er muß daher die Möglichkeit haben, sich sachkundig und objektiv beraten zu lassen. Für den notwendigen sozialen Schutz der Arbeitnehmer vor den Folgen unternehmerischer Maßnahmen stellt das BetrVG dem Betriebsrat ausreichende Instrumente zur Verfügung.

Zusammengefaßt läßt sich der Beratungsprozeß in zwölf verschiedene Phasen unterteilen:

1. Identifikation des Problembereichs
2. Strukturierung des Problems
3. Beschreibung/Festlegung des Beratungsziels
4. Durchführungsplanung
5. Vertragsgestaltung
6. Informationsbeschaffung
7. Informationsverarbeitung
8. Generierung von Lösungsalternativen
9. Bewertung von Lösungsalternativen
10. Ergebnispräsentation und Empfehlung
11. Implementierung
12. Realisierung.

Aus diesen zwölf Phasen ist zu erkennen, daß der Berater überwiegend Probleme strukturiert und Entscheidungen mit Alternativen vorbereitet. Er kann dabei dem Unternehmen nicht die Entscheidung abnehmen. Er kann Ihnen nur helfen, das Risiko zu vermindern, falsche Entscheidungen zu treffen. Nicht der Berater führt das Unternehmen, sondern der Unternehmer.

8 Was kostet eine Beratung?

8.1 Allgemeine Beratungskosten

Eine Beratung ist durchaus vergleichbar mit einer Investition in Maschinen und Anlagen: Sie ist wirtschaftlich, wenn sie sich schnell amortisiert. Damit wird neben der Qualifikation des Beraters die Honorarhöhe zu einem Faktor, der bei der Auswahl zu berücksichtigen ist.

Auch hohe Beratungskosten können sich bei einer guten Beratung bezahlt machen. Bei ähnlicher Qualifikation mehrerer Bewerber für eine klar definierte Beratungsaufgabe wird aber das Honorar ein wichtiges Auswahlkriterium sein.

Gemeinhin gilt die Aussage „Guter Rat ist teuer". Diese Aussage bewahrheitet sich mit Sicherheit im Umgang mit Unternehmensberatern; die Tagessätze, die in aller Regel die Zeiteinheit für eine Leistungsberechnung darstellen, schwanken zwischen 1000 DM für Juniorberater (in aller Regel Berufsanfänger) und rund 4000 DM für Seniorberater, insbesondere bei international renommierten Gesellschaften.

Die nachfolgende Übersicht nennt die 53 im BDU organisierten Personalberatungsfirmen. Beachten Sie auch hierbei folgende Regeln: Unseriöse Berater, denen es vor allem um die Akquisition von Honoraransprüchen geht, nehmen zum Teil weit überhöhte Honorare ohne Rücksicht auf die Leistungsfähigkeit des Klienten. Sie werden häufig versuchen, mit Ihnen schon am Anfang einen Vertrag über möglichst viele Stunden abzuschließen. Sie sollten deshalb die Gesamtkosten, die auf Sie zukommen, errechnen und den derzeitigen Jahresgewinn dagegenhalten.

Entsprechende Beispiele, bei denen es am Ende hieß „Beraten und verkauft", ließen sich zur Genüge aufzählen. Auch wenn die Effizienz der Beratung sich erst in der Zukunft erweisen vermag, so muß die Rechnung vorher beglichen werden. Seriöse Berater haben daher keine Einwände gegen die phasenweise Abwicklung eines größeren Projektes und bieten dies gegebenenfalls von sich aus an. Der Auftrag für die nächste Phase ist dann stets bedingt durch den erfolgreichen Abschluß der vorhergehenden Phase. Ein derartiges Phasenkonzept bietet sich für alle Beratungsvorhaben an, die im Verhältnis zum Jahresergebnis Ihres Unternehmens einen größeren Umfang erreichen. Jeder guter Berater wird auch bereit sein, bei der Verrechnung nach Zeiteinheit ein oberes Honorarlimit zu nennen, das ohne Genehmigung des Kunden nicht überschritten werden darf. Ergebnisse von empirischen Studien zeigen, daß in solchen Fällen das vereinbarte Honorar nicht oder nur geringfügig überschritten wurde (vgl. Steyrer 1989).

In jedem Fall wird der seriöse Berater immer Wert darauf legen, daß sein Kunde einen klaren Überblick über die Beratungsleistung nach Zeit und Aufwand hat. Der seriöse, qualifizierte Berater schlägt nicht nur vor, wie die Probleme gelöst werden, er ist auch bereit und in der Lage, bei der Durchführung der von ihm gemachten Vorschläge verantwortlich mitzuwirken. Trotzdem wird der Berater, was im Wesen der seriösen Beratung liegt, kein Erfolgshonorar verlangen.

Generell ist davon auszugehen, daß sich die Kosten für eine Beratung beim Auftraggeber je nach Art und Umfang der Beratungstätigkeit in einem überschaubaren Zeitrahmen amortisieren müssen, auch wenn sich häufig der Erfolg einer Beratung im Sinne einer Steigerung der Wirtschaftlichkeit und Wettbewerbsfähigkeit des Unternehmens nur näherungsweise in Geldgrößen ausdrücken läßt. Nach tatsächlich erbrachter Leistung sollte auch die Honorierung einer Beratung erfolgen. Dazu haben die verschiedenen Beratungsfirmen Honorarlisten und Leistungstabellen entwickelt. Nachfolgend als Beispiel die Honorarordnung der Consulectra Unternehmensberatung in Hamburg (Stand: 1997):

Übersicht: Gesamtverzeichnis der Mitglieder des BDU-Fachverbandes Personalberatung

ADVERSA GmbH
Personal- und Unternehmensberatung
Manfred Glade
Faulenstraße 31–35
28195 Bremen
Telefon: 04 21/30 96 136
Telefax: 04 21/30 96 134

Anderson, Squires
(Deutschland) GmbH
Regina Tigges
Niedenau 41
60325 Frankfurt
Telefon: 0 69/72 31 53
Telefax: 0 69/72 04 63

Baumgartner + Partner GmbH
Personalberatung GmbH
Dr. Christoph Rummel
Königsallee 13
40212 Düsseldorf
Telefon: 02 11/13 21 94
Telefax: 02 11/13 29 14

Roland Berger & Partner GmbH
Internationale Personalberater
(BDU)
Matthias Ruppert
Arabellastraße 33
81925 München
Telefon: 0 89/92 23 - 0
Telefax: 0 89/92 23 - 202

Peter Braun
Personalberatung GmbH (BDU)
Wolfgang Finck
Industriestraße 20
28199 Bremen
Telefon: 04 21/51 32 21
Telefax: 04 21/51 59 716

Dr. Busch + Partner
Personalberatung BDU
Dr. Klaus W. Busch
Grüngürtelstraße 10
50996 Köln
Telefon: 02 21/39 29 45
Telefax: 02 21/35 46 03

Dipl.-Ing.
Balthasar von Campenhausen
Personalberatung BDU
Balthasar von Campenhausen
Hochstraße 20
58540 Meinerzhagen
Telefon: 0 23 54/57 77
Telefax: 0 23 54/12 123

CPO Unternehmensberatung GmbH
Anita Scheffler-Lipp
Wilh.-Theodor-Römheld-Straße 34
55130 Mainz
Telefon: 0 61 31/98 36 00
Telefax: 0 61 31/82 424

DCO CONSULTING
De Bock & Partner GmbH
Personal- und Unternehmensberatung
Antonius de Bock
Bäckergasse 2
40213 Düsseldorf
Telefon: 02 11/32 90 96/97
Telefax: 02 11/32 90 98

Dietz, Fraser & Partner
International GmbH
Management Consultants
Marie-Luise Müller
Goethestraße 4
60313 Frankfurt
Telefon: 0 69/92 07 250
Telefax: 0 69/92 07 25 50

DOLAN CONSULTING
Internationale Unternehmens- und Personal-
beratung GmbH
Paul G. Dolan
Hainstraße 21
61476 Kronberg/Taunus
Telefon: 0 61 73/79 061
Telefax: 0 61 73/41 70

DYCKERHOFF & PARNTER
Unternehmensberatung/BDU
Christoph Dyckerhoff
Am Oberen Luisenpark 13
68165 Mannheim
Telefon: 06 21/42 00 580
Telefax: 06 21/42 00 581

Dr. Gawlitta & Partner
Personalberatung
Dr. Wolfgang Gawlitta
Prinz-Albert-Straße 53
53113 Bonn
Telefon: 02 28/91 17 00
Telefax: 02 28/91 17 0-20

GPO Gesellschaft für Personalwirtschaft und
Organisation mbH
Herbert F. Berg
Scheibenstraße 47
40479 Düsseldorf
Telefon: 02 11/49 221-15
Telefax: 02 11/49 221-44

Dr. Heimeier, Dr. Tobien & Partner
Management- und Personalberatung BDU
Dr. Günter Tobien
Albstadtweg 4
70567 Stuttgart
Telefon: 07 11/78 07 60
Telefax: 07 11/78 07 6-78

Werner Hobbahn & Partner
Unternehmens- und Personalberatung
Werner Hobbahn
Lerchenweg 10
63303 Dreieich
Dreieichenhain
Telefon: 0 61 03/82 048
Telefax: 0 61 03/82 054

Dr. Elser & Partner Dr. Höfner
Management- und Personalberatung BDU
Fritz Elser
Griegstraße 27 A
70195 Stuttgart
Telefon: 07 11/69 70 820
Telefax: 07 11/69 70 82 20

HPP Hans Peter Pfersich
Management Consultant BDU
Hans Peter Pfersich
Dr.-Schild-Straße 7
51588 Nümbrecht
Telefon: 0 22 93/91 020
Telefax: 0 22 93/91 02 20

IFM
INSTITUT FÜR
MANAGEMENTBERATUNG GMBH
Rolf Heeb
Niederkasseler Straße 16
40547 Düsseldorf
Telefon: 02 11/58 80 51-53
Telefax: 02 11/58 91 79

JMP Personalberatung GmbH
Hans-Detlef Pries
Große Bleichen 21 AB
20354 Hamburg
Telefon: 0 40/34 19 06
Telefax: 0 40/35 12 26

JUNKERS GmbH & Partner
Management- u. Personalberatung BDU
Götz Junkers-Lommatzsch
Bellmannstraße 6
22607 Hamburg
Telefon: 0 40/89 25 22
Telefax: 0 40/89 04 808

Kienbaum und Partner GmbH
Internationale Personal- und Unternehmensberater
Jochen Kienbaum
Ahlefelder Straße 47
51645 Gummersbach
Telefon: 0 22 61/703-0
Telefax: 0 22 61/703 138

KIRSCHNER & PARTNER
Peter Kirschner
Sonnenbühl 14
70597 Stuttgart
Sonnenberg
Telefon: 07 11/76 53 073
Telefax: 07 11/76 19 49

KON-PART Unternehmensberatung
für Personal-Marketing
Gerhard Konitzky
Hof Vier Winde
Hayen Weg 10
26349 Jade
Telefon: 0 44 55/13 22
Telefax: 0 44 55/12 37

KONSUL MANAGEMENT- UND
PERSONALBERATUNG GMBH
Peter D. Hennes
Kaiserstraße 46
40479 Düsseldorf
Telefon: 02 11/49 778-0
Telefax: 02 11/49 83 008

KRÜGER + KRÜGER
Management-Personal-Beteiligungs-Beratung
Matthias Krüger
Forstweg 17
95326 Kulmbach
Telefon: 0 92 21/95 73 0
Telefax: 0 92 21/95 73 20

Unternehmensberatung BDU
Dipl.-Kfm. Jürgen Liedke
Jürgen Liedtke
Neukirchener Ring 1
47506 Neukirchen-Vluyn
Telefon: 0 28 45/40 01
Telefax: 0 28 45/45 25

Dr. Maier + Partner GmbH
Unternehmensberatung BDU
Reinhard Neumann
Azenbergstraße 31
70174 Stuttgart
Telefon: 07 11/29 93 11
Telefax: 07 11/29 50 91

Malte Fischer Team
Konzipierte ganzheitliche Personallösungen
Malte Fischer
Vincentistraße 6
76530 Baden-Baden
Telefon: 0 77 21/93 95-0
Telefax: 0 77 21/93 95 20

MARKETING-MANAGEMENT-
SERVICE + PERSONAL-BERATUNG
Dieter Borck
Uhlandstraße 16
71672 Marbach
Telefon: 0 71 44/13 908
Telefax: 0 71 44/15 842

UBM-Meeßen
Personal- und Unternehmensberatung
Heinz-Josef Meeßen
Ludwig-Mathar-Weg 9
52152 Simmerath
Telefon: 0 24 73/14 53
Telefax: 0 24 73/14 15

Führungsberatung MEYER-MARK GmbH
Wolfgang Struwe
Defreggerstraße 2
81545 München
Telefon: 0 89/64 80 21
Telefax: 0 89/64 22 541

MPS Personalberatung
Julia Sost
Wolfskeule 5
67435 Neustadt/W.
Telefon: 0 63 21/66 013
Telefax: 0 63 21/66 014

MR Management Research Personalberatung GmbH
Jürgen Binger
Tesdorpfstraße 19
20148 Hamburg
Telefon: 0 40/44 50 65
Telefax: 0 40/45 60 71

MZ Consulting
Manfred Zottmann
Unternehmens- u. Personalberatung
Manfred Zottmann
Zeppelinallee 73
60487 Frankfurt
Telefon: 0 69/70 60 21
Telefax: 0 69/77 11 72

Neumann Management
Selection GmbH
Dieter Albeck
Bethmannstraße 56
60311 Frankfurt/M.
Telefon: 0 69/91 30 11-0
Telefax: 0 69/91 30 11-25

NICOLAI & PARTNER
Managementberatung GmbH (BDU)
Renate Nicolai
Sternstraße 28–30
40479 Düsseldorf
Telefon: 02 11/49 83 091
Telefax: 02 11/49 83 096

PA CONSULTING SERVICES GMBH
PA PERSONALBERATUNG GMBH
Dr. Robert Kleinevoss
Benrather Schloßallee 99
40597 Düsseldorf
Telefon: 02 11/99 60 40
Telefax: 02 11/71 03 878

pdv Unternehmensberatung GmbH
Hans-Werner Schmidtmeyer
Dorotheenstraße 64
22301 Hamburg
Telefon: 0 40/27 071-0
Telefax: 0 40/27 071-166

DR. PETER & PARTNER –
Personal- & Unternehmensberatungs GmbH
Dr. Michael Beck
Neutorgraben 1 a
90419 Nürnberg
Telefon: 09 11/37 289-20
Telefax: 09 11/37 91 29

S. PLENSAT & PARTNER BDU
Management + Personalberatung
Siegmar Plensat
Heilbronner Straße 67
70191 Stuttgart
Telefon: 07 11/25 98 290
Telefax: 07 11/25 98 299

PM Gesellschaft für Personalberatung und
Managemententwicklung mbH
Klaus Andreas
Welserstraße 25
90489 Nürnberg
Telefon: 09 11/53 36 33
Telefax: 09 11/53 24 94

PMM Management
Consultants GmbH
Dr. Joachim Staude
Olof-Palme-Straße 31
60439 Frankfurt
Telefon: 0 69/58 09 60
Telefax: 0 69/58 09 6-50

Rumohr Management Consulting GmbH
Joachim von Rumohr
Königstraße 5
40212 Düsseldorf
Telefon: 02 11/86 78 790
Telefax: 02 11/86 78 799

SCHLEGEL-HARDORP UND PARTNER GMBH
Management- und Personalberatung
Ingeborg Schlegel-Hardorp
Kaiser-Wilhelm-Ring 43
40545 Düsseldorf
Telefon: 02 11/57 38 39
Telefax: 02 11/57 28 01

Dr. Axel Schneider
Management + Personalberatung BDU
Dr. Axel Schneider
Suhler Weg 30
68309 Mannheim
Telefon: 06 21/70 95 25
Telefax: 06 21/71 40 612

Dieter Schröder & Partner
Unternehmensberatung GmbH BDU
Dieter Schröder
Vautierstraße 92
40235 Düsseldorf
Telefon: 02 11/68 44 69
Telefax: 02 11/67 86 86

Staufenbiel + Partner
Personalberatung GmbH * BDU
Joerg E. Staufenbiel
Konrad-Adenauer-Ufer 33
50668 Köln
Telefon: 02 21/13 60 63
Telefax: 02 21/13 60 68

UBM Unternehmensberatung
Neumann und Partner
Gerd H. Neumann
Sophienstraße 1/II
80333 München
Telefon: 0 89/39 30 21
Telefax: 0 89/55 04 265

Vollmer Personalberatung GmbH
Gisela Vollmer
Amstetter Straße 4
70329 Stuttgart
Telefon: 07 11/42 00 27/40 95 20
Telefax: 07 11/42 00 20

WEISER & PARTNER
Personalberatung BDU
Wilhelm Kehlenbach
Hammfelddamm 10
41460 Neuss
Telefon: 0 21 31/16 970
Telefax: 0 21 31/16 97 33

W.M.A.
Gesellschaft für Unternehmensberatung (BDU)
Karsten D. Wick
Ballindamm 38
20095 Hamburg
Telefon: 0 40/33 68 91
Telefax: 0 40/33 88 65

ZIMMERMANN & PARTNER BDU
Management + Personalberatung
Horst Zimmermann
Rietstraße 26
78050 VS-Villingen
Telefon/Fax: 0 77 21/5 27 00

Quelle: Mitgliederverzeichnis des BDU-Fachverbandes Personalberatung 1996/97, S. 12–13

HONORARORDNUNG

1 Beratungen	Honorar/Tagewerk (Netto) (8-Std.-Arbeitstag)
– Geschäftsführer	nach Vereinbarung
– Bereichsleiter	nach Vereinbarung
– Projektleiter	DM 2.200,–
– Systemanalytiker	DM 1.750,–
– Selbständiger Ingenieur	DM 1.550,–
– Techniker	DM 1.300,–
2 Seminare	
– Vorbereiten (Feldanalyse, Seminarkonzeption) und Auswerten der Trainingsarbeit	DM 1.800,–

- Seminartag mit 1 Trainer + max. 15 Personen DM 2.900,–
- Seminartag mit 2 Trainern + max. 15 Personen DM 4.500,–

3 Projektnebenarbeiten

- z. B. Textverarbeitung DM 770,–

4 Nebenkosten

Fahrtkosten

- Bahnreise (1. Klasse) und Flugreisen (Business) lt. Tarif (Europa)
- Mietwagenkosten nach Vorlage der Einzelbelege
- Kilometer-Geld 0,80 DM/km
- Nahverkehrsmittel und Taxi nach Vorlage der Einzelbelege

Verpflegungskosten

- Anwendung der üblichen steuerlich zulässigen Sätze

Übernachtungskosten

- Vorlage der Einzelbelege

Sonstige Kosten

- Telefon, Parkgebühren etc. nach Vorlage der Einzelbelege

5 Umsatzsteuer

Nettobeträge und gesetzliche Umsatzsteuer werden getrennt ausgewiesen.

6 Abrechnung

Rechnungslegung erfolgt monatlich nachträglich nach Aufwand, falls nicht anders vereinbart.

Reisezeit gilt als Arbeitszeit.

Für Tätigkeiten, die auf Veranlassung des Kunden außerhalb der üblichen Arbeitszeit geleistet werden, erfolgt ein Zuschlag nach Vereinbarung.

Stand 1. 1. 1997

8.2 Beratungszuschüsse

Beratungsförderung ist ein Element der Mittelstandspolitik. Es gibt Programme des Bundes und der Länder. Sie unterscheiden sich nach Zielgruppe, fachlichem Schwerpunkt der Förderung, Zuschußhöhe und Laufzeit.

8.2.1 Bundesprogramme

Es gibt ein allgemeines Förderprogramm für Beratungen des Bundes und mehrere spezielle Programme für die neuen Bundesländer. Anträge können über bestimmte Förderleitstellen und über das RKW gestellt werden. Nähere Auskünfte erteilen:

Bundesministerium für Wirtschaft
Abteilung Öffentlichkeitsarbeit
Villemombler Straße 76
53123 Bonn

Rationalisierungs-Kuratorium der Deutschen Wirtschaft
Düsseldorfer Straße 40
65760 Eschborn

Nachfolgend in Kurzfassung das allgemeine Förderprogramm des Bundesministers für Wirtschaft:

Zuwendungsempfänger: Unternehmen der gewerblichen Wirtschaft

Förderungsfähige Beratungen:

Allgemeine Beratungen (Jahresumsatzgrenze bei Industrie und Handwerk 10 Mio. DM)

- alle wirtschaftlichen, technischen, finanziellen und organisatorischen Probleme der Unternehmensführung
- unternehmerische Anpassung an den EG-Binnenmarkt

Existenzgründungsberatung

- Gründung eines neuen Unternehmens
- Übernahme eines bestehenden Unternehmens
- tätige Beteiligung an einem Unternehmen

Umweltschutzberatung

- Bewältigung der aus dem Schutz der Umwelt resultierenden Probleme

Energieeinsparberatung

- wirtschaftliche, technische und organisatorische Fragen im Zusammenhang mit einer sparsamen und rationellen Energieverwendung

Zuschußhöhe (Basis Honorar- und Reisekosten)

– 50 % bei allgemeiner/Umweltschutz-/Energieeinsparberatung,	max. DM 3000,–
– 60 % bei Existenzaufbauberatung,	max. DM 3000,–
– 60 % bei Existenzgründungsberatung,	max. DM 2500,–

Höchstbeträge pro Antragsteller

- DM 6000,– für allgemeine einschließlich Existenzaufbauberatungen
- DM 2500,– für Existenzgründungsberatungen
- DM 6000,– für Umweltschutzberatungen
- DM 6000,– für Energieeinsparberatungen

Antragstellung

- nach Abschluß und Bezahlung der Beratung
- bei der zuständigen Kammer (für die Industrie: BDI, DIHT und andere Leitstellen; für das Handwerk: Zentralverband des Deutschen Handwerks)

8.2.2 Landesprogramme

Es gibt eine große Zahl verschiedener Programme, die sich an der unterschiedlichen wirtschafts- und strukturpolitischen Zielsetzung des Landes orientieren. Im Vordergrund steht wie beim Bund die Mittelstandsförderung, wobei vielfach regionale Besonderheiten zusätzlich berücksichtigt sind.

Aus Platzgründen ist es nicht möglich, alle Programme zu beschreiben. Nähere Einzelheiten können bei den Wirtschaftsministerien der Bundesländer oder bei der jeweiligen RKW-Landesgruppe erfragt werden, wo auch entsprechende Merkblätter zur Verfügung stehen.

Beispielhaft nachfolgend die Kurzfassung des Bayerischen Mittelständischen Industrieberatungsprogramms; zwei Programme für das Land Hamburg finden sich im Anhang 14.5 und 14.6.

Zuwendungsempfänger: Unternehmen der Industrie und des industrieorientierten Dienstleistungsgewerbes

- mit Standort im Freistaat Bayern
- mit letztem Jahresumsatz unter 18 Mio. DM und unter 150 Beschäftigte

Förderungsfähige Beratungen

- Rationalisierungsberatung
- Strategieberatung

Zuschußhöhe

- 350,– DM/Tag für Betriebe in den Regierungsbezirken Oberbayern, Schwaben, Mittelfranken
- 380,– DM/Tag für Betriebe in den Regierungsbezirken Niederbayern, Oberpfalz, Oberfranken, Unterfranken

Begrenzung

- max. 20 Tage innerhalb von vier Jahren

Antragstellung

- Rationalisierungs-Kuratorium der Deutschen Wirtschaft (RKW), Landesgruppe Bayern.

9 Prüfung des Beratungserfolges

Das Anwachsen oder zum Teil sogar Ausufern der Beratungstätigkeit – besonders in Mittel- und Osteuropa – läßt die Bewertung des Beratungserfolges stärker in den Vordergrund treten. Um nicht allein die subjektive oder gefühlsmäßige Beurteilung der Betroffenen als Maßstab zu sehen, wurde ein Prüfungsraster für die Evaluierung entwickelt. Das Vorgehen ist im einzelnen aus den folgenden Abbildungen zu ersehen.

Interessant ist in diesem Zusammenhang auch die Stellungnahme insbesondere mittelständisch strukturierter Beratungsunternehmen. Vor allem der Geschäftsführer der erfolgreichen Mittelstandsberatung DGM spricht hier deutliche Worte (vgl. Blick durch die Wirtschaft vom 9. Januar 1996).

Kamen die Mitglieder des Bundesverbandes Deutscher Unternehmensberater (BDU) früher zusammen, hielten es die Anwesenden stets mit den Etikette-Regeln der feinen Hamburger Gesellschaft: Über Geld wurde nie öffentlich gestritten. Seit bei etlichen Unternehmen die Budgets knapper und die Aufträge kleiner werden, mögen sich vor allem die Chefs mittelstandsorientierter Beratungsunternehmen an diesen Grundsatz nicht mehr halten. Ihre Forderung an die Verbandsspitze: Durch das Schaffen einheitlicher Richtlinien für Leistungsdefinition und -honorierung soll die Beratertätigkeit für den Klienten leichter durchschaubar und attraktiver werden.

„Etliche unserer Kunden", argumentiert beispielsweise Peter G. von Windau, Geschäftsführer der Deutschen Gesellschaft für Mittelstandsberatung mbH (DGM), „müssen vor ihren Abnehmern jeden Pfennig rechtfertigen, wenn es um die Preisgestaltung geht. Da ist es doch nur fair, wenn ein Beratungsunternehmen auch mit offenen Karten spielt." Müßte sich jedes Consulting-Unternehmen bei der Definition und Berechnung der verschiedenen Leistungen an genau verabredete Spielregeln halten, könnte nach den Worten des Münchner Beraters die Kundenzufriedenheit auf einen Schlag um ein Vielfaches erhöht werden. „Wenn Leistungen exakt beschrieben werden müssen und die Kosten von vornherein feststehen", erläutert der DGM-Chef, „gibt es ein für allemal Klarheit, welches Projekt in welcher Zeit zu welchem Preis erledigt werden kann."

Anhänger des althergebrachten Systems, bei dem der Klient erst am Ende des Projekts genau weiß, was das Ganze eigentlich gekostet hat, halten dem entgegen, eine standardisierte Bewertung und Abrechnung von Beratungsleistungen sei allein deshalb nicht möglich, da der Consultant bei Vertragsabschluß noch gar nicht wissen könne, wie groß ein Problem wirklich sei und wieviel Zeit für dessen Analyse und Lösung benötigt werde.

Der eigentliche Grund für die Zurückhaltung dürfte nach der Beobachtung von Branchenexperten jedoch ein anderer, gänzlich profaner sein. Viele Beratungsunternehmen machen nämlich einen nicht unerheblichen Teil ihres Umsatzes dadurch, weil bestehende Projekte – wie durch ein Wunder – oftmals immer weiter aufgebläht werden. Ärgerlich sind solche Vorkommnisse vor allem für die Beratungsgesellschaften, die sich auf die Betreuung des extrem kritischen Mittelstands spezialisiert haben. Anders als ein Konzernmanager, der nach unschönen Erfahrungen mit einem Consultant auch in Zukunft höchstwahrscheinlich nicht auf den Berater-Rat verzichten wird, machen in der mittelständischen Wirtschaft die Chefs in vergleichbaren Fällen auch schon mal die Luken dicht. „Ich kenne Kollegen", so erklärt etwa Edgar Weier, Geschäftsführer der Zeppelin-Technologie GmbH, „die setzen sich lieber nächtelang an den Schreibtisch, als einem Berater auch nur eine Mark zu geben."

Damit es soweit nicht kommt und das Vertrauen in die Dienstleistung Unternehmensberatung erhalten bleibt, haben etliche der mittelstandsorientierten Consulting-Firmen schon vor Jahren Maßnahmen erarbeitet, die einem potentiellen Kunden das Zugehen auf die Berater erleichtern sollen. Die Möglichkeit, Pauschalhonorare zu vereinbaren, gehört dazu genauso wie das genaue Aufschlüsseln jedes noch so kleinen Projektschritts.

Daß ein derartiges Vorgehen auch für die Verfechter der traditionellen Abrechnungsmethode von Vorteil ist, steht für DGM-Chef von Windau längst fest: „Wer mit dem für die Beratung immer wichtiger werdenden Mittelstand ins Geschäft kommen will, sollte nachvollziehbar Fairneß dokumentieren. Andernfalls ist ein Projekt mitunter schneller beendet, als dem Dienstleister lieb ist.“

Zeppelin-Mann Weier, selbst ein ehemaliger Consultant, hat im Umgang mit der Beraterzunft diese Konsequenzen bereits gezogen. „Ich erwarte von einem Consultant“, betont der Chef des Friedrichshafener Zulieferbetriebs für Luft- und Raumfahrttechnik, „daß jeder Rechnungsposten exakt belegbar ist, daß vereinbarte Honorargrenzen nicht überschritten werden, kurz gesagt, daß jederzeit eine vollständige Transparenz in puncto Leistung und Kosten gewährleistet ist.“

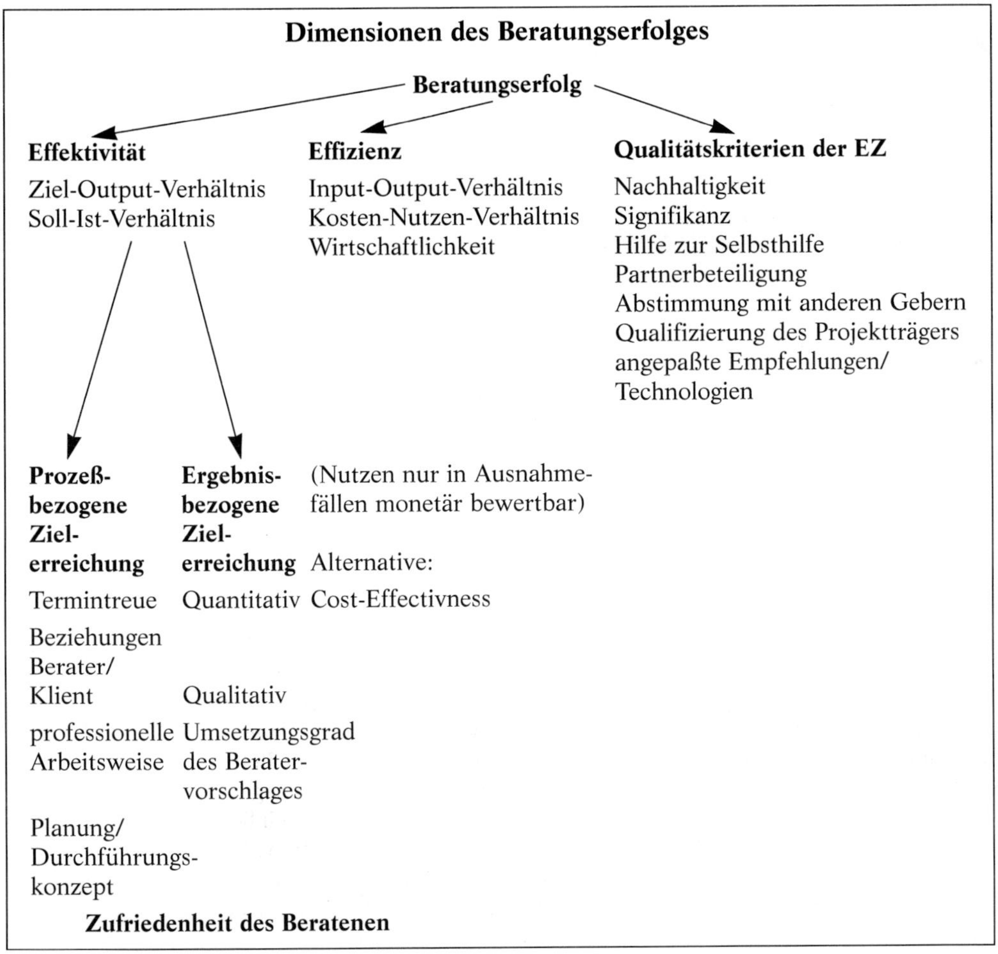

Übersicht: Steuerungsfunktionen eines Projekts

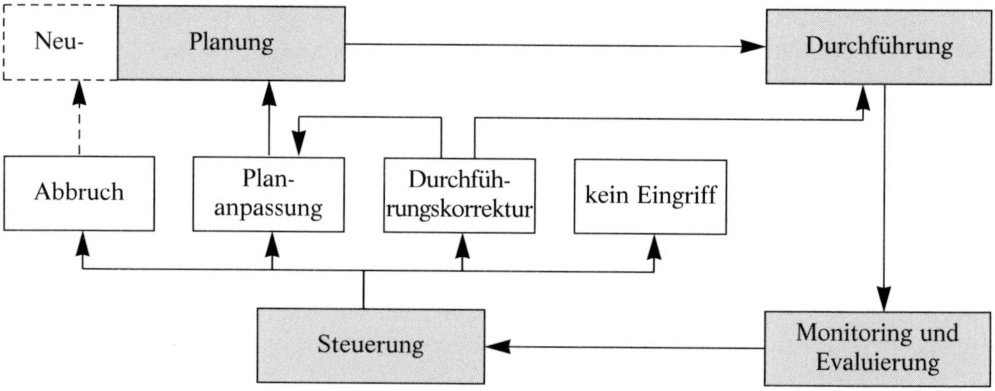

Prüfungsraster für Querschnittsevaluierungen

0. Zusammenfassung der wesentlichen Feststellungen und Empfehlungen
1. Projektrelevante Ausgangssituation, Rahmenbedingungen, Problemanalyse in den Ländern der Untersuchung
2. Analyse und Bewertung der Zielsetzung des Projektansatzes
3. Einordnung des Projektansatzes in komplementäre und konkurrierende Ansätze/Instrumente zur Lösung der oben definierten Problemstellung
4. Analyse und Bewertung der Wirksamkeit (Effektivität) des Projektansatzes
   a. Soll/Ist-Vergleich von Ziel, Ergebnissen und Maßnahmen der untersuchten Projekte. Zufriedenheit der Beratungsempfänger
   b. Analyse und Bewertung der Projektplanung (problemadäquat? Partnerbeteilung? etc.)
   c. Analyse und Bewertung der Projektdurchführung
   d. Analyse und Bewertung der Projektsteuerung durch die Durchführungsorganisation
   e. Ableitung der Erfolgsbedingungen
5. Analyse und Bewertung der Effizienz und Qualität des Projektansatzes unter Berücksichtigung komplementärer und alternativer Ansätze
   a. Angemessenheit der Kosten im Verhältnis zum erzielten Nutzen
   b. Nachhaltigkeit und Signifikanz des Projektansatzes
   c. Integration in andere Maßnahmen der deutschen Beratungshilfe
   d. Multiplikatoreffekte
   e. Ableitung der Erfolgsbedingungen
6. Empfehlungen und Schlußfolgerungen
7. Anhang

   Ergebnisse und Empfehlungen der Einzelprojektprüfungen

QEVAL.DOC

10 Welche Bedeutung hat die Unternehmensberatung im EG-Binnenmarkt und im internationalen Rahmen?

10.1 Das Berufsfeld des Beraters in der EG

Seit dem 1. Januar 1993 ist der Europäische Binnenmarkt mit über 370 Millionen Verbrauchern nun auch de jure in Kraft getreten. Neben dem freien Warenverkehr werden die Freiheiten des Dienstleistungs-, Personen- und Kapitalverkehrs hergestellt sein.

Der Wettbewerb unter den rund 13 Millionen kleinen und mittleren Unternehmen auf den europäischen und internationalen Märkten, aber auch auf dem nationalen Markt der Bundesrepublik Deutschland, wird sich zweifelsfrei verschärfen, steigende Anforderungen werden damit auf die kleinen und mittleren Unternehmen zukommen. Von daher wächst auch das Informationsbedürfnis der Unternehmen und ihrer Berater.

Durch die hohen Anforderungen im Binnenmarkt werden sich die Beratungs-Gesellschaften herauskristallisieren, die über ein internationales Netzwerk und über ein breites Spektrum an Beratungsleistungen verfügen.

Die nachfolgende Tabelle gibt einen Überblick über den Beratungsmarkt in Deutschland. Aufgelistet sind jeweils die größten international operierenden Beratungs-Unternehmen und die eher national operierenden Gesellschaften. Letztere verfügen meist nicht über ein internationales Netz von Zweigstellen. Das Beratungsspektrum wird sich jedoch im Binnenmarkt und in dem sich ja bereits abzeichnenden größeren Europäischen Wirtschaftsraum erweitern; eine entsprechende Konzentration und Fusion der Unternehmensberatungen – wie wir es aus anderen beratenden Berufen (z. B. Steuerberater) kennen – ist daher naheliegend.

Gleichzeitig wandelt sich auch das Berufsbild des Beraters. So kommt eine jüngst von der Universität Oldenburg vorgelegte Studie zu dem Ergebnis (vgl. Blick durch die Wirtschaft vom 10. 8. 1992), daß eine Festschreibung des Berufsbildes „Unternehmensberater" unbedingt nötig ist als Bestätigung eines Qualifikationsniveaus sowohl für die Kunden, als auch für die Berater selbst.

Von anderer Seite wird vorgeschlagen, daß die Aus- und Weiterbildung von Unternehmensberatern in der Grundlagenausbildung bei den Hochschulen liegen sollte (einheitliche Curricula). Daneben sollten dann freie Bildungsträger spezielle Weiterbildungsangebote bereithalten (s. Übersicht). Die Grundinhalte müssen dabei den höchsten, praxisnahen und internationalen Standards genügen (vgl. Niedereichholz 1993).

Am Beispiel des Steuerberaters sei kurz auf diese Problematik eingegangen. Der Unternehmer, der die Chancen des gemeinsamen Marktes nutzen möchte, hat nun nicht wie bisher nur Beratungsbedarf hinsichtlich der steuerlichen Auswirkungen innerhalb der Bundesrepublik Deutschland. Er ist bereits bei der Planung geschäftlicher Aktivitäten angewiesen auf eine qualifizierte Steuerberatung, die das Zusammenspiel von Besteuerung im EG-Mitgliedstaat und seines Heimatstaats in besonderem Maße berücksichtigt. Der Unterschied in den einzelnen Steuerberatungstätigkeiten in den einzelnen EG-Mitgliedstaaten ist offensichtlich. Lediglich in der Bundesrepublik Deutschland ist der Zugang zum Steuerberatungsberuf an gesetzlich festgelegte Qualifikationen gebunden. Ein gewisser Qualifikationsstandard wird garantiert durch diese Zulassungsbeschränkung, eine Kontrolle der Berufsausübung ist gesichert durch die Aufsicht der Kammern als berufsständische Körperschaften des öffentlichen Rechts auf der Grundlage gesetzlicher Bestimmungen und in Verbindung mit den Standesrichtlinien der Kammern. Eine Gewähr für den Unternehmer, qualifizierte Beratung zu erhalten, ist in diversen EG-Mitgliedsländern hingegen nur dadurch gegeben, daß Berufsverbände auf privater Basis bestimmte Aufnahmeregeln vorsehen. Insgesamt ist jedoch besonders die Transparenz für das Unternehmen erschwert, von wem es entsprechend qualifizierten Steuerrat erhält.

Die nachfolgende Auflistung möchte Ihnen einige Fragen aufzeigen, die der Binnenmarkt mit sich bringen kann und die gleichzeitig für Ihr Unternehmen neuen Beratungsbedarf bedeuten.

Übersicht:

Aus- und Weiterbildungsmöglichkeiten zum bzw. für Unternehmensberater bieten unter anderem an:

Bundesverband Deutscher Unternehmensberater, Friedrich-Wilhelm-Straße 2, 53113 Bonn, Tel. 02 28/23 80 55, Fax 02 28/23 06 25.

Deutsches Institut für Unternehmensberater, Bruchhäuserstraße 19, 69723 Schwetzingen, Tel. 0 62 02/47 58, Fax 0 62 02/2 45 64.

DBM Eutope, v. Rundstedt & Partner GmbH, Königsallee 70, 40212 Düsseldorf, Tel. 02 11/ 83 96 00, Fax 02 11/3 23 94 24.

TOP – Trainings-, Organisations- und Personalentwicklungsgesellschaft mbH, Pestelstraße 2, 66119 Saarbrücken, Tel. 06 81/95 45 40, Fax 06 81/9 54 54 54.

ICR Internationale Consulting und Rechenzentrum GmbH, Im Altenschemel 21, 67435 Neustadt an der Weinstraße, Tel. 0 63 27/3 90, Fax 063 27/3 91 68.

Dipl. rer. pol Carlheinz Neumann Marketing- und Management-Beratung, Schupfer Straße 92, 90482 Nürnberg, Tel. 09 11/50 17 48, Fax 09 11/50 37 09.

IFM Institut für Management-Beratung GmbH, Niederkasseler Straße 16, 40547 Düsseldorf, Tel. 02 11/58 80 51-53, Fax 02 11/58 91 79.

Dr. Rosenkranz, Beratungsgesellschaft mbH, Karlstraße 46, 80333 München, Tel. 0 89/59 52 21, Fax 0 89/5 50 42 02.

hr TEAM, Horst Rückle Team GmbH, Röhrerweg 7, 71032 Böblingen, Tel. 0 70 31/27 20 01 07, Fax 0 70 31/27 20 08.

10.2 Die ökonomischen Rahmenbedingungen des Binnenmarktes

Die Bedeutung der Klein- und Mittelbetriebe für die europäische Wirtschaft wird häufig unterschätzt. Betriebe mit weniger als 500 Beschäftigten stellen in den Ländern der Europäischen Gemeinschaft derzeit fast 70 Prozent der Arbeitsplätze und 99,8 Prozent der Gesamtzahl der Unternehmen. Auf Betriebe mit weniger als 100 Beschäftigten entfallen gegenwärtig rd. 60 Prozent der Beschäftigten und etwa 90 Prozent aller Unternehmen (Blick durch die Wirtschaft vom 7. 5. 1990).

Die folgende Übersicht zeigt Ihnen, welche gewaltigen ökonomischen Dimensionen – deren Kenntnis eine erfolgreiche Unternehmensstrategie voraussetzt – sich hinter dem Gebilde Binnenmarkt verbergen.

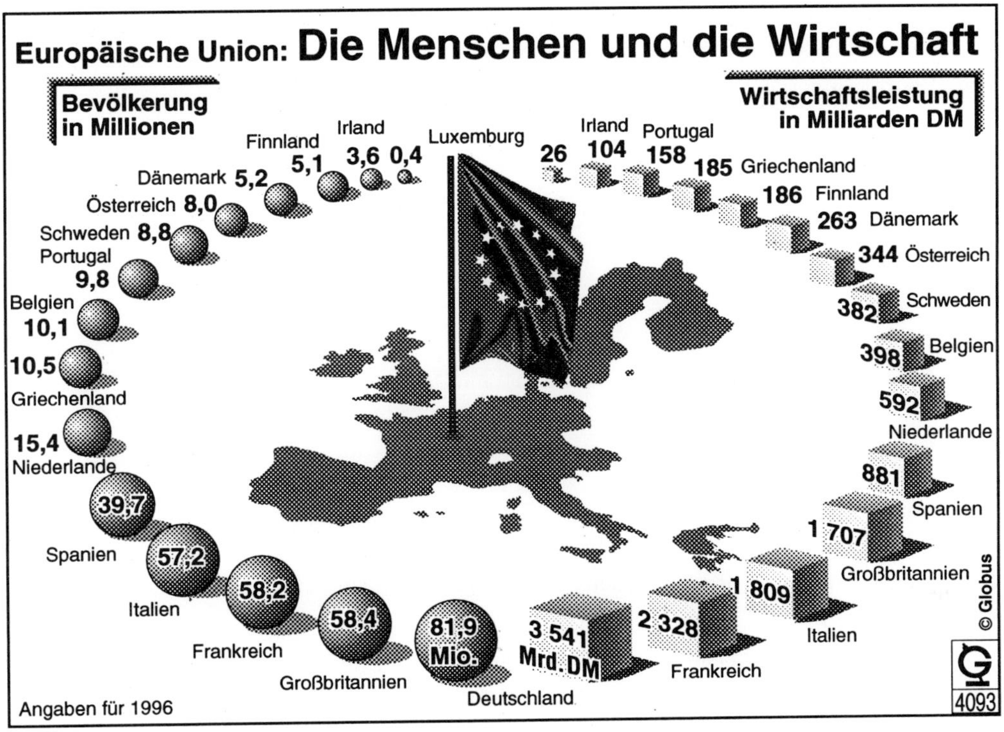

10.3 Fragen, die Sie sich jetzt stellen sollten

1. Allgemeine Grundsatzfragen

1.1 Aus welchen Ländern/von welchen Wettbewerbern drohen Ihnen in welchem Maße Gefährdungen für Ihre Position in Ihren angestammten Marktsegmenten?

1.2 In welchen Ländern sehen Sie besondere Chancen, Märkte zu erschließen – und verfügen Sie über die innerbetrieblichen Voraussetzungen, durch eine Euro-Strategie dort nachhaltige Wettbewerbsvorteile zu realisieren?

1.3 Welche Basis-Strategie verfolgen Sie: Nischen-Strategie oder Kostenführerschaft-Strategie?

2. Fragen zum Euro-Markt Bundesrepublik

2.1 Wie heißen die gegenwärtigen kaufentscheidenden Faktoren Ihrer Absatzmittler bzw. Endabnehmer auf dem deutschen Markt?

2.2 Wodurch können Sie sich heute nachhaltige Wettbewerbsvorteile auf den bedienten Märkten verschaffen?

2.3 Welche Veränderungen in Ihren Märkten und im Kaufverhalten können sich durch den Markteintritt ausländischer Anbieter ergeben?

2.4 In welchem Maße sind Ihre Inlands-Märkte gegen den Eintritt von ausländischen Anbietern geschützt?

2.5 Mit welchen Markteintritts-Strategien von ausländischen Anbietern (und mit welchen Konsequenzen für Ihr Unternehmen) rechnen Sie?

2.6 Wie werden sich die inländischen Wettbewerber bei einem Markt-Eintritt von ausländischen Anbietern verhalten – mit welchen Auswirkungen auf die Märkte und Positionen des Unternehmens?

2.7 Welche Stärken und welche Schwächen weist Ihr Unternehmen im Vergleich zu den gegenwärtigen inländischen und möglichen ausländischen Wettbewerbern auf?

2.8 Welche Voraussetzungen haben Sie, um sich – entsprechend den kaufbestimmenden Faktoren und den „Spiegelregeln" des Marktes – für die Zukunft dauerhafte Wettbewerbsvorteile zu schaffen und zu sichern?

2.9 Welche Möglichkeiten haben Sie, die sich mit der Europäisierung bietenden Gelegenheiten zu nutzen, um die inländische Wettbewerbsposition zu stärken?

2.10 Welche Voraussetzungen haben Sie, um allein – oder mit anderen – einen Markt-Eintritt von Auslandsanbietern abwehren zu können?

3. Fragen zu ausländischen Euro-Märkten

3.1 Welche Auslandsmärkte kommen für Ihr Unternehmen überhaupt in Betracht?

3.2 Wie heißen die gegenwärtigen kaufentscheidenden Faktoren Ihrer Absatzmittler bzw. Endabnehmer in den ausgesuchten Auslandsmärkten?

3.3 Wie groß ist dort das für Auslandsanbieter zugängliche Marktpotential?

3.4 Wodurch können Sie sich gegenwärtig als ausländischer Anbieter nachhaltige Wettbewerbsvorteile auf diesen Märkten erarbeiten?

3.5 In welchem Maße sind die einzelnen Auslandsmärkte gegen den Eintritt ausländischer Anbieter geschützt?

3.6 Mit welchen Eintritts-Strategien kann Ihr Unternehmen als ausländischer Anbieter in diese Märkte eindringen?

3.7 Mit welchen weiteren ausländischen Anbietern und deren Markteintritt rechnen Sie in der nächsten Zeit?

3.8 Wie werden sich die etablierten Wettbewerber bei einem Eintritt der ausländischen Anbieter verhalten – mit welchen Auswirkungen auf die Märkte und die mögliche Wettbewerbsposition Ihres Unternehmens?

3.9 Welche Notwendigkeiten bestehen, zur Absicherung Ihrer angestammten Geschäfte in den ausländischen Märkten verstärkt aktiv zu werden?

3.10 Welche Voraussetzungen haben Sie, um sich entsprechend den kaufentscheidenden Faktoren und den „Spielregeln" des Marktes für die Zukunft permanente Wettbewerbsvorteile zu schaffen und zu sichern?

3.11 Welche Wettbewerbspositionen können Sie bei einem Markteintritt bzw. bei einer Marktdurchdringung im Ausland – im Vergleich zu den etablierten Wettbewerbern – überhaupt erreichen?

3.12 Welche Voraussetzungen müssen Sie jetzt schaffen, um allein – oder mit anderen – den Eintritt in Auslandsmärkte realisieren zu können?

3.13 Welche strategischen Erfolgspotentiale sind für die Bearbeitung der Auslandsmärkte zukünftig besonders zu pflegen?

4. Übergreifende Fragestellungen

4.1 Wie sind die gegenwärtigen und die zukünftigen (Auslands-)Geschäftsfelder im Portfolio Ihres Unternehmens heute positioniert?

4.2 Welche Wachstums- und welche Ertragsaussichten ergeben sich aus dem Geschäftsportfolio für Ihr Unternehmen?

4.3 Wie entwickeln sich Ihre einzelnen Geschäftsfelder bei Beibehaltung der derzeitigen Strategie bzw. bei einer Veränderung Ihrer Strategie?

4.4 Sind die gegenwärtigen bzw. zukünftigen Strategien und Ressourcenzuteilungen geeignet, die Erfolgspotentiale Ihrer Geschäftsfelder auszuschöpfen?

5. Fragen zur Marktposition von morgen

5.1 Auf welchen Märkten wird Ihr Unternehmen mit welchen Produkten beispielsweise im Jahre 1995 tätig sein?

5.2 Wie wird sich das Geschäftsvolumen 1995 auf die einzelnen Produkt/Markt-Felder verteilen?

5.3 Über welche Vertriebswege werden Sie 1995 Ihre Märkte bedienen?

5.4 Auf welche Glieder Ihrer betrieblichen Leistungskette werden Sie 1995 besondere Schwerpunkte legen?

5.5 Welche Synergiebeziehungen innerhalb Ihres Unternehmens werden Sie 1995 besonders pflegen?

5.6 Welche „neuen“ Geschäfte werden Sie bis 1995 hinzunehmen?

10.4 EG-Beratungsstellen für Unternehmen – Euroschalter, BC-Net, Datenbanken

Zur Unterstützung der mittelständischen Unternehmen im europäischen Binnenmarkt hat das Bundesministerium für Wirtschaft das Euro-Fitness-Programm aufgelegt. Sein Ziel ist es, kleine und mittlere Unternehmen (KMU), die nicht über eigene Stabsabteilungen und ausreichende Auslandserfahrungen verfügen, bei der Informationsbeschaffung und der Entscheidungsfindung zu unterstützen.

Euro-Fitness-Programm

Das Euro-Fitness-Programm umfaßt neben Informationshilfen Beratungs- und Schulungsmaßnahmen.

Durch Förderung von individuellen freiberuflichen Unternehmensberatungen sowie Schulungs- und Informationsveranstaltungen sollen die Voraussetzungen der mittelständischen Wirtschaft für ein stärkeres Binnenmarktengagement verbessert sowie ihre Leistungs- und Wettbewerbsfähigkeit auf dem europäischen Binnenmarkt gestärkt werden. Beide Maßnahmen ergänzen und verstärken die bisher bestehenden Fördermöglichkeiten kleiner und mittlerer Unternehmen zur Leistungssteigerung um europaspezifische Problemstellungen.

Anträge auf Gewährung eines Zuschusses zu den Beratungskosten sind nach Abschluß der Beratung bei einer vom Bundesminister für Wirtschaft zugelassenen Leitstelle durch den

Antragsteller einzureichen. Die Richtlinie vom 19. 12. 1991 zur Förderung von Unternehmensberatungen befindet sich im Anhang (auch zu beziehen beim Bundesamt für Wirtschaft, Frankfurter Straße 29–31, 65760 Eschborn/Ts. oder bei der Bundesanzeiger Verlagsges. mbH, Postfach 10 80 06, 50667 Köln, Tel.: 02 21/20 29-0).

Die Zuschußanträge für die Förderung von Schulungs- und Informationsveranstaltungen der gewerblichen Wirtschaft sind bei einer in der Richtlinie (Richtlinie vom 18. Juli 1989, veröffentlicht im Bundesanzeiger vom 1. 8. 1989) angegebenen Leitstellen einzureichen. Für Maßnahmen zugunsten der Freien Berufe sind Anträge an das Bundesamt für Wirtschaft als Bewilligungsbehörde zu richten.

Mit der Unterstützung zur Erstellung von Branchen- und Marktstrukturuntersuchungen über die Märkte in Europa soll die Beschaffung des notwendigen Orientierungswissens der mittelständischen Wirtschaft für die Erschließung neuer Marktmöglichkeiten und Kooperationspartner in den anderen europäischen Staaten erleichtert werden. Dazu können Zuwendungen für branchen- und ziellandorientierte Spezialuntersuchungen z. B. über die Verfassung einzelner Märkte, über die Verbraucher- und Abnehmergewohnheiten sowie die Produktions- und Kooperationsbedingungen in EG- und EFTA-Ländern gewährt werden.

Die Initiative zu diesen Untersuchungen soll von den Selbsthilfeeinrichtungen und Zusammenschlüssen der interessierten Fachbereiche der Wirtschaft ausgehen.

Die Förderung besteht in der Gewährung eines Zuschusses zu den förderfähigen Bearbeitungskosten der Studien (Personal-, Reise- und Sachkosten ohne Druckkosten).

Antragsformulare zur Förderung von Branchen- und Marktstrukturuntersuchungen sind beim Bundeswirtschaftsministerium, Referat II A 1, Postfach, 53123 Bonn, erhältlich.

Euro-Telefon des BMWI

Der Europäische Binnenmarkt wirft Fragen über Fragen auf. Erste Antworten und Anregungen erhalten Interessenten durch einen Anruf beim Euro-Telefon des Bundesministeriums für Wirtschaft.

Kundige Mitarbeiter beantworten persönlich Ihre Fragen zum EG-Binnenmarkt. Zum Nulltarif in Bonn unter 01 30 85-19 92. Wochentags von 9.00 bis 18.00 Uhr, donnerstags am Dienstleistungsabend bis 20.30 Uhr.

Das Euro-Telefon soll vor allem mittelständischen Betrieben und Freien Berufen als Orientierungshilfe und Wegweiser zu Informationsquellen dienen. Auf Wunsch wird Anrufern auch Informationsmaterial zu Einzelfragen des Europäischen Binnenmarktes zugesandt.

EG-Beratungsstellen

Die EG-Kommission hat speziell zur Unterstützung kleiner und mittlerer Unternehmen ein europaweites Netz von EG-Beratungsstellen für Unternehmen (Euro-Info-Centren) eingerichtet.

Die wichtigsten Aufgaben der EG-Beratungsstellen:

- Beantwortung von Anfragen der Unternehmen zur Tätigkeit der Gemeinschaft.
- Beratung der Unternehmen durch Experten.
- Unterstützung bei Anträgen auf Fördermittel und öffentliche Ausschreibungen in der EG.
- Vermittlung grenzüberschreitender Kooperationen.
- Weiterleitung von Beschwerden benachteiligter Unternehmen an die EG-Kommission.
- Informationen über EG-Gesetzgebung, Fragen der Binnenmarkt-Integration, technische

Regelungen und Normung, sozialpolitische Maßnahmen, EG-Förderprogramme, Marktdaten der EG-Länder.

- Durchführung spezieller Aktionen für Unternehmen wie z. B. Messen, Börsen und Seminare.

Hierzu ein Kurzverzeichnis der Euro-Info-Centren:

EG-Beratungsstellen der alten Bundesländer

- Industrie- und Handelskammer zu Aachen, Euro Info Centre, Theaterstraße 6–8, Postfach 650, 52062 Aachen, Frank Malis, Tel.: 02 41/43 82 23, Telefax: 02 41/43 82 59
- D.I.H.T. (Deutscher Industrie- und Handelstag) – EG-Beratungsstelle für Unternehmen, Adenauerallee 148, Postfach 14 46, 53113 Bonn, Ellen Oesterreich, Tel.: 02 28/10 46 21/2, Telefax: 02 28/10 41 58
- D.H.K.T. (Deutscher Handwerkskammertag) – EG-Beratungsstelle für Unternehmer, Haus des Deutschen Handwerks, Johanniterstraße 1, 53113 Bonn, Klauspeter Zanzig, Tel.: 02 28/54 52 11/76, Telefax: 02 28/54 52 05
- Bundesverband der Deutschen Volksbanken und Raiffeisenbanken, Genossenschaftliche EG Beratungs- und Informationsgesellschaft GEBI mbH, Rheinweg 67, 53129 Bonn, Ivo-Michael Zscherlich, Tel.: 02 28/23 75 44, Telefax: 02 28/23 75 48
- EG-Beratungsstelle für Unternehmen beim Deutschen Sparkassen- und Giroverband, Simrockstraße 4, 53113 Bonn, Heinz Breier, Tel.: 02 28/20 43 19/23, Telefax: 02 28/20 47 25
- Omnibera Wirtschafts-Beratungsgesellschaft, Coburger Straße 1C, 53113 Bonn, Michael Fey, Tel.: 02 28/23 80 78, Telefax: 02 28/23 39 22
- BAO – Berlin-Marketing Service GmbH, ERIC-Berlin / offizielle EG-Beratungsstelle für Unternehmen, Hardenbergstraße 16–18, 10623 Berlin, Monika Schulz-Strelow, Tel.: 0 30/31 51 02 40/1, Telefax: 0 30/31 51 03 16
- Deutsches Informationszentrum für Technische Regeln (DITR) im DIN e.V., Euro Info Centre, Burggrafenstraße 6, Postfach 11 07, 10772 Berlin, Horst-Werner Marschall, Tel.: 0 30/26 01 26 05, Telefax: 0 30/26 28 125
- Stadt Bielefeld, Euro Info Centre, Niederwall 23, Postfach 1 81, 33602 Bielefeld, Berend-Jan Waterböhr, Tel.: 05 21/51 67 02, Telefax: 05 21/51 22 26/33 85
- VDI/VDE Technologiezentrum Informations-Technik GmbH, EG-Beratungsstelle für Unternehmen, Geschäftsstelle Bremen, Hanseatenhof 8, 28195 Bremen, Dr. Klaus Lenz, Tel.: 04 21/17 55 55, Telefax: 04 21/17 16 86
- Gesellschaft für Wirtschaftsförderung Nordrhein-Westfalen mbH, Euro Info Centre, Kavalleriestraße 8–10, Postfach 20 03 09, 40213 Düsseldorf, Elisabeth Altekoster, Tel.: 02 11/13 00 00, Telefax: 02 11/1 30 00 64
- R.K.W. (Rationalisierungs-Kuratorium der Deutschen Wirtschaft), EG-Beratungsstelle für Unternehmen, Heilwigstraße 33, 20249 Hamburg, Gerhard Menz, Tel.: 0 40/46 02 087, Telefax: 0 40/48 20 32
- NATI GmbH / Niedersächsische Agentur für Technologietransfer und Innovation, Euro Info Centre, Vahrenwalderstraße 7, 30165 Hannover, Christiane Fröchtling, Tel.: 05 11/93 57 120/21, Telefax: 05 11/93 57 439
- Investitionsbank Schleswig-Holstein, RKW Schleswig-Holstein, EG-Beratungsstelle EIC, Fleethörn 29–31, Postfach 11 28, 24103 Kiel, Kurt Puls, Tel.: 04 31/9 00 32 70, Telefax: 04 31/9 00 32 07

- Bundesstelle für Außenhandels-Information (BFAI), Euro Info Centre, Agrippastraße 87–93, Postfach 10 80 07, 50676 Köln, Wolfgang Müller, Tel.: 02 21/2 05 72 70, Telefax: 02 21/ 2 05 72 12
- EBZ – Europäisches Beratungs-Zentrum der Deutschen Wirtschaft, Gustav-Heinemann-Ufer 84–88, 50968 Köln, Jutta Zemke-Heyl, Tel.: 02 21/3 70 86 21, Telefax: 02 21/3 70 88 40
- Industrie- und Handelskammer Südlicher Oberrhein, Euro Info Centre, Lotzbeckstraße 31, 77933 Lahr, Petra Steck, Tel.: 0 78 21/19 92, Telefax: 0 78 21/27 03 22
- Zenit (Zentrum in Nordrhein-Westfalen für Innovation und Technik GmbH), EG-Beratungsstelle für Unternehmen, Dohne 54, 45468 Mülheim/Ruhr, Hannelore Kraft, Tel.: 02 08/3 00 43 31, Telefax: 02 08/3 00 04 29
- Industrie- und Handelskammer für München und Oberbayern, EG-Beratungsstelle für Unternehmen, Max-Joseph-Straße 2, Postfach, 80333 München, Susanne Weiss, Tel.: 0 89/ 5 11 62 09, Telefax: 0 89/5 11 64 65
- Deutsche Gesellschaft für Mittelstandsberatung mbH, Euro Info Centre, Arabellastraße 1, 81925 München, Peter von Windau, Tel.: 0 89/9 26 96 80, Telefax: 0 89/92 69 68 39; Emanuel-Leutze-Straße 4, 40547 Düsseldorf, Tel.: 02 11/5 36 40, Telefax: 02 11/5 36 41 50
- Landesgewerbeanstalt Bayern, OTTI/WETTI/LGA, Euro Info Centre, Karolinenstraße 45, 90402 Nürnberg, Monika Bias, Tel.: 09 11/2 32 05 17, Telefax: 09 11/2 32 05 11
- Landkreis Osnabrück, Amt für Wirtschaftsförderung, Am Schölerberg 1, 49082 Osnabrück, Günter Dinkelmann, Tel.: 05 41/5 01 31 04, Telefax: 05 41/5 01 31 30
- Industrie- und Handelskammer Regensburg, EG-Beratungsstelle für Unternehmen, Dr.-Martin-Luther-Straße 12, Postfach 11 03 55, 93047 Regensburg, Franz Knott, Tel.: 09 41/ 5 69 42 35, Telefax: 09 41/5 69 42 79
- Zentrale für Produktivität und Technologie Saar e.V., Euro Info Centre, Franz-Josef-Röder-Straße 9, Postfach 1 63, 66119 Saarbrücken, Gerd Martin, Tel.: 06 81/9 52 04 50/1/2/5, Telefax: 06 81/5 84 61 25
- R.K.W. Rationalisierungs-Kuratorium der Deutschen Wirtschaft/Landesgruppe Baden-Württemberg, Euro Info Centre, Königstraße 49, 70173 Stuttgart, Dr. Albrecht Fridrich, Tel.: 07 11/2 29 98-0, Telefax: 07 11/2 29 98 10
- Handwerkskammer Stuttgart, EG-Beratungsstelle für Unternehmer, Heilbronner Straße 43, Postfach 10 21 55, 70191 Stuttgart, Jürgen Schäfer, Tel.: 07 11/1 65 72 80/2 52, Telefax: 07 11/1 65 72 22
- Industrie- und Handelskammer Trier/Handwerkskammer Trier, Euro Info Centre Trier, c/o Technologie-Zentrum Trier, Gottbillstraße 34A, 54294 Trier, Lothar Philippi, Tel.: 06 51/ 19 92, Telefax: 06 51/8 10 09 19
- Hessische Landesentwicklungs- und Treuhandgesellschaft mbH, Euro Info Centre, Abraham-Lincoln-Straße 38–42, Postfach 31 07, 65189 Wiesbaden, Hans Joachim Werner, Tel.: 06 11/ 77 42 87, Telefax: 06 11/77 42 65

Beratungsstellen für Unternehmen in den fünf neuen Bundesländern

- Eric Berlin, Berliner Absatz-Organisation GmbH BAO/IHK, Hardenbergstraße 16–18, 10623 Berlin, Telefon: 0 30/31 51 00; 0 30/31 51 02 40; 0 30/31 51 02 41, Telefax: 0 30/ 31 51 03 16, Telex: 183 663; Leitung: Monika Schulz-Strelow; Ansprechpartnerin: Monika Schulz-Strelow

- Deutsche Gesellschaft für Mittelstandsberatung mbH, Zwinglistraße 36, 01277 Dresden, Tel.: 03 51/2 39 11 69/81, Telefax: 03 51/2 30 10 03; Leitung: Wolfgang Hermann; Ansprechpartnerin: Karin Gewecke
- Hessische Landesbank, Girozentrale, Postfach 167, Am Anger 12, 99094 Erfurt, Tel.: 03 61/2 47 98; Telefax: 03 61/2 45 65; Leitung: Sabine Jänichen; Ansprechpartnerin: Christine Kratzke, Undine Böttger
- Industrie- und Handelskammer Frankfurt/Oder, Postfach 343, Humboldtstraße 3, 15230 Frankfurt/Oder, Tel.: 03 35/2 38 63; Telefax: 03 35/32 54 92; Leitung: Manfred Dorge; Ansprechpartnerin: Britta Bayer
- Industrie- und Handelskammer Leipzig, Goertelerring 5, 04109 Leipzig, Tel.: 03 41/7 15 31 41; Telefax: 03 41/7 15 34 21; Leitung: Christa Friedrich
- Handwerkskammer Magdeburg, Postfach 1729, Humboldtstraße 16, 39112 Magdeburg, Tel.: 03 91/5 61 91 61; Telefax: 03 91/5 61 91 62; Leitung: Heinz-Dieter Dömland; Ansprechpartner: Heiko Paelecke
- Wirtschaftsförderung Brandenburg GmbH, Am Lehnitzsee, 14476 Neufahrland-Polux, Tel.: 03 31/2 35 81; Telefax: 03 31/2 35 82; Leitung: Burghard Wilcke; Ansprechpartnerin: Anne Schierloh
- Industrie- und Handelskammer Rostock, Ernst-Barlach-Straße 7, 18005 Rostock, Tel.: 03 81/3 75 01; Telefax: 03 81/4 59 11 56; Telex: 31 123 IHKRO dd; Leitung: Dr. Dieter Pfliegendörfer; Ansprechpartner: Dr. Willi Deiß

BC-Net

Ein weiteres Instrument zur Förderung des Binnenmarktes, an das auch die Euro-Schalter angeschlossen sind, ist das „Business Cooperation Network (BC-Net)", ein EG-Beratungsnetz, das die grenzüberschreitende Kooperation zwischen Unternehmen fördern soll. Durch stärkere Zusammenarbeit einzelner Unternehmen der verschiedenen EG-Länder soll mittels gegenseitiger Ergänzung, durch Austausch oder Lieferung von Know-how, Fachkräften, Lizenzen oder Teilprodukten eine höhere Produktivität und Wettbewerbsfähigkeit dieser Unternehmen erreicht werden. Angestrebt wird damit eine engere Verknüpfung des europäischen Wirtschaftsgefüges, aber auch eine Eingliederung und Förderung schwacher Wirtschaftszweige und -gebiete.

BC-Net-Berater	**Ansprechpartner**
Region Hamburg	
Technologie Beratungs-Zentrum	Joachen Fahrenkrug 040-331186
HIT-Hamburg Institut für Technologie	Nina Engmann 040-7924041
Region Niedersachsen	
B. und B. Unternehmensberatung GmbH, Oldenburg	Gerhard Ekkenga 0441-26342
IHK Hannover-Hildesheim, Hannover	Dr. Horst Schrage 0511-3107374

BC-Net-Berater	Ansprechpartner
Technologie-Centrum Hannover GmbH, Hannover	Giso Gillner 0511-3563110
Hager & Hager, Hannover	Bernd Hager 0511-445051/52
TMT Technologie-Marketingstransfer, Burgdorf	Harald Emmé 05085-1331
KEG Unternehmens- und Wirtschafts-Beratungs-GmbH, Wolfsburg	Detlef Kretschmer 05363-2197
Technologie Informationszentrum Göttingen GmbH, Göttingen	Isolde Peinemann 0551-44982
Bernd Walkenfort & Partner, Heek-Nienborg	Bernd Walkenfort 02568-1805
Landkreis Osnabrück	Herr Dinkelmann 0541-501-3104
Region Bremen	
Handelskammer Bremen	Gerd Neubauer 0421-3637230
Unternehmensberatung Sudmann, Oldenburg	Dieter Meyer 0441-501070
Region Nordrhein-Westfalen	
Politec-W. L. Poley, Dorsten	W. Leonhard Poley 02362-23286
Zenit GmbH, Mülheim a.d.R.	Peter Wolfmeyer 0208-3000431
Experteam GmbH, Dortmund	Johannes Funke 0231-7546400
Sofredex GmbH, Köln	Yves Jambert 0221-496061
Helmut Erlenkötter GmbH, Bergheim	Wolfgang Jansen 0227-191633
DWI Deutsches Wollforschungsinstitut, Aachen	Prof. Dr. rer. nat. Hartwig Höcker 0241/39921/22
Deutscher Industrie- und Handelstag DIHT, Bonn	Hans-Hermann Jürgensmann 0228-104536
BDU, Bonn	Alexander Bojanowsky 0228-238055
Märkische Wirtschaftsberatung GmbH, Herscheid	Alfred Müller 02357-3022

BC-Net-Berater	Ansprechpartner
Region Hessen	
VDI/VDE Technologiezentrum Informations GmbH, Kassel	Marion Messer 0561-71597
Integration – Gesellschaft für industrielle Cooperation mbH, Frankfurt	Christian Beckert 069-290121
RKW, Eschborn	Dr. Herbert Müller 06196-4951
Deutsche Ges. f. Technische Zusammenarbeit GTZ, Eschborn	Thomas Ulrich 06196-79-0
Dr. Günther Müller Unternehmensberatung, Königstein/Ts.	Dr. Günther Müller 06174-5175
Copa Consultants, Bad Homburg	Dr. Peter Woesner 06172-3004124
Region Rheinland-Pfalz	
Gesellschaft für Engineering und Consulting mbH – GEC, Koblenz	Dipl.-Ing. Geerd Dettmers 0261-17426
IPG International Planning Group, Mainz-Kostheim	Dr. Hans Joachim Huf 06134-6307970
Region Baden-Württemberg	
IHK Technologieberatung Rhein-Neckar, Heidelberg	Gerhard Gumbel 06221-901790-92
Klingler & Deuble & Partner, Unternehmensberatung BDU, Ebersbach/Fils	Werner Klingler 07163-3603
TPO Technologiepark Offenburg GmbH, Offenburg	Dr. Dieter Schumacher 0781-38318
Moser und Partner Techn. Unternehmensberatung, Gengenbach	Robert Moser 07803-2054
Technologie-Zentrum Freiburg GmbH, Freiburg	Dr. Andreas Krommer 0761-404800
Region Bayern	
Ingenieurbüro Dorsch, München	Heinrich Dorsch 089/473080
Ostbayer. Technologie-Transfer Institut e.V. (OTTI), Regensburg	Josef Willi 0941-58273/74
Landesgewerbeanstalt Bayern, Nürnberg	Dr. Helmut Matter 0911-232050
Wirtschafts- und Finanz-Treuhand GmbH, Nürnberg	Ludwig Haimerl 0911-540404

BC-Net-Berater	**Ansprechpartner**
Ingenieurbüro Walter A. Rellig, Bad Kissingen	Doris Frisch 0971-2033
Region Saarland	
Ernst Hirschhauser, Saarbrücken	Ernst Hirschhauser 0681-508282
Ges. f. Wirtschaftsförderung Saar GmbH, Saarbrücken	Norbert Breuer 0681-687990
Region Berlin	
Technologie Vermittlungs-Agentur e.V., Berlin	Dr. Jürgen Bohm 030-210003-47

Mergers & Acquisitions · Anlaufstellen für übernahmewillige Unternehmen

Bank oder Niederlassung	**Ansprechpartner**
Baden-Württembergische Bank, Stuttgart	Klaus Winkler 0711-20940
Südwestdeutsche Landesbank – Girozentrale, Mannheim	Dr. Martin Lauf 0621-4280
Bankers Trust Frankfurt, Kontakt in Frankfurt: 069-71321	M & A London Colin Keer 0044-17264141
Bayerische Hypotheken- u. Wechselbank, München	Herbert Schroder 089-9244-3899
Bayerische Vereinsbank, München	Dr. Ekkehard Bollinger 089-21325640 Auslandskontakt: Hambros Bank Ltd., London
Citibank AG, Frankfurt	Ronald J. Bird 069-13660
Commerzbank, Frankfurt	Gerhard Hablizel 069-13622809
DB Consult GmbH Deutsche Bank, Frankfurt	Dr. Bodo Fuchs 069-720991
DG Bank, Frankfurt	Corporate Finance Georg Mangold 069-7447-1559
Dresdner Bank, Frankfurt	Dr. Dietrich Landes 069-263074

Bank oder Niederlassung	**Ansprechpartner**
Frankfurt Consult GmbH (BHF Bank), Frankfurt	Dr. Olav Klein 069-718-3390
Hauck & Partner Consult GmbH, Frankfurt	Ulrich Gehrlein H. van Roosendaal 069-284147/48/49
Industriekredit Bank, Düsseldorf	Bruckhard Richers 0221-8221-666
Manufacturers Hannover Bank, Frankfurt	Dr. Peter E. Horn 069-7130-295
Ermgassen & Co., London	Olav Ermgassen Hermann Andreas 00441-2833742
Merck, Fink & Co., Düsseldorf	Dr. Karl-Albrecht Schade 0211-82290
Merrill Lynch, Frankfurt	Alfred Apponiy 069-29940
Morgan Stanley, Frankfurt	Siegfried Drüker 069-15206150
Paribas, Frankfurt	Dr. Hans Bokermann 069-299090
Salomon Brothers, Frankfurt	Frank F. Beelitz 069-26070
Schweizerischer Bankverein (Deutschland) AG, Frankfurt	F.-W. Wentrot 069-71401602
Shearson Lehman Hutton, Frankfurt	Hendrik Borggreve 069-25609102
SKA/CSFB, Frankfurt	Friedrich Hoyos 069-2691-0
Trinkhaus & Burckhardt, Düsseldorf	Hans Döbereiner 0211-831-2349 Auslandskontakt: Samuel Montagu & Co. Ltd., London
Vontobel Holding AG, Zürich	Hans F. Vögeli 0041-3630102
WestLB Mergers & Acquisition, Düsseldorf	Dr. Hans Dahm 0211-826-2675

Makler und Unternehmensberater	
Interfinanz, Düsseldorf	Prof. Dr. Carl Zimmerer 0211-168020
Angermann Consult, Hamburg	Dr. Rolf Steffens 040-361207-42
A. T. Kearney, München	Dr. Fritz Kröger 089-2900680
Mandatus GmbH, München (Bankhaus Delbrück & Co.)	Graf von Spiegel Dr. Schmitz 089-395011

Die wichtigsten EG-Datenbanken und -Hosts

Über eine Vielzahl europäischer Datenbanken können – teilweise branchenbezogen – Informationen über Gemeinschaftsrecht, EG-Fördermaßnahmen, Ausschreibungen, Forschungsprogramme, Kooperationsmöglichkeiten etc. bezogen werden.

Die verschiedenen Datenbanken werden von Dienstleistungsunternehmen oder Behörden, die das „Produkt Information" verkaufen oder zur Verfügung stellen, über Großrechner (Hosts) angeboten. Die meisten Hosts verfügen über mehrere Datenbanken, manche Datenbanken werden aber auch über verschiedene Hosts angeboten.

Es gibt unterschiedliche Möglichkeiten, sich der Datenbanken zu bedienen:

- Mit einem PC, einer geeigneten Software und einem Modem zur Datenfernübertragung (über Datex-P) können Informationen von der Datenbank direkt (online) abgefragt werden.
- Unternehmensberater können von interessierten Firmen beauftragt werden, in einer Datenbank zu recherchieren.
- Bei einigen Hosts ist ein Recherchedienst eingerichtet, der Anfragen bearbeitet.
- Die Euro-Schalter sind an einige der wichtigsten Datenbanken angeschlossen. Die Berater sind u. U. bereit (wegen einzelner Informationen), in den Datenbanken zu recherchieren.

Adressen und Inhalt

Datenbank	Inhalt	Hosts	Bemerkungen
Ted	Ausschreibungen der öffentl. Hand aus der EG und anderen Ländern (elektronische Ausgabe des Amtsblattes „S" der EG für amtl. Veröffentlichungen)	Echo Kundenbetreuung, B.P. 2373, L-1023 Luxembourg, Tel. (352) 488041	Kosten: ca. 50 DM pro Stunde; Euroschalter haben Anschluß
Celex	Gesetzgebung der EG; Rechtsprechung des Europäischen Gerichtshofs	Eurobases Kommission der EG, Rue de la Loi 200, B-1049 Brüssel, Tel. (32-2) 2350001/03	Kosten: ca. 200 DM; Euroschalter haben Anschluß

Datenbank	Inhalt	Hosts	Bemerkungen
Scad	Rechtsakte, Dokumente und Veröffentlichungen der Europäischen Institutionen, Zeitschriftenartikel über die EG	Eurobases (s. o.)	Kosten: ca. 100 DM; Euroschalter haben Anschluß
Brokersguide	Beschreibungen von Informationsvermittlungsunternehmen und öffentlichen Stellen, die Datenbankrecherchen durchführen	Echo (s. o.)	gebührenfrei
Eabs	Arbeitsberichte und Forschungsergebnisse von Projekten, die die EG finanziert; neue Technologien	Echo (s. o.)	Anschluß gebührenfrei; jedoch direkte ON-line-Bestellung gegen Berechnung der Dokumente; Euroschalter haben Anschluß
Business	Internationale Datenbank für Geschäftsverbindungen in Forschung, Marketing und Vertrieb sowie Anbahnung zwischenbetriebl. Kooperation	GENIOS, Am Graf-Adolphs-Platz 6, 40002 Düsseldorf, Postfach 10 11 02, Tel. 02 11/88 70	

Presse- und Informationsbüros der EG-Kommission

Die Presse- und Informationsbüros der EG-Kommission in der Bundesrepublik geben Informationsmaterial an die Presse weiter und beantworten Anfragen aus der Öffentlichkeit zum Thema EG.

Rechtsakte, Berichte, Ausschreibungen und Pressemitteilungen der EG sind bei ihnen dokumentiert. Anfragen werden persönlich, schriftlich, telefonisch, über BTX und über Telefax beantwortet.

Adressen der Büros

53113 Bonn
Zitelmannstraße 22
Tel. 02 28/53 00 90
Telefax 5 30 09 50
telex 886648
BTX * 32323 #

10711 Berlin
Kurfürstendamm 102
Tel. 0 30/8 92 40 28
Telefax 8 92 20 59
telex 184015

80331 München
Erhardtstraße 27
Tel. 0 89/2 02 10 11
Telefax 2 02 10 15
telex 5218135

Alle kostenpflichtigen Veröffentlichungen, auch das Amtsblatt der EG, sind beim

Verlag Bundesanzeiger
Postfach 10 80 06
50667 Köln
Tel. 02 21/2 02 90

erhältlich.

EG-Beihilfen, Darlehen und Programme

Seit langem bietet die Europäische Gemeinschaft Programme zur wirtschaftlichen Unterstützung der Betriebe wie Darlehen, Beihilfen und Maßnahmen zur wirtschaftlichen Förderung, die Ihnen als Leiter oder führendem Mitarbeiter eines kleinen oder mittleren Betriebs (weniger als 500 Arbeitnehmer) vielleicht noch unbekannt sind. Informieren Sie sich bei Ihrem Branchenverband, welche Programme für Sie in Frage kommen, oder bei den EG-Beratungsstellen für Unternehmer oder bei der EG-Kommission, damit Sie später nicht das Gefühl haben müssen, etwas versäumt zu haben.

Strategische Allianzen

Fachberater richtig vermitteln und einsetzen

Strategische Allianzen mit Kooperationspartnern sind zum einen ein Weg speziell für den steuerberatenden Berufsstand, der zunehmenden Internationalisierung gerecht zu werden. Zum zweiten zwingt die Dynamik der Märkte, in denen sich die Mandantenunternehmen bewegen, zur Zusammenarbeit mit Fachberatern „benachbarter" Berufe.

Weniger im globalen Kontext sehen sich die Vertreter der ca. 46 000 deutschen Steuerberater. „Wir sind erst dabei, zu sondieren, welches Berufsbild im Ausland dem unseren entspricht", so Dr. Axel Pestke, Hauptgeschäftsführer des Deutschen Steuerberaterverbandes. In einigen EU-Staaten sei der Beruf gar nicht reglementiert, oder Teilaufgaben würden anderen Berufsgruppen zugeordnet. Im übrigen seien die Wanderungsbewegungen auch bei den Steuerberatern nicht nennenswert, und „die Praxis behilft sich mit Kooperationspartnern". Bei einer derartigen Vorgehensweise sprechen wir im folgenden von „strategischen Allianzen"; ein Begriff, der in Zeiten zunehmender Globalisierung der Wirtschaftsaktivitäten durch entsprechende Maßnahmen von Unternehmen, die zunächst und einzeln betrachtet auf den Märkten als Konkurrenten auftauchen, gekennzeichnet ist.

Welches sind nun die Hauptmotive einer derartig langfristig angelegten Strategie? Zunächst muß konstatiert werden, daß der riesige Markt der Beratungsbranche Hochkonjunktur hat. Dies verwundert nicht bei den gegenwärtigen Themen, die sich um „Lean Management", „Reengineering", „Outsourcing" und ähnliche Fragestellungen ranken.

Das in den letzten Jahren beobachtbare starke Anwachsen des Bedarfs an Beratungsleistungen hat dabei sehr unterschiedliche Ursachen. Ein Ursachenkomplex ist darin zu sehen, daß die zunehmende Komplexität und Dynamik auf den Märkten, das wachsende Tempo der technischen Entwicklung und das Zusammenwachsen von bisher getrennten Technologiebereichen (Informations-, Kommunikations-, Fertigungs-, Bürotechnologien) einen zunehmenden Bedarf an Spezialistenkönnen und an schneller Reaktion des Management auslösen. Für Aufgabenstellungen, die nicht regelmäßig wiederkehren und für deren Bearbeitung Spezialkenntnisse und besondere Fähigkeiten erforderlich sind, ist es wirtschaftlich häufig wenig sinnvoll, die Spezialisten vor Ort vorzuhalten. Das Engagieren von Beratern stellt dann nicht selten die einzige Möglichkeit dar, anstehende Aufgaben schnell und qualifiziert zu bewältigen. Diese Überlegungen werden zunehmend vor dem Hintergrund angestellt – eben ob der erwähnten Komplexität –, die Probleme und Aufgabenstellungen „in einer Hand" zu konzentrieren.

Gerade weil diese Themen eine Fülle von Prozessen und Funktionalbereichen im Unternehmen tangieren sowie in zunehmendem Maße eine internationale Dimension annehmen (die EU der 15 sei als Beispiel genannt), sind sie in ihrer Komplexität von bislang einzeln durchaus erfolgreich operierenden Beratern nicht mehr qualifiziert und effektiv zu bearbeiten.

Klassifizierung von Beratungsleistungen und die anbietenden Professionen

Die externen Beratungsleistungen, die für den Anbieter die Hauptleistung darstellen, lassen sich demnach systematisieren, ob es sich um

- periodisch wiederkehrende, vom Beratungsgebiet her weitgehend gleichbleibende Aufgaben handelt oder aber um
- aperiodische, problemspezifische Aufgaben, die in speziellen Projekten abgewickelt werden.

In den ersten Bereich fallen u. a. die gesetzlich geschützten Bereiche der Wirtschaftsprüfung und Steuerberatung.

Viele Mitglieder der steuerberatenden Berufe versuchen in letzter Zeit vermehrt auch in den Bereich der Unternehmensberatung im engeren Sinne, das zweite oben genannte Gebiet, einzudringen. Dies erfolgt einmal dadurch, daß z. B. Wirtschaftsprüfer und Steuerberater ihr Aufgabenfeld ausweiten und neben gutachterlicher Tätigkeit auch Akquisitions-, Finanzierungs-, Investitions- und Anlageberatung durchführen. Zum anderen weisen einzelne Prüfungsgesellschaften auch Abteilungen für Unternehmensberatung auf bzw. haben Beratungsgesellschaften gegründet.

Insgesamt ist der Unternehmensberatungs- und -beratermarkt in Deutschland wenig transparent. Die Hauptursache dafür liegt in der starken Zersplitterung des Berufsstandes der Unternehmens- und Wirtschaftsberater in eine Vielzahl von Verbänden. So existieren neben dem Bundesverband Deutscher Unternehmensberater BDU e.V. fast ein Dutzend weiterer Beratervereinigungen. Die Zahl der aktiven Unternehmensberatungsbüros/-gesellschaften dürfte nach vorsichtigen Schätzungen zwischen 8000 und 10 000 liegen.

11 Wie sind die Trends in der Unternehmensberatung? Der Beratungsmarkt in der Bundesrepublik Deutschland bis zum Jahre 2000

11.1 Trend zur Spezialisierung/Allianzen

Zusammenfassend möchten wir die Entwicklungen im Bereich der Unternehmensberatung auf drei unterschiedlichen Ebenen prognostizieren:

a) auf der Ebene Berater – Klient,

b) im Hinblick auf Spezialisierung der Beratungsunternehmen und

c) welche Konsequenzen hat die europäische Integration auf die Branche der Unternehmensberater.

Grundsätzlich ist zu sagen, daß es gerade im mittelständischen Bereich einen wachsenden Beratungsbedarf gibt. Die Deutsche Gesellschaft für Mittelstandsberatung schätzt das Marktvolumen für diese Zielgruppe auf rund 500 Millionen DM, wovon derzeit etwa 30 Prozent ausgeschöpft sind. Zum ersten Bereich ist festzuhalten, daß insbesondere aus empirischen Untersuchungen aber auch durch einzelne Erfahrungsberichte aus Unternehmen, die Beraterleistungen in Anspruch genommen haben, bekannt ist, daß seitens der Führungskräfte mangelnde Kenntnisse der Wirkungsweisen und Leistungsfähigkeit von Unternehmensberatung sowie eine hohe Unsicherheit über das Angebot und die Qualität der nachgefragten Leistungen artikuliert werden.

Generell kann die Einstellung gegenüber der Unternehmensberatung als kritisch-distanziert beschrieben werden, wobei diese Haltung selbst durch konkrete Beratungserfahrungen kaum beeinflußbar erscheint (vgl. hierzu auch Steyrer 1989, S. 54). Demnach sind die Berater immer mehr gezwungen, Professionalität und damit Sicherheit für den Klienten in den unterschiedlichsten Situationen zu dokumentieren. Von den beiden sich grundsätzlich anbietenden Ansätzen – einer mehr anweisenden oder mehr reflektierenden Beratung scheint die letztere zukunftsträchtiger. Im ersten Fall werden die Berater mit klaren Problemstellungen konfrontiert; sie erarbeiten eine Standardlösung. Im zweiten Fall stellt die Beratung einen relativ offenen Prozeß mit einem Eingehen auf die Vorstellungen und Fähigkeiten des einzelnen. Beide Formen können dabei durchaus aufeinander folgen, wenn sich zunächst eine klar umrissene Aufgabe stellt, die sich eher in Form anweisender Beratung lösen läßt (zum Beispiel das Durchlaufen von Standardseminaren zum Thema Führung, losgelöst von der Problemstellung im jeweiligen Arbeitsbereich). Zu einem späteren Zeitpunkt, z. B. im Rahmen von Personalentwicklungsprogrammen würde dann eine eher reflektierende auf den einzelnen eingehende Beratungsstrategie eingeschlagen werden. Für die Einschätzung, daß der Bedarf an reflektierender Beratung künftig weiter zunehmen wird, sprechen mehrere Gründe (vgl. Gablers Magazin Heft 9/89, S. 19). Das Ausmaß an ständig wechselnden und damit unsicheren Situationen im Management wird zunehmen. Beispiele hierfür sind die ständige Überprüfung von Strategien aufgrund neuer und komplexer werdenden Umweltbedingungen, Anpassung der Führungsstrukturen an strategische Zielsetzungen sowie Veränderung der Wertvorstellungen von Führungskräften und Mitarbeitern. Die Unternehmen dezentralisieren in zunehmendem Maße ihre Organisationsform in eigenverantwortliche Profit-Center mit flachen Hierarchien und schließlich wird in noch stärkerem Maße als bisher der „Produktionsfaktor“ Humankapital an Bedeutung gewinnen; die

Erzeugung, Erhaltung und Steigerung von Motivation aller an einer Aufgabe beteiligten wird als wesentlicher Wettbewerbsfaktor erkannt und genutzt werden. Zunehmend werden demnach Entscheidungen unter Unsicherheit getroffen werden müssen, die Führungskräfte müssen an der Gestaltung von Veränderungen mitwirken. Hier wird der Berater die Rolle der Unterstützung, der Prozeßgestaltung und -steuerung haben.

Die heranwachsende Generation von Führungskräften wird diese Art der Beratung in noch stärkerem Maße einfordern als in der Vergangenheit. Im Hinblick auf die **Spezialisierung der Beratungsunternehmen** resp. Diversifizierung deren Beratungsangebote sind insbesondere die Personalberatungen und die EDV-Beratung zu nennen. Erstere hat in den letzten beiden Dekaden im deutschsprachigen Raum stark expandiert. Dieser expansiven Entwicklung wird sicherlich auch durch die mittlerweile – nach Aufgabe des Vermittlungsmonopols der Bundesanstalt für Arbeit – bestehende Möglichkeit der Direktansprache bei der Suche nach Führungskräften Vorschub geleistet. Was die Qualität der nachgefragten Leistungen und damit des Beratungsunternehmens angeht, sind einerseits die im BDU organisierten Unternehmen einer gewissen Auswahl durch den Verband unterworfen, andererseits gilt für die Personalberater durch neu gefaßte Berufsgrundsätze und einen Verhaltenskodex für Personalberater in Deutschland entsprechendes durch den Fachverband Personalberatung im BDU (vgl. hierzu auch Personalführung, Heft 2/91, S. 94). Diese dynamischen Entwicklungen schlagen sich in einem verstärkten Wettbewerb zwischen deutschen und ausländischen Personalberatungsfirmen nieder mit der Konsequenz, daß zum Nutzen des Klienten deren Dienstleistungsangebot noch mehr differenzieren wird. Deutlich wird die Notwendigkeit einer verstärkten Differenzierung und damit Spezialisierung am Beispiel der Informationsverarbeitung.

Eine Aufgabe des Personalberaters besteht darin, die fachliche Eignung des Kandidaten im Hinblick auf seine zukünftigen Aufgaben und Verantwortungen zu überprüfen. Hierzu bedarf es der entsprechenden Materiekenntnis gerade auf der Seite des Beraters. Bleiben wir im Umfeld der Informationsverarbeitung, so wird klar, daß hier ganz besonders die fachlichen Fähigkeiten, Kenntnisse und Erfahrungen auf der Personalberaterseite vorauszusetzen sind. Leider verfügen nur sehr wenige Personalberater über genau diese fachliche Kompetenz. Sie ist aber notwendig, um die Position zu verstehen, die Kernpunkte zu entwickeln und die Kandidatenauswahl und -bewertung vornehmen zu können. Auch in anderen Branchen wird dieser Aspekt zukünftig immer mehr gesehen werden, da im Personalbereich die Tendenz zum Spezialwissen stetig wächst. Fachspezialisierte Personalberater sind heute noch eine Seltenheit, die Richtung allerdings erkenntlich und das Bewußtsein der Unternehmen entsprechend sensibel. Personalberatung darf sich in Zukunft zudem nicht allein auf die Beschaffungsseite konzentrieren. Viele Dinge und Ansatzpunkte um die personellen Probleme eines Unternehmens sind in die Dienstleistungspalette mit aufzunehmen. Das Unternehmen kann von daher ein attraktives Spektrum an Beratung in diesem Sektor, von der Beschaffung bis hin zum Coaching, von der Einführung von Personalmarketingaspekten, der Übernahme von Outplacement bis hin zu personalwirtschaftlichen Studien und Konzepten erwarten.

Die Bedeutung des EDV-Sektors respektive der Informationstechnologie schlechthin kommt zum Tragen, wenn man die zukünftigen globalen **Anforderungen an die Unternehmen** betrachtet.

Denkt man an dezentrale Standorte in der Gemeinschaft und weltweit, so haben nur die Unternehmen eine Chance, die automatisieren und ihre EDV mit der Datenverarbeitung in den größeren Betrieben vernetzen können. Generell zum Bereich „Einsatz neuer Technologien" ergeben sich insbesondere im Personalbereich resp. den Weiterbildungsnotwendigkeiten neue und umfangreiche Aufgaben für Klein- und Mittelbetriebe (vgl. hierzu Meiser/Wagner/Zander 1990). Diese Tendenz zeigt sich z. B. in der Automobilzulieferindustrie. Da aber erst ca.

40 % aller mittelständischen Unternehmen mit mehr als zehn Beschäftigten moderne Informationstechniken einsetzen, wird hier ein starker Beratungsbedarf sichtbar.

Die Konsequenzen des gemeinsamen Binnenmarktes und der Entwicklungen in Osteuropa sind zunächst die Feststellung, daß es sich bei Europa um den gegenwärtig größten Handelsraum der Welt handelt. Allen, die daran partizipieren wollen, bieten diese Umwälzungen großartige Möglichkeiten. Um diese optimal nutzen zu können, sollten sich die Klein- und Mittelbetriebe über die folgenden Punkte Gewißheit verschaffen, um danach entscheiden zu können, ob sie diese Zielsetzungen aus eigener Kraft oder nur mit Hilfe eines Beratungsunternehmens erreichen können. Unter der Fragestellung „Strategische Unternehmensführung und Perspektiven zur Zukunftssicherung mittelständischer Unternehmen" wurde 1990 eine Befragung bei 1200 mittelständischen Unternehmen in der Bundesrepublik Deutschland durchgeführt (vgl. Wirtschaftswoche vom 8. 6. 1990, S. 40 ff.). Als ein Hauptmanko des Mittelstandes wurde demnach gesehen, daß die Konkurrenzfähigkeit ausländischer Unternehmen auf dem deutschen Markt systematisch unterschätzt wird. Das Vorurteil von den unbeweglichen Großunternehmen gehört mittlerweile der Vergangenheit an. Der Vorteil des Mittelstandes, schnell und flexibel auf sich ändernde Markterfordernisse zu reagieren, wird zunehmend kleiner. Die Großkonzerne kopieren diese Strategie durch Bildung kleinerer Einheiten mit flachen Hierarchien und damit schneller Anpassungsfähigkeit. Nach der oben genannten Studie haben nur etwa 20 % der befragten Unternehmen eine Strategie, die auf Wachstum und Internationalisierung ausgerichtet ist.

Für das erfolgreiche Bestehen im Binnenmarkt können sicherlich keine Patentrezepte gegeben werden. Generell sind jedoch eine starke Marktstellung, eine tragfähige Basis im Heimatland und vor allem eine günstige Kostenposition als wesentlich für den Erfolg einer Unternehmung anzusehen. Unabhängig von diesen Faktoren erfordert die erfolgreiche Bewältigung des Binnenmarktes innerhalb der Unternehmen einen ständigen und bewußten Lernprozeß. Die Fähigkeiten der Führungskräfte zu einer globalen Sichtweise, länderübergreifende Wettbewerbskenntnisse, eine visionäre Führung, Mobilität (Management-Nomadentum) sowie kulturelles Einfühlungsvermögen sind dabei die Schlagworte, die den vielzitierten Euro-Manager beleuchten (vgl. speziell hierzu Tietz 1990, S. 424 ff.). Unbestritten dürfte sein, daß gerade die Klein- und Mittelbetriebe die Rekrutierung und Qualifizierung des entsprechenden Führungskräftepotentials vor schwierige Aufgaben stellen werden. Die internationale Rekrutierung wird dann sicherlich nur noch mit Hilfe von europaweit tätigen Beratungsgesellschaften durchgeführt werden können. Zusammengefaßt lassen sich folgende Fragen formulieren, die entweder das Unternehmen allein oder mit Hilfe eines Beraters im Hinblick auf den EG-Markt beantworten können sollte (vgl. Wirtschaftswoche vom 20. 1. 1989, S. 43):

- Wie verändert sich die Wettbewerbsposition gegenüber Kunden, Lieferanten und den Mitbewerbern?
- Entsteht für alle oder für einige Produkte ein neues Kundenpotential?
- Sinken die Kosten durch einen leichteren Grenzübertritt, schnelleren Transport und schnellere Zulassung im Ausland?
- Eröffnen sich Marktchancen durch die gegenseitige Anerkennung von Normen?
- Läßt sich nun u. U. besser direkt vermarkten?
- Gibt es billigere Einkaufsmöglichkeiten durch sog. European Resourcing?
- Wie ändert sich ggf. die Wettbewerbsposition durch die geplanten Steuerangleichungen?
- Sind die Mitarbeiter (nicht nur die Führungskräfte) auf den EG-Markt eingestellt?

Zusammenfassend lassen sich die Anforderungen an die Berater von „Morgen" wie folgt darstellen (vgl. BDU [Hrsg.] 1992, S. 123 f.):

Abb.: Die Anforderungen an die Berater werden sich drastisch ändern

Heute		Morgen
• Erstellung von Konzepten	→	• Realisierung von Konzepten
• Methoden von der Stange	→	• Maßgeschneiderte Projekte
• Punktueller Einsatz	→	• Langfristige Kunden-/Berater-Bindung
• Lokale Orientierung	→	• Internationale Präsenz
• Gutachten	→	• Meßbare Erfolge
• „Arroganter Besserwisser"	→	• Soziale Moderatoren
• Absahner	→	• Erfolgsbezogenes Preis-/Leistungsverhältnis
• Berater mit Hochschulwissen	→	• Berater mit Führungserfahrung
• Gutgläubige Kunden	→	• Kunden mit ausgeklügeltem Auswahlverfahren
• Selbstdarstellung	→	• Referenzen

Der Beratungsmarkt der Bundesrepublik Deutschland 1993–2000

- Wachstumsraten zurückgehend auf 8–10 % pro Jahr
- Internationalisierung der Beratungsunternehmen
- Konsolidierung unter den Beratungsunternehmen
- Spezialisierung auf Marktsegmente

Hier sind im wesentlichen die folgenden Trends auszumachen, die ihrerseits Einfluß haben auf die entsprechende Politik der Beratungsunternehmen und der sich abzeichnenden Allianzen:

- Die *jährlichen Wachstumsraten* werden sich bei etwa 8–10 % stabilisieren. Verglichen mit anderen Branchen ist dies sicherlich als überdurchschnittliche Leistung zu bewerten.
- *Internationalisierung der Beratungsunternehmen.* Dies gilt insbesondere für Beratungsunternehmen, die größere Unternehmen beraten, welche selbst international tätig sind. Wenn eine Firma, die sich global am Weltmarkt bewegt, beraten werden soll, dann ist es sicherlich nötig, daß auch der Berater global auftreten kann, um überhaupt die wichtigsten Fragestellungen abdecken zu können. Für die Beratung kleiner und mittlerer Unternehmen, die eher national operieren, gilt das Gesagte in diesem Maße natürlich nicht.
- *Konsolidierung der Beratungsunternehmen.* Der Hauptgrund dieser Strategie liegt in dem bereits angesprochenen internationalen Tätigkeitsfeld. Die kritische Masse, die notwendig ist, um international tätig zu sein, ist eben größer als die meisten Einzelunternehmen aufbringen können. Zu beachten ist allerdings bei derartigen Kooperationen, daß die sich zusammenschließenden Unternehmen sehr häufig über unterschiedliche Kulturen verfügen, welche auf zunächst erhoffte Synergieeffekte durchaus kontraproduktiv wirken können.

- *Spezialisierung auf Marktsegmente.* Aufgrund zunehmender Komplexität der Fragestellungen ist heute ein „Allroundanbieter", der über alles gleich viel weiß, kaum verfügbar. Dieser Gedanke, gekoppelt mit der Überlegung, „alles aus einer Hand" abzuwickeln über einen Gesprächs- bzw. Vertragspartner, wird die organisatorische Gestaltung der Beratung ausmachen.

Personelle Voraussetzungen

Auch hier läßt sich feststellen, daß sich die Anforderungen an die Berater drastisch ändern werden (vgl. Abb. Seite 133).

Erste Ansatzpunkte werden sicherlich in einer Umstellung der Einstellungspolitik zu sehen sein. Gefragt ist eher der erfahrene Berater mit einigen Jahren Berufspraxis, der selbst einmal in einer Organisation „gelitten" hat. Dies führt in aller Regel zu einem anderen Vertrauensverhältnis zum Kunden und zu einer allgemein besseren Umsetzbarkeit. Daneben wird sicherlich ein weiteres Erfordernis die verstärkte Sozialkompetenz sein; Psychologen und Pädagogen sind gefragt, insbesondere wenn sie eine zusätzliche betriebswirtschaftliche Ausbildung haben. Wichtig ist diese Doppelqualifikation vor allem in der Umsetzungsphase, in der Berater mehr oder weniger „full-time" beim Kunden sind.

Wie die folgende Abbildung zeigt, stehen Strategie- und Organisationsberatung heute und wohl auch perspektivisch im Vordergrund.

Die gerade hinter uns liegende Rezession hat gezeigt, daß dem Organisationsbereich eine viel größere Bedeutung zukommt; dies wohl auch in den nächsten Jahren. Das Operative Management, d.h. die Verbesserung von Prozessen und Fragen des Informationsmanagements, rücken ganz klar in den Vordergrund.

Hinzu kommt ein in Deutschland noch relativ junger Trend, nämlich die erfolgsabhängige Bezahlung der Berater. Stark verbreitet sind Erfolgshonorare in Deutschland noch nicht. Die klassische Unternehmensberatung wird nach wie vor überwiegend nach Festhonoraren abgerechnet. Gängig sind Pauschalhonorare, die zu Beginn des Projektes festgelegt werden. Der Kunde weiß, welche Ausgabe auf ihn zukommt, und der Berater arbeitet so lange, bis das Projektziel erreicht ist. Wenn keine meßbaren Kriterien existieren, ist dies natürlich nicht möglich, es sei denn, den Partnern gelingt es, qualitative Ziele zu quantifizieren.

Abb.: Strategie und Organisationsberatung stehen heute im Vordergrund

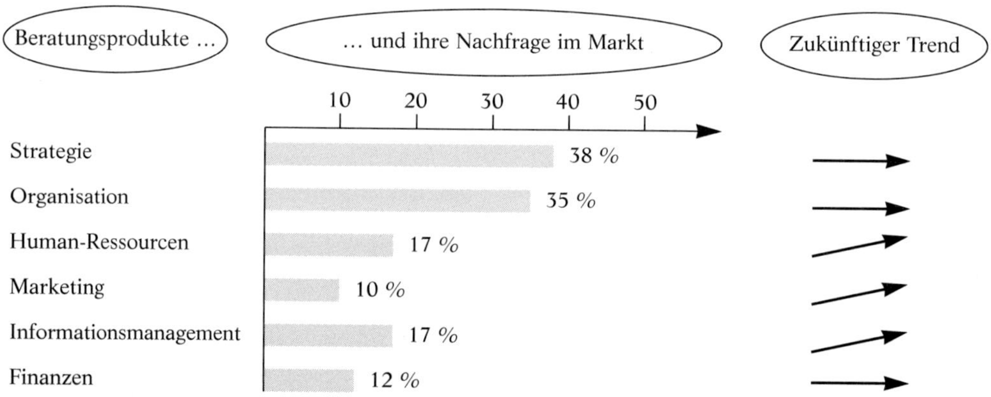

Quelle: BDU 1992, S. 120

11.2 Trend zur Internationalisierung

Die fortschreitende Globalisierung der Märkte zwingt immer mehr Firmen, ihre Strategie international neu auszurichten. Mit ihnen sind auch in gleichem Maße die Berater gefordert, die Unternehmen bei deren Internationalisierung zu begleiten und zu beraten.

Heute reden wir von Weltmärkten, Weltunternehmen und Weltmarken. Die Wirtschaft und der internationale Warenaustausch haben die Welt kleiner gemacht – und grenzenloser. Seit den 60er Jahren sind nationale Märkte immer stärker miteinander verbunden. Der Handel der Staaten untereinander ist seither um 400 % explodiert, und die Direktinvestitionen auf jeweils anderen Märkten sind allein in den letzten sieben Jahren zwischen 8 (USA) und 20 % (Japan) gestiegen – beides signalisiert uns die zunehmende Internationalisierung.

Hinter diesen Zahlen stehen Unternehmen und – wie wir alle wissen – auch Beratungsfirmen, die Unternehmen bei deren Internationalisierung beraten und begleiten. Die Anfänge der Internationalisierung von Unternehmensberatung sind auch die Geschichte der Unternehmensberatung in Europa (s. auch Tabelle „TOP 10“, S. 20).

US-Consulter: Seit den 60er Jahren in Europa

Als in den frühen 60er Jahren amerikanische Managementmethoden und Führungstechniken durch multinationale Unternehmen aus den USA nach Europa kamen, importierten diese Unternehmen auch ihre großen US-Consultingfirmen. Damit ihre Mandanten bei ihren Europa-Engagements nicht auf die bewährte Beratung verzichten mußten, machten diese Consultingfirmen zum Zwecke kurzer Wege den Sprung ihrer Mandanten nach Europa mit und eröffneten erste Büros in wenigen europäischen Metropolen.

Große europäische Unternehmen, die die Beratungsleistung schnell als vorbildhaft erkannten, wurden dann in zunehmendem Maße ebenfalls von diesen amerikanischen Beratungsgesellschaften betreut. War die Nachfrage von Unternehmen und das Fachkräftepotential der einzelnen Märkte groß genug, konnten von den Consultingfirmen nationale Standorte entwickelt werden. Nachdem das schnell in Kerneuropa geschah (Großbritannien, Benelux, Deutschland, Frankreich), folgten später Nord- und Südeuropa.

Das Beratungsangebot aller amerikanischen Consultingfirmen war dabei austauschbar und konzentrierte sich in dieser Phase auf die generelle Managementberatung mit Bereichen wie strategisches und operatives Management oder Organisations- und Führungstechniken und auf das Topmanagement großer Konzerne mit zumeist grenzüberschreitender Bedeutung.

Spezialisierte Angebotsleistungen und Erschließen neuer Beratungsfelder entwickelten sich nur langsam und in Einzelfällen. Dennoch wurden mit Dominoeffekt alle europäischen Märkte erschlossen und ein paneuropäisches Standortnetz von allen großen amerikanischen Consultingfirmen geflochten.

Je größer bei diesen Consulting-Multinationals der „local content“ an Mandanten und Beratern wurde, um so mehr prägten zu erfüllende, landesspezifische Kundenanforderungen die Erfolgschancen und die ursprünglich einmal identische Angebots-, Leistungs-, Methoden- und Firmenkultur.

Einhergehend mit der steigenden Nachfrage nach Beratung durch immer mehr nationale Unternehmen, die eine besonders „kundennahe“ und nationalkulturelle Beratungsleistung bevorzugten, konnten sich seit den frühen 70er Jahren neben wenigen bereits existierenden Unternehmensberatungen (z. B. Kienbaum seit 1945) viele weitere rein nationale Anbieter etablieren und auch erfolgreich zu einer international bedeutenden Größe entwickeln. Vielfach gegründet durch „spin offs" von Unternehmensberatern, die ihr „Handwerk" zuvor bei den multinationalen Consultingfirmen erlernt hatten.

Ihre Entwicklung bis heute ist dadurch geprägt, daß das Gros ihrer Klienten wenige internationale Problemstellungen hat und ihre Philosophie der „Kundennähe" sie schnell in neue Beratungsfelder diversifizieren oder spezialisieren lassen. Ihre oft erreichte Größe und der oft weitaus größere Spezialisierungsgrad machen sie heute auch grenzüberschreitend wettbewerbsfähig gegenüber multinationalen Consultingfirmen.

So wie die US-Consultingfirmen ihre Kunden in den 50er und 60er Jahren nach Europa begleitet haben, so begleiten heute viele nationale Beratungsgesellschaften ihre nationalen Kunden „on demand" auf den europäischen Markt. Und weil dieser politisch und kulturell grenzenloser und die Beratungsanforderungen in aller Welt spezialisierter geworden sind, sind sie auch bei Beratungsnachfrage aus dem Ausland (und nicht nur aus Europa) die ernstgenommene Alternative zu den etablierten Multinationals amerikanischer Herkunft.

Auch die national europäischen Beratungsfirmen gründen auf anderen Märkten Niederlassungen, wenn das jeweilige Potential erfolgversprechend ist. Zumeist aber kompensieren sie den Vorsprung an langjähriger, paneuropäischer Multipräsenz und eine gewisse Marktdominanz der US-Consultingfirmen durch spezialisierte Kooperationen mit einem ebenfalls nationalen Beratungsanbieter des jeweiligen Zielmarktes.

Beziehungs- und Kooperationsnetzwerke wie z. B. das des El European Independent (The International Group of Leading Consulting Companies) entstehen und schaffen eine Multinationalität, die am Bedarf der Klienten und somit an dem der verbundenen Beratungsunternehmen orientiert ist.

Selbst kleine nationale Beratungsgesellschaften – und die stellen auf allen Märkten Europas die überwiegende Mehrzahl der Anbieter dar – haben sich für den Bedarfsfall kooperative Netzwerke geschaffen. Hier sei nur der vom europäischen Dachverband FEACO initiierte Verbund der „Small Tops" erwähnt.

Auf allen Märkten Europas (und sicherlich auch der Welt) haben wir eine viergeteilte Anbieterseite von Unternehmensberatung. Die Beratungskunden können nach Volumen, Neigung, Aufgaben und Problemstellungen wählen zwischen den großen multinationalen, den großen und kleinen nationalen mit und ohne internationale Netzwerke und den hochspezialisierten Consultingfirmen.

Einrichtung von multinationalen Netzen

Bei ständig wachsendem Marktvolumen und Markterweiterung durch neue Klientenkreise wird jede dieser Anbietergruppen auch in Zukunft auf große Nachfrage treffen. Dennoch soll hier betont werden, daß die Ausprägung aller Märkte durch Unternehmenskonzentrationen auch für einen Konzentrationstrend bei den Beratungsanbietern geführt hat.

Die größten Gesellschaften in Deutschland stellen zwar nur rund 0,23 % der Anbieterseite dar, haben aber einen Umsatzmarktanteil von nahezu 14 %. Die Supra- und Multinationalen („Top 8") entwickelten ihren Anteil daran schneller von fast 7 % (1993) auf fast 8 % (1994). Ein Viertel aller Anbieter in Deutschland sind mittelgroße Gesellschaften mit einem Marktanteil von rund 55 %. Obwohl über 70 % aller Anbieter ausmachend, teilen sich kleine Gesellschaften bis hin zu den Einzelberatern nur 30 % des Marktvolumens.

Quelle: Kienbaum, J., in: Handelsblatt vom 18. 10. 1995

Die Branche der klassischen Unternehmensberatung wird sich einer funktionsübergreifenden, integrierenden Unterstützung neu stellen müssen.

Dieser Bedarfswandel bereitet den Unternehmensberatern einige Kopfschmerzen. Konnte man bisher mit „smarter Rohintelligenz" frisch von der Uni rekrutiert Analysen per Interview und Recherche produzieren, sind nunmehr erfahrene, auch mit Kooperations- und Verhaltensweisen vertraute Berater gefragt. Sie lassen sich nicht so leicht in die bestehende Hierarchie der Beratungsfirma einordnen und nehmen kaum vorgegebene Beratungsweisen an.

Vor diesem Hintergrund darf vermutet werden, daß sich die klassischen Unternehmensberater für das Geschäft der managementzentrierten Unterstützung neu ausrichten müssen. Branchen- und Fachspezialisierung reicht kaum aus; analog zum Kunden selbst werden kleinere, möglichst eigenständige Teams antreten müssen, um die Komplexität zu beherrschen und die erforderliche Eigendynamik im Unternehmen zu schaffen.

Die nachfolgenden Interviewergebnisse, zu denen sich jeweils Praktiker, Wissenschaftler und Berater geäußert haben, geben aus dem jeweiligen Blickwinkel des Interviewten einen anschaulichen Einblick in neuere Fragestellungen und innovative Ansätze (wie z.B. Erfolgshonorar für den Berater).

Tabelle: Zusammenfassende Stellungnahmen und Ausblick

	Praktiker	Berater	Praktiker
Management-Theorien gibt es zuhauf. Was ist wirklich neu an ihnen?	Wenn man heute die eine und morgen die andere Managementtheorie zur Heilslehre erklärt und jedem Prediger folgt, verliert man das Ziel bald aus den Augen. Ich betrachte Managementtheorien als Anregung, über Strategien und Methoden nachzudenken, den eingeschlagenen Weg in Frage zu stellen. In einem sich ständig verändernden Umfeld ist diese Auseinandersetzung wichtig.	Ich spreche nicht von Managementtheorien, sondern lieber von Methoden. In ihnen stecken nicht immer Durchbruchs- oder Sprunginnovationen, sondern eher Entwicklungs- oder manchmal sogar nur Bagatellinnovationen. Doch selbst das reicht für den Schnellen oft aus, im Wettbewerb mit langsameren Konkurrenten die Markt- oder Kostenpositionen zu verbessern.	Betrachtet man die Kernaufgaben des Managements, dann ergeben sich drei große Aufgabenfelder, die – gleich unter welcher Überschrift – kraftvoll zu lösen sind, nämlich erstens rigoroses Qualitätsmanagement, zweitens Temposteigerung für alle Betriebsabläufe und drittens vertrauensvolle und vorbildhafte Zusammenarbeit mit den Mitarbeitern und Kunden.
Können Berater Kreativität in ein Unternehmen hineintragen und – wenn ja – wie?	Ihre Frage impliziert das Bild: hier die kreativen externen Berater, dort die wenig flexiblen internen Verwalter. Die Realität sieht anders aus. Unsere Mitarbeiter sind kreativ, sie beweisen es jeden Tag am Markt. Berater können kreatives Potential wie ein Katalysator in der Chemieindustrie freisetzen. Der ist nicht Teil des Systems, beschleunigt aber die Reaktionen in ihrem Ablauf.	Nach meiner Erfahrung wird Kreativität nur in wenigen Beratungsaufträgen eingefordert. Kreative Lösungen sind schwer zu entwickeln, aber doch leicht in Unternehmen hineinzutragen. Coaching, begleitende Prozesse gehören dazu. Wenn Unternehmen eigene kreative Potentiale haben, so befruchten sich diese natürlich erst recht im Dialog mit der Kreativität von Beratern.	Die Vorschläge der Berater entsprechen zumeist dem Kenntnisstand des Managements. Aber Versuche, Berater diese Vorschläge im Unternehmen durchsetzen zu lassen, schlagen leider dann überwiegend fehl – weil nämlich zupackendes Durchsetzen eben nicht Aufgabe von Externen sein kann. Berater sind immer nützlich, wenn es um ablauforganisatorische Fragen geht.

	Praktiker	Berater	Praktiker
Was haben die gängigen Rezepte außer Kostensenkung gebracht?	Gegenfrage: Waren es wirklich immer nur die vermeintlichen neuen Managementrezepte, die zur Anpassung der Organisationsstrukturen geführt haben? Ich sage nein, weil wir mit der lernfähigen Organisation bedeutend weiter sind, als uns die Auguren weismachen wollen.	Managementmethoden umfassen doch viel mehr als – die immer nötige – Kostensenkung. Denken Sie nur an Umweltmanagement oder moderne unternehmerische Netzwerke. Innovationen wie Kaizen und TQM schaffen – richtig angewandt – Arbeit und Umsatz.	Einzelne Methoden haben ihre Berechtigung, sie bleiben aber Insellösungen, solange wir nicht das virtuelle Unternehmen aufbauen. Geistige Beweglichkeit, blitzschnelle Aktion und Reaktion, das visionäre Aufspüren und Ausnützen von Marktnischen bringen den Erfolg.
Berater werden nach Arbeitszeit bezahlt. Wäre ein Erfolgshonorar nicht sinnvoller?	Nur wenn ein Vorschlag in jedem Detail übernommen wird und der Berater das Projekt bis zur Realisierung begleitet, könnte eventuell ein direkter Zusammenhang mit der Honorierung hergestellt werden.	Durch die feste Honorierung bleibt die Unabhängigkeit des Beraters bewahrt. Denn sonst schlägt er Maßnahmen vor, die kurzfristig Erfolg bringen – langfristig aber sehr wohl andere Effekte zeigen können.	Schön wäre, wenn Verträge auf Erfolgsbasis abgeschlossen werden könnten. Die notwendigen Bewertungskriterien sind jedoch so komplex, daß ich kaum praktische Realisierungschancen sehe.
Woran liegt es, daß so viele Umstrukturierungsprozesse scheitern?	Bei der BASF haben wir gelernt, daß es zwar einfache Fragen, selten aber einfache Antworten gibt. Umstrukturierungen sind Teil eines evolutionären Prozesses im Konzern. Mit kleinen Schritten immer am Ball zu bleiben ist sicherlich eine intelligente Strategie. Wer dagegen an den spielbestimmenden großen Wurf glaubt, läuft leicht Gefahr, am Ziel vorbeizuschießen	Der gravierendste Fehler ist: Eine Umstrukturierung nicht als dynamischen Prozeß, sondern als statische Rationalisierungsmaßnahme zu sehen. Der zweite Fehler liegt darin, nicht zu definieren, daß in diesem Prozeß auch Experimente stecken. Es darf auch etwas nicht gelingen. Da gilt es dann nachzujustieren. Das ist kein Scheitern, sondern systemimmanent.	Unser Unternehmen hat immer wieder mit Managementberatern zusammengearbeitet, und zwar mit ausnahmslos gutem Resultat. Die gravierenden Fehler werden nicht von den Beratern gemacht, sondern von den Beratenen. Zu vermissen ist oft die notwendige eisenharte Dickköpfigkeit des Managements, das die erarbeiteten Konzeptionen realisieren muß

	Berater	Wissenschaftler	Praktiker
Management-Theorien gibt es zuhauf. Was ist wirklich neu an ihnen?	Unternehmensberater haben mit am meisten zur Innovation im Management beigetragen. Beginnend bei der Stab-Linien-Organisation, Management by Objectives oder der Portfolio-Strategie. Ohne diese und andere Beraterinstrumente wäre Management heute nicht denkbar. Das beweist auch ihre reinrassige Anwendung in der Wirtschaft, querbeet in USA, Europa und Fernost.	Bei den meisten Konzepten wird nur versucht, eine spezifische Problemlage zu lösen. Dadurch werden sehr wahrscheinlich an anderer Stelle eines stark vernetzten Systems neue Probleme geschaffen. Davon möchte ich ausdrücklich das Total Quality Management und kunden- und service-orientierte Ansätze ausnehmen. Weil alle betroffen sind, ist hier Ganzheitlichkeit programmiert.	In aller Regel enthüllen neue Managementtheorien nur längst Bekanntes und machen auf einfache Weisheiten aufmerksam – was gelegentlich als Denkanstoß sehr hilfreich ist und in meßbare Erfolge umgesetzt werden kann. Verwirrung wird immer dann gestiftet, wenn eine Theorie nach der anderen ausprobiert wird, ohne daß für Mitarbeiter ein Umdenken erkennbar wird.

	Berater	Wissenschaftler	Praktiker
Können Berater Kreativität in ein Unternehmen hineintragen und – wenn ja – wie?	Wenn Berater selbst kreativ sind, werden sie natürlich Kreativität in ein Unternehmen tragen; wenn Berater eher analytisch oder moderierend arbeiten – und von dieser Spezies gibt es viele –, ist da sicher weniger der Fall. Wichtig ist allemal, daß das Knowhow der Mitarbeiter mobilisiert und mit dem der Berater verschmolzen wird, um innovative Unternehmenskulturen zu schaffen.	Kreativität ist dort am stärksten ausgeprägt, wo Mitarbeiter Unzulänglichkeiten von Strukturen und Prozessen am stärksten empfinden. Die oft geschmähte mittlere Führungsschicht stellt in gut geführten Unternehmen keine Le(ä)hmschicht dar, sondern ist dort am besten für Veränderungen zu aktivieren. Wir spielen zumeist den externen Moderator, um Freiraum herzustellen.	Meist setzen Berater im Unternehmen nur die latent vorhandene Kreativität frei. Darin sind sie geschult. Sie wirken oft als Katalysator, da Externe nicht „betriebsblind" sind, sich keinen Hierarchien unterordnen müssen und da sie nur temporär vor Ort sind. Der entscheidende Impuls für neue Produkte kann nicht von einem Berater kommen, denn sonst wäre er selbst als Unternehmer tätig.
Was haben die gängigen Rezepte außer Kostensenkung gebracht?	Neben der dringend notwendigen Kostensenkung haben die Konzepte nicht wenig dazu beigetragen, daß sich die Unternehmen stärker an Markt und Kunden orientieren. Viel haben die Konzepte gebracht, wenn es um Mobilisierung der Mitarbeiter und Innovationen geht.	Die meisten deutschen Unternehmen haben ihre Strukturen – wenn auch verspätet – an eine veränderte Wettbewerbslage angepaßt. Häufig ist dabei allein das Kosten- und nicht auch das Nutzenbewußtsein gefördert worden. Leider haben „Erbsenzähler" Hochkonjunktur.	Kostendenken ist immer richtig, kurzfristiges Kostenkilling aber kann erheblich schaden. Oft führt das Durchsetzen gängiger Managementtheorien nämlich nur zu blindem Aktionismus, der ein Unternehmen an der mittel- und langfristigen Entwicklung hindert.
Berater werden nach Arbeitszeit bezahlt. Wäre ein Erfolgshonorar nicht sinnvoller?	Erfolgshonorar kann nur dann sinnvoll sein, wenn das Management sich entmündigen lassen will. Berater sind Berater und eben keine Manager. Sie dürfen sich keine Exekutivgewalt anmaßen.	Wem soll man denn den Erfolg zurechnen? Der anziehenden Konjunktur, einem neuen Management? Oder einem Berater, der etwa eine neue Organisationsstruktur implementiert hat?	Ein klares Ja. Ich gehe noch einen Schritt weiter: Berater müssen in den Prozeß, den sie optimieren wollen, eingebunden werden. Und dies über den gesamten Zeitraum, der zur Umsetzung notwendig ist.
Woran liegt es, daß so viele Umstrukturierungsprozesse scheitern?	In Krisenunternehmen scheitern sie dann, wenn das Management nicht von Anfang an konsequent hinter seinen Beratern steht und gemeinsam mit ihnen die Empfehlungen umsetzt. Umstrukturierungen bei Unternehmen, die an sich gesund sind, scheitern in der Regel dann, wenn sie mechanisch betrieben werden und den Menschen außen vor lassen.	1) Mangelnde Berücksichtigung vernetzter Zusammenhänge; 2) unzureichende Einbindung der Betroffenen beim Erarbeiten und Durchsetzen der Konzepte; 3) halbherzige Unterstützung durch das Topmanagement; 4) Überfordern der Mitarbeiter durch zu viele Beratungsprojekte; 5) mangelnde Sensitivität von Beratern gegenüber der Kompetenz und Kreativität der Beratenen.	Viele Umstrukturierungen scheitern daran, daß zwar das Management und auch die einzelnen Sachbearbeiter von den neuen Prozessen begeistert sind, das mittlere Management sie jedoch abblockt, weil es um seine Existenz fürchtet. Oder man strukturiert zwar sachgerecht um, befindet sich aber in einem ganz anderen Umfeld, wenn der Prozeß zu Ende ist

Quelle: Wirtschaftswoche Nr. 34/ 17. 8. 1995

12 Anhang

12.1 Richtlinien des Bundesministers für Wirtschaft über die Förderung von Unternehmensberatungen für kleine und mittlere Unternehmen

Vom 26. Juni 1997

1 Zuwendungszweck

1.1 Die Unternehmensberatung ist ein wichtiges Instrument zur Verbesserung der Leistungs- und Wettbewerbsfähigkeit kleiner und mittlerer Unternehmen sowie wirtschaftsnaher Freier Berufe (im folgenden „Unternehmen" genannt) und zur Stärkung der Bereitschaft zur Existenzgründung. Um den Unternehmen einen Anreiz zur Inanspruchnahme von externen Beratungen zu geben, können ihnen auf der Grundlage der Hilfe zur Selbsthilfe Zuwendungen zu den Beratungskosten nach Maßgabe dieser Richtlinien und der Vorläufigen Verwaltungsvorschriften zu § 44 der Bundeshaushaltsordnung (BHO) gewährt werden.

1.2 Gefördert werden Beratungen von Existenzgründern sowie kleinen und mittleren Unternehmen der gewerblichen Wirtschaft (Handwerk, Handel, Industrie, Verkehrs-, Gast- und Fremdenverkehrsgewerbe, Handelsvertreter und -makler, sonstiges Dienstleistungsgewerbe) und von Angehörigen wirtschaftsnaher Freier Berufe, sofern sie nicht selbst überwiegend wirtschaftsberatend tätig sind. Energieeinsparberatungen sind auch bei Betrieben des Agrarbereichs förderfähig.

1.3 Zu den wirtschaftsnahen Freien Berufen im Sinne dieser Richtlinien zählen Anwälte, Architekten, Designer, Ingenieure, Künstler, Notare, Publizisten und sonstige freiberuflich Tätige mit überwiegendem Honoraraufkommen aus der gewerblichen Wirtschaft.

1.4 Auf die Gewährung der Zuwendungen besteht kein Rechtsanspruch. Die Bewilligungsbehörde (Nummer 6.4) entscheidet aufgrund ihres pflichtmäßigen Ermessens im Rahmen der verfügbaren Haushaltsmittel.

2 Gegenstand der Förderung

2.1 Förderungsfähig sind

2.1.1 Beratungen über alle wirtschaftlichen, technischen, finanziellen und organisatorischen Probleme der Unternehmensführung und der Anpassung an neue Wettbewerbsbedingungen (allgemeine Beratungen);

2.1.2 Beratungen von natürlichen Personen vor der Gründung oder Übernahme einer selbständigen gewerblichen oder wirtschaftsnahen freiberuflichen Existenz (Existenzgründungsberatungen);

2.1.3 Beratungen zur Bewältigung der sich für die Unternehmen aus dem Schutz der Umwelt ergebenden Probleme, auch im Rahmen des Umwelt-Audit (Umweltschutzberatungen);

2.1.4 Beratungen über wirtschaftliche, technische und organisatorische Probleme im Zusammenhang mit einer sparsamen, rationellen und umweltverträglichen Energieverwendung einschließlich der Nutzung erneuerbarer Energien (Energieeinsparberatungen).

2.2 Zur Beratung zählt auch die Umsetzung in der Beratung erarbeiteter Verbesserungsvorschläge und Handlungsempfehlungen in die betriebliche Praxis (z. B. Verhandlung mit Dritten, Training von Firmenangehörigen), sofern die Umsetzung nicht überwiegt.

2.3 Die Beratung muß sich auf bestehende oder zu gründende Unternehmen oder wirtschaftsnahe freiberufliche Existenzen mit Sitz und Geschäftsbetrieb in der Bundesrepublik Deutschland beziehen.

2.4 Von der Förderung ausgeschlossen sind Beratungen,

2.4.1 die überwiegend Rechts-, Versicherungs- und Steuerfragen oder die Erlangung öffentlicher Hilfen zum Inhalt haben;

2.4.2 deren wesentlicher Zweck auf den Vertrieb von bestimmten Waren oder Dienstleistungen gerichtet ist;

2.4.3 die die Aufstellung baureifer Neu- und Umbaupläne, die Ausarbeitung von Verträgen, die Aufstellung von Jahresabschlüssen (Bilanz, Gewinn- und Verlustrechnung), Buchführungsarbeiten sowie die Erarbeitung von EDV-Software zum Inhalt haben;

2.4.4 die überwiegend gutachterliche Stellungnahmen, Qualitätsprüfungen sowie technische, chemische und ähnliche Untersuchungen zum Inhalt haben;

2.4.5 mit überwiegenden Akquisitions- und Vermittlungstätigkeiten sowie Tätigkeiten des laufenden Geschäftsbetriebs einschließlich des Managements auf Zeit;

2.4.6 bei denen unterschiedliche Tätigkeiten des Beraters, die je für sich nach den Nummern 2.4.1, 2.4.4 und 2.4.5 nicht überwiegen dürfen, in der Summe überwiegen;

2.4.7 die mit anderen öffentlichen Zuschüssen finanziert werden (Kumulierungsverbot).

3 Zuwendungsempfänger

3.1 Antragsberechtigt sind

3.1.1 bei allgemeinen Beratungen und Umweltschutzberatungen:

rechtlich selbständige Unternehmen aus den Bereichen der gewerblichen Wirtschaft und der wirtschaftsnahen Freien Berufe, die in der Bundesrepublik ihren Sitz und Geschäftsbetrieb oder eine Zweigniederlassung haben und im letzten Geschäftsjahr vor Beginn der Beratung die nach Anlage 1 maßgebliche Umsatzgrenze nicht überschritten haben;

3.1.2 bei Existenzgründungsberatungen:

nicht selbständig tätige natürliche Personen, die sich durch Gründung eines neuen Unternehmens, Übernahme eines bestehenden Unternehmens oder tätige Beteiligung an einem Unternehmen mit Sitz und Geschäftsbereich in der Bundesrepublik selbständig machen wollen;

3.1.3 bei Energieeinsparberatungen:

Unternehmen nach Nummer 3.1.1 sowie Unternehmen des Agrarbereichs, die ihren Sitz und Geschäftsbetrieb in der Bundesrepublik haben und im letzten Geschäftsjahr vor Beginn der Beratung die nach Anlage 1 maßgebliche Umsatzgrenze nicht überschritten haben.

3.2 Nicht antragsberechtigt sind Unternehmen,

3.2.1 die im Mehrheitsbesitz (über 50 %) eines oder mehrerer anderer Unternehmen stehen oder an anderen Unternehmen mit Mehrheit beteiligt sind, wenn die Gesamtsumme der Jahresumsätze aller Unternehmen die nach Anlage 1 maßgebliche Umsatzgrenze übersteigt;

3.2.2 deren Inhaber oder mit Mehrheit beteiligte Gesellschaften andere rechtlich selbständige Unternehmen besitzen oder daran mit Mehrheit beteiligt sind, wenn die Gesamtsumme der Jahresumsätze aller Unternehmen die nach Anlage 1 maßgebliche Umsatzgrenze übersteigt;

3.2.3 an denen Religionsgemeinschaften oder juristische Personen des öffentlichen Rechts mit Mehrheit beteiligt sind;

3.2.4 sowie Angehörige der Freien Berufe, die als Unternehmens- oder Wirtschaftsberater, als Wirtschaftsprüfer, als Steuerberater oder als vereidigter Buchprüfer tätig sind.

4 Bewilligungsvoraussetzungen

4.1 Es können nur Beratungen gefördert werden, die von selbständigen Beratern oder von Beratungsunternehmen (im folgenden Berater genannt) durchgeführt werden, die nachweislich über die für den Beratungsauftrag erforderlichen Fähigkeiten, über ausreichende berufliche Erfahrungen und über die notwendige Zuverlässigkeit verfügen und deren überwiegender Geschäftszweck auf entgeltliche Unternehmensberatung gerichtet ist. In begründeten Fällen kann die Bewilligungsbehörde (Nr. 6.4) eine Ausnahmegenehmigung für die Beratung durch einen nicht selbständigen Berater erteilen.

Im übrigen wird die Auswahl des Beraters dem Antragsteller überlassen.

4.2 Es sind nur Beratungen nach Nummer 2 förderungsfähig, die sich im Rahmen dieser Richtlinien nach dem Beratungsauftrag richten. Beratungen sollen unternehmerische Entscheidungen vorbereiten, konkrete Verbesserungsvorschläge entwickeln sowie im Zusammenhang damit Anleitungen zu ihrer Umsetzung in die Betriebspraxis geben.

Darüber hinaus sollen:

4.2.1 Existenzgründungsberatungen Entscheidungshilfen für die Vorbereitung und Durchführung des beabsichtigten Gründungsvorhabens geben; insbesondere soll geklärt werden, ob und auf welche Weise das Gründungsvorhaben zu einer tragfähigen Vollexistenz führen kann.

4.2.2 Umweltschutzberatungen die Unternehmen in den Stand versetzen, den gestiegenen Umweltbelastungen, einem erhöhten Umweltbewußtsein und verschärften Umweltvorschriften durch wirtschaftliche, technische und organisatorische Maßnahmen Rechnung zu tragen.

4.2.3 Energieeinsparberatungen sich nach Inhalt und Ablauf an den VDI-Richtlinien „Energieberatung für Industrie und Gewerbe“ (VDI 3922) orientieren, soweit die VDI-Richtlinien nicht den vorliegenden Förderrichtlinien widersprechen. In diesem Rahmen sollen insbesondere die Energieverbrauchsschwerpunkte des Unternehmens aufgezeigt und die vorgeschlagenen Energieeinsparmaßnahmen nach ihrer Wirtschaftlichkeit und den zu erwartenden Einsparerfolgen bewertet werden. Entsprechend ist bei Beratungen zur Nutzung erneuerbarer Energien zu verfahren.

4.3 Inhalt und zeitlicher Ablauf der Beratung sowie deren wesentliche Ergebnisse sind in einem schriftlichen Beratungsbericht wiederzugeben. Der Beratungsbericht ist dem Antragsteller auszuhändigen.

4.3.1 Bei allgemeinen Beratungen, Umweltschutz- und Energieeinsparberatungen soll der Beratungsbericht auf der Grundlage des Beratungsauftrags eine Analyse der Situation des beratenen Unternehmens und der im einzelnen ermittelten Schwachstellen und die konkreten Verbesserungsvorschläge sowie eine detaillierte Anleitung der Umsetzung in die betriebliche Praxis enthalten.

4.3.2 Bei Existenzgründungsberatungen muß der Beratungsbericht eine umfassende Prüfung des beabsichtigten Gründungsvorhabens beinhalten, insbesondere ob und auf welche Weise das Vorhaben zu einer tragfähigen Vollexistenz führen kann.

4.3.3 Die vom Berater durchgeführten Umsetzungen (Nr. 2.2) sind zusätzlich durch ein Leistungsverzeichnis zu dokumentieren.

4.4 Der Zuschuß kann nur gewährt werden, wenn das beratene Unternehmen oder der Existenzgründer als Antragsteller die in Rechnung gestellten Beratungskosten (einschließlich Umsatzsteuer) v o r A n t r a g s t e l l u n g in voller Höhe bezahlt hat und dies durch Vorlage eines Kontoauszuges bzw. einer Barzahlungsquittung nachgewiesen wird.

5 Art und Umfang, Höhe der Zuwendung

5.1 Die Förderung besteht in der Gewährung eines Zuschusses zu den dem Antragsteller vom Berater in Rechnung gestellten Beratungskosten. Zu den Beratungskosten gehören neben dem Honorar auch die Auslagen und Reisekosten des Beraters, nicht jedoch die Umsatzsteuer.

5.2 Der Zuschuß wird als Projektförderung in Form einer Anteilsfinanzierung gewährt.

5.3 Bei Existenzgründungsberatungen beträgt der Zuschuß 50 % der in Rechnung gestellten Beratungskosten, höchstens jedoch 2500,– DM.

5.4 Bei allgemeinen Beratungen innerhalb von zwei Jahren nach der Existenzgründung (Existenzaufbauberatungen) beträgt der Zuschuß 50 % der in Rechnung gestellten Beratungskosten, höchstens jedoch 3300,– DM.

5.5 Bei den übrigen allgemeinen Beratungen, Umweltschutz- und Energieeinsparberatungen beträgt der Zuschuß 40 % der in Rechnung gestellten Beratungskosten, höchstens jedoch 3200,– DM.

5.6 Je Antragsteller können innerhalb dieses Zeitraumes von fünf Jahren ab Inkrafttreten dieser Richtlinien insgesamt Zuschüsse bis zu folgenden Höchstbeträgen gewährt werden:

5.6.1 für Existenzgründungsberatungen bis zu 2500,– DM;

5.6.2 für mehrere zeitlich und thematisch voneinander getrennte und in sich abgeschlossene

- allgemeine Beratungen
- Umweltschutzberatungen (auch im Rahmen des Umwelt-Audit)
- Energieeinsparberatungen

jeweils bis zu 6400,– DM.

5.7 Vom Berater gewährte Rabatte oder Nachlässe auf die Beratungskosten sind nicht zuschußfähig. Werden Rabatte oder Nachlässe nachträglich gewährt, so ist dies der Leitstelle vom Antragsteller unverzüglich mitzuteilen. Die Zuschußberechnung erfolgt auf der Basis des entsprechend verminderten Rechnungsbetrages. Ergibt sich danach ein geringerer Zuschuß, so ist die Differenz gegenüber dem bereits ausgezahlten Zuschuß vom Antragsteller zurückzuerstatten.

6 Verfahren

6.1 Anträge auf die Gewährung eines Zuschusses zu den Beratungskosten sind nach Abschluß der Beratung und nach Zahlung der Beratungskosten bei einer in Anlage 2 genannten Leitstelle einzureichen.

6.2 Der Zuschußantrag ist auf einem vollständig ausgefüllten Original-Vordruck (Muster Anlage 3) zu stellen. Die Leitstellen informieren über Verlage, bei denen die Antragsformulare zu beziehen sind. Dem Antrag ist eine Durchschrift oder Fotokopie der Rechnung des Beraters, ein Exemplar des Beratungsberichts sowie eine Kopie des Kontoauszuges bzw. der Barzahlungsquittung beizufügen. Diese Unterlagen müssen der Leitstelle spätestens bis zum 31. Mai des auf den Beginn der Beratung folgenden Jahres vorgelegt werden. Andernfalls wird kein Zuschuß gewährt.

6.3 Die Leitstelle überprüft den Antrag und die eingereichten Unterlagen und leitet sie mit dem Ergebnis der Prüfung an die Bewilligungsbehörde (Nummer 6.4) weiter.

6.4 Bewilligungsbehörde ist das Bundesamt für Wirtschaft, Frankfurter Straße 29–31, 65760 Eschborn/Ts. bzw. Postfach 51 71, 65726 Eschborn. Es entscheidet über die Bewilligung des Zuschusses und veranlaßt die Auszahlung an den Antragsteller.

6.5 Für die Bewilligung, Auszahlung und Abrechnung der Zuwendung sowie für den Nachweis und die Prüfung der Verwendung und die gegebenenfalls erforderliche Aufhebung des Zuwendungsbescheides und die Rückforderung der gewährten Zuwendung gelten die Vorläufigen Verwaltungsvorschriften zu § 44 BHO sowie §§ 48 bis 49 a des Verwaltungsverfahrensgesetzes (VwVfG), soweit nicht in diesen Förderrichtlinien Abweichungen zugelassen worden sind.

6.6 Der Antrag mit den in Nummer 6.2 genannten Unterlagen gilt gleichzeitig als Verwendungsnachweis.

7 Subventionserhebliche Tatsachen

Die subventionserheblichen Tatsachen im Sinne des § 264 des Strafgesetzbuches sind im Zuschußantrag (Anlage 3) bezeichnet.

8 Inkrafttreten, Übergangsregelung

8.1 Diese Richtlinien treten am 1. Juli 1997 in Kraft. Sie gelten für die ab diesem Zeitpunkt begonnenen Beratungen.

8.2 Gleichzeitig treten die „Richtlinien über die Förderung von Unternehmensberatungen" vom 19. Dezember 1991 (BAnz. 1992 S. 1) außer Kraft. Für Beratungen, die bis einschließlich 30. Juni 1997 begonnen worden sind, gelten noch die vorgenannten Richtlinien.

8.3 Diese Richtlinien gelten längstens für Beratungen, die bis zum 31. Dezember 2000 begonnen werden.

Bonn, den 26. Juni 1997

Bundesministerium für Wirtschaft

Im Auftrag

Dr. Wegner

Anlage 1

Maßgebliche Umsatzgrenzen für die Förderung von Beratungen

Wirtschaftsbereich		Umsatz bis Mio.DM
a)	**Allgemeine Beratungen**	
	Industrie, Handwerk	10,0
	Groß-/Außenhandel	14,5
	Einzelhandel	5,0

Wirtschaftsbereich	Umsatz bis Mio.DM
Verkehrsgewerbe	4,0
Gastgewerbe	2,5
Reisebürogewerbe	2,0
Sonstige Dienstleistungsgewerbe	3,0
Wirtschaftsnahe Freie Berufe	2,5
Handelsvertreter, Handelsmakler	2,0
b) Umweltschutzberatungen	
Gewerbliche Wirtschaft und wirtschaftsnahe Freie Berufe	30,0
c) Energieeinsparberatungen	
Gewerbliche Wirtschaft	30,0
Agrarbereich und wirtschaftsnahe Freie Berufe	2,0

Erläuterungen:

1. Die Umsätze beziehen sich jeweils auf ein volles Geschäftsjahr. War ein Unternehmen noch kein volles Geschäftsjahr tätig, so ist zur Ermittlung des Jahresumsatzes der durchschnittliche Monatsumsatz zu errechnen und mit 12 zu multiplizieren.
2. Für gewerbliche Unternehmen, die in mehreren Wirtschaftsbereichen tätig sind (Mischbetriebe), gilt die günstigere Umsatzgrenze.
3. Als Umsatz gelten die Umsatzerlöse ohne Umsatzsteuer und Verbrauchsteuern nach Abzug von Preisnachlässen und zurückgewährten Entgelten.
4. Im Gastgewerbe zählen auch die im Rechnungsendbetrag enthaltenen Kosten der Bedienung zum Umsatz.
5. Im Verkehrsgewerbe bleiben der Handelseinsatz, Fremdleistungen und andere durchlaufende Posten unberücksichtigt.
6. Im Reisebürogewerbe, bei Handelsvertretern und Handelsmaklern sowie bei Bauträgergesellschaften gilt als Umsatz die Bruttoprovision ohne darin enthaltene Umsatzsteuer, jedoch zuzüglich der nach Nummer 3 dieser Erläuterungen zu ermittelnden Umsatzerlöse aus Eigengeschäften. Bei Eigenveranstaltungen von Reisebüros bleiben Fremdleistungen und andere durchlaufende Posten unberücksichtigt.

Anlage 2

Verzeichnis der Leitstellen

IHK-Gesellschaft zur Förderung der Außenwirtschaft und der Unternehmensführung mbH
Schönholzer Straße 10/11
13187 Berlin
Telefon: (0 30) 4 88 06-2 12/2 14
Telefax: (0 30) 4 88 06-2 32

als gemeinsame Stelle
des Bundesverbandes der Deutschen Industrie e.V. (BDI), Köln

der
Bundesvereinigung der Deutschen Arbeitgeberverbände, Köln
und des
Deutschen Industrie- und Handelstages (DIHT), Bonn

Zentralverband des Deutschen Handwerks
Johanniterstraße 1
53113 Bonn
Telefon: (02 28) 5 45-0
Telefax: (02 28) 5 45-2 05

Leitstelle für Gewerbeförderungsmittel des Bundes
Gothaer Allee 2
50969 Köln
Telefon: (02 21) 36 25 17
Telefax: (02 21) 36 25 12

Förderungsgesellschaft des BDS-DGV mbH für die gewerbliche Wirtschaft und Freie Berufe
August-Bier-Straße 18
53129 Bonn
Telefon: (02 28) 21 00 33-34
Telefax: (02 28) 21 18 24

Bundesbetriebsberatungsstelle für den Deutschen Groß- und Außenhandel GmbH
Bonner Talweg 57
53113 Bonn
Telefon: (02 28) 2 60 04 43
Telefax: (02 28) 2 60 04 35

Interhoga
Gesellschaft zur Förderung des Deutschen Hotel- und Gaststättengewerbes mbH
53173 Bonn, Kronprinzenstraße 46
53134 Bonn, Postfach 20 04 55
Telefon: (02 28) 82 00 08 37
Telefax: (02 28) 36 69 51

Bundesverband Güterkraftverkehr und Logistik (BGL) e.V.
Breitenbachstraße 1
60487 Frankfurt
Telefon: (0 69) 7 91 90
Telefax: (0 69) 79 19-2 27

Für den Agrarbereich (nur Energieeinsparberatungen) ist folgende Leitstelle zuständig:

Bundesanstalt für Landwirtschaft und Ernährung
Adickesallee 40
60322 Frankfurt
Telefon: (0 69) 15 64-3 32
Telefax: (0 69) 15 64-4 44

Anlage 3

Abrechnungs-Nr. der Leitstelle

Wird von der Leitstelle ausgefüllt → | | | 1 | | | | | |

Antrag für einen Zuschuß zu einer Unternehmensberatung

Der Antrag kann nur bearbeitet werden, wenn er auf einem Original-Antragsformular gestellt und vollständig ausgefüllt ist. Ihm sind die in Nr. 4 genannten Unterlagen beizufügen.

(Bitte mit Schreibmaschine oder in Druckschrift ausfüllen und Zutreffendes ankreuzen ☐)

An (Leitstelle)

Eingangsstempel (Leitstelle)

Bitte beachten!
Antragsfrist: 31. Mai des auf den Beginn der Beratung folgenden Jahres. Andernfalls wird kein Zuschuß gewährt.

Hiermit beantrage(n) ich/wir einen Zuschuß aus Fördermitteln des Bundes zu den Kosten einer Unternehmensberatung nach den „Richtlinien des Bundesministers für Wirtschaft über die Förderung von Unternehmensberatungen für kleine und mittlere Unternehmen" vom 26.Juni 1997 (Banz. 1997 S.8745) - im folgenden „Richtlinien" genannt -. Die folgenden Angaben unterliegen den Rechtsbestimmungen über den Datenschutz.

1. Antragsteller

1.1

Name bzw. Firma		
Anschrift (Straße, Haus-Nr., PLZ, Ort)		
Bundesland	Telefon	Telefax
Bankinstitut	BLZ	eigene Konto-Nr. des Antragstellers

1.2 Art der Tätigkeit bzw. der geplanten selbständigen Existenz:

1.3 Das Unternehmen bzw. die geplante selbständige Existenz gehört schwerpunktmäßig zu folgendem Wirtschaftsbereich (**nur einen Bereich ankreuzen**):

☐ Industrie ☐ Handwerk ☐ Groß- und Außenhandel ☐ Einzelhandel ☐ Verkehrsgewerbe ☐ wirtschaftsnahe Freie Berufe

☐ Gastgewerbe ☐ Reisebürogewerbe ☐ Handelsvertreter/Handelsmakler ☐ Sonstige Dienstleistungsgewerbe ☐ Agrarbereich (nur bei Energieeinsparberatung)

1.4 (Nicht von Existenzgründern auszufüllen)
Gesamtumsatz im letzten Geschäftsjahr vor Beginn der Beratung
(zu Mehrheitsbeteiligungen/Umsatzgrenzen vgl. Nr. 3 der Richtlinien)

19	DM

2. Beratung

2.1 **Es wird ein Zuschuß beantragt für eine** (Bitte nur eine Beratungsart ankreuzen!)

☐ **Existenzgründungsberatung** Ich versichere, daß ich im Zeitpunkt der Beratung keine selbständige Tätigkeit ausgeübt habe.

☐ **Existenzaufbauberatung**
(allgemeine Beratung innerhalb von 2 Jahren nach der Existenzgründung)

Gründungsdatum (Tag der Gewerbeaufnahme lt. Gewerbeanmeldung): Datum

☐ **Allgemeine Beratung**
(ohne Existenzaufbauberatung)

☐ **Energieeinsparberatung** ☐ **Umweltschutzberatung**

2.2 Inhalt und Ziel des Beratungsauftrages:

2.3 Der Beratungsauftrag wurde folgendem Berater /Beratungsunternehmen erteilt:

Name bzw. Firma	
Anschrift (Straße, Haus-Nr., PLZ, Ort	
Telefon	Die Beratung wurde durchgeführt von dem Berater

2.4 Die Beratung wurde begonnen am [Datum] und endete am [Datum]

Fortsetzung auf Blatt 2 !

Blatt 2 zum Antrag für einen Zuschuß zu einer Unternehmensberatung.

2.5 Mir/uns sind **seit dem 01. Juli 1997** vom Bundesamt für Wirtschaft folgende Zuschüsse nach den vorgenannten Richtlinien bewilligt worden oder wurden in folgender Höhe beantragt (Der hiermit beantragte Zuschuß ist nicht aufzuführen!):

2.5.1 Zuschüsse für **Existenzgründungsberatungen**	☐ keine	in Höhe von DM
2.5.2 Zuschüsse für **allgemeine Beratungen** (einschl. Existenzaufbauberatungen)	☐ keine	in Höhe von DM
2.5.3 Zuschüsse für **Energieeinsparberatungen**	☐ keine	in Höhe von DM
2.5.4 Zuschüsse für **Umweltschutzberatungen**	☐ keine	in Höhe von DM

3. Kosten der Beratung

3.1 Die Kosten der Beratung werden von mir in voller Höhe ☐ anerkannt ☐ nicht anerkannt

3.2 Die in Rechnung gestellten Beratungskosten abzüglich vom Berater gewährter Rabatte / Nachlässe betragen: **DM ohne Mwst** ____ **DM mit Mwst** ____

Die Beratungskosten sind von mir vor Antragstellung in voller Höhe bezahlt worden (Zuschußvoraussetzung !) ☐ ja ☐ nein

4. Anlagen zum Antrag

Dem Antrag (Original-Antragsformular) sind die folgenden Unterlagen beigefügt:
- Durchschrift oder Fotokopie der Originalrechnung des Beraters;
- ein Exemplar des Beratungsberichtes;
- Kontoauszug des Antragstellers oder Barzahlungsquittung, woraus die Bezahlung des Rechnungsbetrages vor Antragstellung hervorgeht (in Kopie);
- ein Nachweis über etwaige Rabatte oder Nachlässe auf die Beratungsrechnung.

5. Erklärung des Antragstellers:

Ich/Wir erkläre(n),

5.1 die „Richtlinien des Bundesministeriums für Wirtschaft über die Förderung von Unternehmensberatungen für kleine und mittlere Unternehmen" vom 26.06.1997 zu kennen und deren Bewilligungsvoraussetzungen erfüllt zu haben;

5.2 alle Angaben nach bestem Wissen und Gewissen gemacht zu haben und sie durch Geschäftsunterlagen belegen zu können;

5.3 für diese Beratung keinen weiteren Zuschuß aus öffentlichen Mitteln beantragt zu haben oder noch zu beantragen;

5.4 vom Berater/Beratungsunternehmen nach Antragstellung gewährte Rabatte oder Nachlässe auf die Beratungskosten unverzüglich der Leitstelle mitzuteilen;

5.5 einen beantragten oder bewilligten Zuschuß nicht abzutreten;

5.6 mein/unser Einverständnis, daß das Bundesamt für Wirtschaft die Zuschußberechtigung durch Einsicht in meine/unsere Bücher, Belege und sonstigen Geschäftsunterlagen sowie durch örtliche Erhebungen prüfen kann;

5.7 mein/unser Einverständnis, daß das Bundesministerium für Wirtschaft dem Haushaltsausschuß des Deutschen Bundestages im Einzelfall den Namen des Antragstellers sowie Höhe und Zweck der Zuwendung in vertraulicher Weise bekanntgibt, sofern der Haushaltsausschuß dies beantragt;

5.8 die Einwilligung, daß
- **die Leitstelle den von ihr geprüften Antrag an die Bewilligungsbehörde übermittelt.**
- **alle in diesem Antrag enthaltenen persönlichen und sachlichen Daten bei der Bewilligungsbehörde sowie bei der Leitstelle zum Zwecke der Antragsbearbeitung, Subventionsverwaltung und statistischen Auswertung auf Datenträgern erfaßt und verarbeitet werden. Die Einwilligung bezieht sich ausdrücklich auch auf die Erfassung, Speicherung und Verwendung der nach der Beratung zur späteren Kontrolle erforderlichen persönlichen und sachlichen Daten,**
- **der Antrag mit anderen Anträgen auf Förderung i.S. des Subventionsgesetzes verglichen wird, soweit dies zur Überprüfung der jeweiligen Bewilligungsvoraussetzung erforderlich ist und daß die Leitstelle über die Entscheidung der Bewilligungsbehörde unterrichtet wird.**

6. Erklärung des Antragstellers als Subventionsnehmer im Sinne des Subventionsgesetzes:

Mir/uns ist bekannt, daß die Angaben zu Nummer 1 bis 4 und die Erklärungen zu Nummer 5.1 bis 5.5 subventionserhebliche Tatsachen im Sinne des § 264 des Strafgesetzbuches sind und daß ein Subventionsbetrug strafbar ist. Nach § 3 des Subventionsgesetzes vom 29. Juli 1976 (BGBl. I 1976 S. 2034/2037) *) trifft den Subventionsnehmer eine sich auf alle subventionserheblichen Tatsachen erstreckende Offenbarungspflicht.

Hinweise:
1. Die Belege sind fünf Jahre nach Antragstellung aufzubewahren, sofern nicht nach steuerrechtlichen oder anderen Vorschriften eine längere Aufbewahrungsfrist bestimmt ist.
2. Die Bewilligungsbehörde (einschließlich der für sie zuständigen Vorprüfungsstelle) ist berechtigt, Bücher, Belege und sonstige Geschäftsunterlagen anzufordern sowie die Verwendung der Zuwendung durch örtliche Erhebungen zu prüfen oder durch Beauftragte prüfen zu lassen. Dafür sind die erforderlichen Unterlagen bereitzuhalten und die notwendigen Auskünfte zu erteilen.
3. Der Bundesrechnungshof ist zur Prüfung berechtigt (§ 91 BHO).
4. Zu Unrecht, insbesondere aufgrund unzutreffender Angaben, erhaltene Bundeszuschüsse sind nach den für Zuwendungen des Bundes geltenden Bestimmungen, einschließlich jährlich 3 % Zinsen über dem jeweiligen Diskontsatz der Deutschen Bundesbank, an die Bewilligungsbehörde zurückzuzahlen.

Ort, Datum	Unterschrift des Antragstellers/ggf. Firmenstempel

Erklärung des Beraters:
Ich erkläre Berater im Sinne der Nr. 4.1 der oben genannten Richtlinien zu sein, dessen überwiegender Geschäftszweck auf die entgeltliche Unternehmensberatung gerichtet ist. Für die diesem Antrag zugrundeliegende Beratung erhalte ich keine öffentlichen Zuschüsse. Ferner willige ich ein, daß die Daten aus dem Antrag, die sich auf mich beziehen, wie oben unter 5.8 beschrieben, entsprechend den vorgenannten Richtlinien mittels EDV gespeichert, verarbeitet und statistisch ausgewertet werden.

Ort, Datum	Unterschrift des Beraters/ggf. Firmenstempel

*) § 3 des Subventionsgesetzes lautet: „Offenbarungspflicht bei der Inanspruchnahme von Subventionen
(1) Der Subventionsnehmer ist verpflichtet, dem Subventionsgeber unverzüglich alle Tatsachen mitzuteilen, die der Bewilligung, Gewährung, Weitergewährung, Inanspruchnahme oder dem Belassen der Subvention oder des Subventionsvorteils entgegenstehen oder für die Rückforderung der Subvention oder des Subventionsvorteils erheblich sind. Besonders bestehende Pflichten zur Offenbarung bleiben unberührt.
(2) Wer einen Gegenstand oder eine Geldleistung, deren Verwendung durch Gesetz oder durch den Subventionsgeber im Hinblick auf eine Subvention beschränkt ist, entgegen der Verwendungsbeschränkung verwenden will, hat dies rechtzeitig vorher dem Subventionsgeber anzuzeigen."

12.2 Richtlinien zur Förderung von Strategie und Rationalisierungsberatungen für kleine und mittlere Unternehmen der Industrie und des industrieorientierten Dienstleistungsgewerbes (Mittelständisches Industrieberatungsprogramm)*

Bekanntmachung des Bayerischen Staatsministeriums für Wirtschaft und Verkehr vom 23. Januar 1990 Nr. 3693 – VIII/6 – 3882

Der Freistaat Bayern gewährt in Ausführung von Art. 5 des Mittelstandsförderungsgesetzes vom 8. Oktober 1974 (BayRS 707 – 1 – W) Zuwendungen zur Förderung der Beratung von kleinen und mittleren Unternehmen. Für die Gewährung der Zuwendungen gelten die allgemeinen haushaltsrechtlichen Bestimmungen – insbesondere Art. 23, 44 Bayerische Haushaltsordnung und die dazu erlassenen Verwaltungsvorschriften, soweit in den nachfolgenden Richtlinien nichts anderes bestimmt ist.

Die Förderung erfolgt ohne Rechtsanspruch im Rahmen der verfügbaren Haushaltsmittel.

1. Zweck der Förderung

Ziel des Beratungsprogramms ist die Zukunftssicherung und die nachhaltige Verbesserung des Erfolges mittelständischer Unternehmen der Industrie und des industrieorientierten Dienstleistungsgewerbes in einem sich ständig wandelnden wirtschaftlichen und technischen Umfeld, insbesondere im Hinblick auf den EG-Binnenmarkt.

Dabei stehen folgende Aspekte im Vordergrund:

- Die Ausrichtung auf eine klare Unternehmensstrategie,
- die Ausschöpfung von Marktchancen,
- die Verbesserung der Wirtschaftlichkeit.

Das Bayerische Staatsministerium für Wirtschaft und Verkehr fördert als Hilfe zur Selbsthilfe Beratungen, die zum Ziel haben, betriebliche Strategie- und Rationalisierungsdefizite festzustellen sowie Verbesserungsmaßnahmen zu initiieren, zu konzipieren und zu realisieren.

2. Gegenstand der Förderung

Gegenstand der Förderung ist die gezielte Einzelberatung kleiner und mittlerer Unternehmen auf den Gebieten der Strategie und der Rationalisierung.

Beratungen, die sich überwiegend auf Rechts-, Versicherungs- oder Steuerfragen beziehen. Architektenleistungen, gutachterliche Stellungnahmen, Qualitätsprüfungen, Akquisitions- und Vermittlungstätigkeiten sowie Management auf Zeit sind von der Förderung ausgeschlossen.

3. Zuwendungsempfänger

Antragsberechtigt sind Unternehmen der Industrie und des industrieorientierten Dienstleistungsgewerbes, die ihren Standort im Freistaat Bayern haben.

Beratungen für kleine und mittlere Unternehmen anderer Wirtschaftsbereiche sind nur mit Zustimmung des Bayerischen Staatsministeriums für Wirtschaft und Verkehr förderfähig.

---

* Exemplarisch dargestellt für den Freistaat Bayern. Ähnliche Programme finden sich auch in den übrigen Bundesländern. Auskünfte über genaue Regelungen bei der jeweiligen Industrie- und Handelskammer.

4. Fördervoraussetzungen

Es können Unternehmen gefördert werden, deren Umsatz 18 Mio. DM und deren Beschäftigtenzahl 150 Mitarbeiter in dem der Antragstellung vorausgegangenen Wirtschaftsjahr nicht überstiegen haben. Umsatzsteuer und/oder Verbrauchsteueranteile bleiben außer Ansatz. Befindet sich ein Unternehmen im Mehrheitsbesitz eines anderen Unternehmens, so ist die Summe der Jahresumsätze beider Unternehmen maßgebend.

Eine Förderung nach diesen Richtlinien ist nicht zulässig, wenn für den gleichen Zuwendungszweck andere öffentliche Mittel in Anspruch genommen werden.

5. Art und Umfang der Förderung

Zu den Kosten der Beratung werden Verbilligungszuschüsse als Projektförderung gewährt.

Der Zuschuß wird geleistet zum Tagewerkshonorar für die Beratung und für die Abfassung des Berichts oder für Ausarbeitungen zur erfolgten Beratung.

Als Zuschuß werden je Tagewerk 350 DM gewährt. Für Betriebe mit Standort in den Regierungsbezirken Niederbayern, Oberpfalz, Oberfranken und Unterfranken beträgt der Zuschuß je Tagewerk 380 DM. Reisekosten werden nicht gesondert bezuschußt.

Dem Tagewerkshonorar liegt ein Arbeitseinsatz von mindestens 6 Stunden zugrunde. Bei weniger als 6 Stunden wird das Tagewerkshonorar anteilig berechnet. Reisezeiten bleiben außer Ansatz.

Innerhalb von 4 Jahren sind Beratungen bis zu 20 Tagewerken zuschußfähig. Die Beratungsleistungen können zusammenhängend oder in einzelnen Abschnitten in Anspruch genommen werden.

6. Aufgaben des RKW Bayern

Programmführende Stelle ist die Landesgruppe Bayern des Rationalisierungs-Kuratoriums der Deutschen Wirtschaft e.V. (RKW Bayern).

Das RKW Bayern sorgt für die Aufschließung der zuschußberechtigten Unternehmen durch schriftliche Information sowie durch Informationsgespräche und Vorträge bei Multiplikatoren (z. B. Kammern, Verbände, Banken).

Bei allen interessierten Unternehmen führt das RKW Bayern Kontaktberatungen durch. Diese dienen der Ermittlung des Beratungsbedarfs, der Definition der Beratungsaufgabe, der Festlegung der Beratungsdauer, der Kalkulation der Beratungskosten, der Prüfung der Zuschußmöglichkeiten und der Antragsberechtigung des Unternehmens, der Entgegennahme des Zuschußantrages und dem Abschluß des Beratungsauftrages.

Im Rahmen der Kontaktberatung informiert und berät das RKW Bayern die Unternehmen auch über andere Förderprogramme des Freistaates Bayern, des Bundes und der EG.

Das RKW Bayern nimmt seine Aufgaben im Sinne dieser Richtlinien in ganz Bayern wahr.

Für die Durchführung der Beratung setzt das RKW Bayern im allgemeinen freiberufliche Berater oder Beratungsgesellschaften ein. Die Berater müssen die erforderliche Eignung für die Beratungsaufgabe besitzen. Beratungen durch Mitarbeiter des RKW Bayern können nicht bezuschußt werden.

7. Antrags- und Bewilligungsverfahren

7.1 Antragsverfahren

Der Formblatt-Antrag auf Gewährung von Verbilligungszuschüssen ist von dem Unternehmen an das RKW Bayern zu richten.

7.2 Bewilligungsverfahren

Das RKW Bayern prüft die Antragsvoraussetzungen und wählt im Einvernehmen mit dem Unternehmen einen freien Berater aus, der für die Beratungsaufgabe kompetent und für das Unternehmen geeignet ist. Das RKW Bayern informiert den ausgewählten Berater über die Beratungsaufgabe und schließt mit ihm einen Beratervertrag ab.

Gleichzeitig bewilligt das RKW Bayern im Auftrag des Bayerischen Staatsministeriums für Wirtschaft und Verkehr dem Unternehmen auf Formblatt den beantragten Verbilligungszuschuß.

Der Zuwendungsbescheid wird insoweit gegenstandslos, als die Beratung nicht innerhalb von 12 Monaten – vom Datum des Bewilligungsbescheides an gerechnet – durchgeführt worden ist.

7.3 Auszahlung

Das RKW Bayern überwacht die Beratungsleistungen des eingesetzten freien Beraters und die Beratungstermine. Es prüft den Beratungsbericht und leitet ihn an das beratene Unternehmen weiter.

Nach Durchführung der Beratung oder eines Beratungsabschnittes wird vom RKW Bayern die Rechnung des eingesetzten freien Beraters geprüft und bezahlt.

Nach Abschluß der Beratung oder einzelner Beratungsabschnitte rechnet das RKW Bayern die Beratungskosten und den Zuschuß mit dem Unternehmen ab.

Für die Verwaltungskosten, die dem RKW Bayern bei der Ausführung seiner Aufgaben entstehen, berechnet es gegenüber dem Unternehmen einen angemessenen Deckungsbeitrag.

7.4 Verwendungsnachweis

Das RKW Bayern rechnet die Beratungszuschüsse mit dem Bayerischen Staatsministerium für Wirtschaft und Verkehr ab. Es überwacht den Zuschußetat und erstellt nach Jahresabschluß den Verwendungsnachweis (sachlicher Bericht und zahlenmäßige Nachweisung).

Es dokumentiert die durchgeführten Beratungen und erstellt statistische Auswertungen hinsichtlich Branchen, Betriebsgrößen und Regionen.

Es kontrolliert durch schriftliche Befragung der beratenen Unternehmen den Beratungserfolg.

8. Hinweise

Zuwendungen, die aufgrund dieser Richtlinien bewilligt werden, sind Subventionen im Sinne des § 264 des Strafgesetzbuches. Subventionserhebliche Tatsachen, von denen die Bewilligung, Gewährung, Rückforderung oder Weitergewährung abhängig ist, sind sämtliche im Antrag des Zuwendungsempfängers enthaltenen Angaben zur Firma und zum Projekt.

Das RKW Bayern informiert den Zuwendungsempfänger vor der Bewilligung der Leistung über alle subventionserheblichen Tatsachen im Sinne von VV Nr. 3.6 zu Art. 44 BayHO.

9. Verfahren zwischen dem RKW Bayern und dem Bayerischen Staatsministerium für Wirtschaft und Verkehr

Das RKW Bayern legt alljährlich, spätestens bis 15. November, den vom Vorstand genehmigten Haushaltsplan zusammen mit einer Deckungsbeitragsrechnung über die nach diesen Richtlinien zuschußfähigen Beratungen für das folgende Kalenderjahr dem Bayerischen Staatsministerium für Wirtschaft und Verkehr vor.

Das Bayerische Staatsministerium für Wirtschaft und Verkehr prüft die im Haushaltsplan des RKW Bayern veranschlagten staatlichen Zuschüsse für das mittelständische Industrieberatungsprogramm sowie die Deckungsbeitragsrechnung und teilt dem RKW Bayern das Ergebnis dieser Prüfung möglichst innerhalb eines Monats mit.

Der Haushaltsplan des RKW Bayern und das Zustimmungsschreiben des Bayerischen Staatsministeriums für Wirtschaft und Verkehr bilden die Grundlage für die ratenweise Abrufung der staatlichen Zuwendungsmittel durch das RKW Bayern.

Die Abrufung der Staatsmittel setzt die Vorlage eines einfachen Mittelbedarfsnachweises voraus und soll den Bedarf von 2 Monaten nicht überschreiten. Die veranschlagten Staatsmittel stehen grundsätzlich nur für das jeweilige Haushaltsjahr zur Verfügung. Nicht abgerufene Staatsmittel können jedoch mit Zustimmung des Bayerischen Staatsministeriums der Finanzen auf begründeten Antrag des RKW Bayern, der spätestens bis zum 10. Januar des Folgejahres vorzulegen ist, auf das nächste Jahr übertragen werden.

10. Inkrafttreten

Diese Richtlinien treten am 25. Januar 1990 in Kraft.

12.3 Allgemeine Geschäftsbedingungen für die Durchführung von RKW-Beratungen

1 Geltungsbereich

1.1 Die Auftragsbedingungen gelten für alle Verträge mit dem RKW über Beratungen und für ähnliche Aufträge.

1.2 In aller Regel führt das RKW Beratungen nicht selbst durch, sondern setzt selbständig tätige Berater beim Auftraggeber ein. Der Auftraggeber ist mit der vollständigen oder teilweisen Übertragung der Beratungsverpflichtungen auf einen vom RKW ausgewählten Berater einverstanden.

2 Umfang und Ausführung des Auftrages

2.1 Gegenstand des Auftrages ist die vereinbarte Tätigkeit oder die sonstige Leistung und nicht ein Erfolg. Der Auftrag wird nach den Grundsätzen einer ordnungsgemäßen Berufsausübung für Unternehmensberater ausgeführt. Das RKW wird unter diesen Gesichtspunkten den oder die Berater sorgfältig auswählen.

2.2 Der Auftraggeber hat dafür zu sorgen, daß dem RKW oder dem Berater alle für die Ausführung des Auftrages notwendigen Informationen und Unterlagen zur Verfügung stehen und ist auch verpflichtet, die zur Ermittlung der Informationen oder der Schaffung der Unterlagen erforderlichen Arbeiten durchführen zu lassen. Die Mitwirkungspflicht des Auftraggebers erstreckt sich auch auf Vorgänge und Unterlagen, die erst während der Tätigkeit des Beraters bekannt werden.

2.3 Auf Verlangen des Beraters wird der Auftraggeber in einer vom Berater schriftlich abgefaßten Erklärung bestätigen, daß der Berater vollständig unterrichtet wurde und daß keine weiteren Unterlagen als die zur Verfügung gestellten vorhanden sind.

2.4 Mitarbeiter des RKW sind berechtigt, an den Beratungen teilzunehmen.

3 Erstellung und Wirkung eines Berichtes

3.1 Nach Abschluß eines Beratungsauftrages wird, wenn nichts anderes vereinbart ist, ein schriftlicher Bericht erstellt. In diesem Fall ist zwischen dem Auftraggeber und dem RKW nur dieser schriftliche Bericht maßgebend. Zusätzliche mündliche Erklärungen des Beraters sind für das RKW unverbindlich.

3.2 Der Auftraggeber ist verpflichtet, die im Rahmen der Durchführung des Beratungsauftrages gefertigten Berichte mit allen Anlagen nur für seine eigenen Zwecke zu verwenden.

3.3 Im übrigen bedarf die Weitergabe des Berichtes oder der sonstigen Ergebnisse aus der Beratung an dritte Personen der schriftlichen Zustimmung des RKW.

4 Gewährleistung und Haftung

4.1 Enthält die Beratung oder die Berichterstattung Mängel im Sinne des Vertrages oder des Gesetzes, wird das RKW nach Aufforderung durch den Auftraggeber in angemessener Frist die notwendigen Nachleistungen kosten- und spesenfrei erbringen. Das RKW ist berechtigt, für diese Nacharbeiten auch andere Berater oder Mitarbeiter des RKW einzusetzen.

4.2 Verbleiben trotz Nachbesserungen Mängel oder sind sonst noch Nachteile für den Auftraggeber vorhanden, kann nur dann Schadenersatz verlangt werden, wenn der Berater oder ein Mitarbeiter des RKW grob fahrlässig oder vorsätzlich gehandelt hat. Das gilt auch, wenn notwendige Nachleistungen vom RKW nach erneuter Aufforderung durch den Auftraggeber innerhalb einer bezeichneten angemessenen Nachfrist (§ 326 BGB) nicht erbracht worden sind.

4.3 Vorstehende Haftungsbeschränkung auf vorsätzliches und grob fahrlässiges Verhalten gilt auch für Schäden, die durch sonstiges vertrags- oder pflichtwidriges Verhalten durch den Berater oder durch Mitarbeiter des RKW nachweisbar entstanden sind.

5 Schweigepflicht

5.1 Das RKW und der Berater sind nach Maßgabe der gesetzlichen Vorschriften und nach den vertraglichen Regelungen verpflichtet, über alle Tatsachen, die ihnen im Zusammenhang mit ihrer Tätigkeit für den Auftraggeber bekannt werden, Stillschweigen zu wahren. Der Austausch von Informationen zwischen Berater und dem RKW ist jedoch jederzeit gestattet.

5.2 Bei öffentlich geförderten Beratungen ist der Auftraggeber damit einverstanden, daß eine Ausfertigung eines erstellten Beratungsberichtes der zur Beurteilung des Ergebnisses der Fördermaßnahme zuständigen Stelle vom RKW überlassen wird.

6 Kündigung

6.1 Der Vertrag ist für beide Teile grundsätzlich unkündbar.

6.2 Eine fristlose Kündigung aus wichtigem Grund bleibt unberührt. Neben den gesetzlichen Gründen zur fristlosen Kündigung kann das RKW vorstehenden Beratungsvertrag dann fristlos kündigen, wenn der Auftraggeber seinen Mitwirkungspflichten insbesondere nach 2.1 bis 2.4 trotz Aufforderung und Fristsetzung durch den Berater oder durch das RKW nicht nachkommt.

6.3 Endet der Beratungsvertrag durch fristlose Kündigung, hat der Auftraggeber die bis dahin erbrachten Leistungen in jedem Falle vertragsgemäß zu vergüten.

7 Vergütung

7.1 Nur das RKW kann dem Auftraggeber die Vergütung für die Beratungsleistung in Rechnung stellen.

Zahlungen sind ausschließlich an das RKW zu leisten. Dritte Personen, insbesondere tätig gewordene Berater, sind zur Rechnungsstellung und zur Empfangnahme von Vergütungen oder sonstigen Gegenleistungen des Auftraggebers nicht ermächtigt.

7.2 Das RKW ist berechtigt, die Beratungsleistungen wöchentlich abzurechnen, unabhängig davon, an wie vielen Tagen in einer Woche beraten wurde. Rechnungen des RKW sind ohne Abzug binnen 14 Tagen nach Rechnungserhalt durch den Auftraggeber zu begleichen.

7.3 Im einzelnen genau festgelegte Beratungszeiten (Tage, Stunden), die nicht wahrgenommen werden können aus Gründen, die der Auftraggeber zu vertreten hat, sind voll zu vergüten. Das gilt nicht, wenn vereinbarte Beratungszeiten mindestens sieben Tage vorher vom Auftraggeber abgesagt werden. Ansonsten gelten die gesetzlichen Vorschriften über den Ausfall und Wegfall von Leistungen.

8 Erfüllungsort und Gerichtsstand

Erfüllungsort für beide Teile ist der Sitz der jeweils zuständigen Landesgruppe. Besitzt der Auftraggeber die Kaufmannseigenschaft, dann ist auch der Gerichtsstand der Sitz der jeweiligen Landesgruppe.

9 Ausfüllung von Vertragslücken

Soweit eine besondere Vereinbarung nicht getroffen oder eine getroffene unwirksam ist, gelten jeweils die gesetzlichen Vorschriften. In jedem Fall ist das deutsche Recht maßgebend.

12.4 Allgemeine Vertragsbedingungen für die Tätigkeit selbständiger Unternehmensberater im Auftrag des RKW

1 Geltungsbereich

Die Vertragsbedingungen gelten für Verträge zwischen dem RKW und selbständigen Unternehmensberatern, denen vom RKW ganz oder teilweise die Beratung von Unternehmen übertragen wird.

2 Umfang und Ausführung des Auftrages

2.1 Der Berater ist verpflichtet, den ihm übertragenen Auftrag mit größter Sorgfalt durchzuführen. Erkennt der Berater, daß er zur Durchführung eines Auftrages – aus welchen Gründen auch immer – nicht geeignet ist, so hat er dies dem RKW sofort mitzuteilen und den Auftrag zurückzugeben.

2.2 Der Berater hat die „Allgemeinen Geschäftsbedingungen für die Durchführung von RKW-Beratungen", die zwischen dem RKW und den Beratungskunden vereinbart sind, zur Kenntnis genommen. Er wird diese Bedingungen bei der Durchführung seiner Tätigkeit genau beachten und entsprechend handeln.

2.3 Bei der Durchführung des Auftrages hat der Berater Eigenwerbung zu unterlassen. Anderweitige Geschäftsinteressen außer denen des RKW dürfen nicht verfolgt werden.

2.4 Der Berater ist an die in dem Vertrag zwischen dem RKW und dem Beratungskunden festgelegte Aufgabenstellung gebunden. Die Beratungsleistung ist in dem vereinbarten Zeitraum zu erbringen; vereinbarte Termine sind einzuhalten.

Sollte der Berater während der Durchführung des Auftrages erkennen, daß die Aufgabenstellung und/oder die Termine für die Dauer der Beratung verändert werden müssen, hat er dies dem RKW unverzüglich mitzuteilen.

2.5 Der Berater hat die Beratung grundsätzlich in eigener Person durchzuführen. Beabsichtigt der Berater, andere Personen bei der Durchführung der Beratung einzusetzen, so hat er dies vor deren Einsatz dem RKW mitzuteilen. Das RKW kann die Zustimmung ohne Angabe von Gründen verweigern.

Wird eine Beratungsgesellschaft mit der Beratung beauftragt, so sind dem RKW die einzelnen Personen, die die Beratung durchführen sollen, zu benennen. Das RKW kann Personen ohne Angabe von Gründen ablehnen.

2.6 Der Berater hat innerhalb von 14 Tagen nach Auftragserteilung die erforderlichen Termine mit dem Unternehmer abzusprechen und die festgelegten Termine dem RKW mitzuteilen.

2.7 Dem RKW ist innerhalb von zwei Wochen nach Abschluß der Beratung auf neutralem Papier ein Bericht über die Beratung in jeweils dreifacher Ausfertigung vorzulegen. Hierfür gelten die „Grundsätze für die einheitliche Gestaltung von RKW-Beratungsberichte“, die als Anlage diesen Bedingungen beigefügt oder dem Berater bekannt sind.

2.8 Mitarbeiter des RKW sind berechtigt, an Beratungen teilzunehmen.

3 Schweigepflicht

3.1 Der Berater und alle mitarbeitenden Personen sind verpflichtet, über alle Tatsachen, die ihnen im Zusammenhang mit ihrer Tätigkeit für den Beratungskunden bekannt werden, Stillschweigen zu bewahren. Das RKW ist jedoch umfassend zu unterrichten.

3.2 Der Berater darf nur mit Zustimmung des RKW die Weitergabe eines Beratungsberichtes oder Teile hiervon gestatten. Er ist verpflichtet, der Weitergabe eines Beratungsberichtes zuzustimmen, wenn dies vom RKW gewünscht wird.

4 Haftung

4.1 Der Berater haftet dem RKW gegenüber bei Erfüllung seiner Verpflichtungen für Vorsatz und für jede Art von Fahrlässigkeit.

4.2 Wird das RKW wegen der Tätigkeit des Beraters in Anspruch genommen, hat der Berater das RKW von entsprechenden Forderungen freizustellen.

4.3 Der Berater ist verpflichtet, eine Berufshaftpflichtversicherung abzuschließen, die durch den Berater verursachte Schäden bestmöglich abdeckt. Auf Verlangen ist ein Nachweis hierüber zu erbringen.

5 Mangelhafte Leistung

5.1 Bei mangelhafter Beratung oder Berichterstattung durch den Berater kann das RKW die notwendigen Nachleistungen kostenlos und spesenfrei fordern. Kommt der Berater dieser Verpflichtung nicht nach, ist das RKW nach vergeblicher Mahnung mit angemessener Fristsetzung berechtigt, auf Kosten des Beraters die notwendigen Nachleistungen anderweitig in Auftrag zu geben oder das Honorar des Beraters zu mindern.

5.2 Schadenersatzansprüche wegen schuldhafter Vertragsverletzung bleiben unberührt.

6 Vertragsdauer, vorzeitige Beendigung, Folgeaufträge

6.1 Der Beratervertrag läuft für die vereinbarte Zeit. Kündigt das RKW den Beratungsvertrag mit dem Beratungskunden oder endet dieser Vertrag auf sonstige Weise (siehe 6.2 der Geschäftsbedingungen zum Beratungsvertrag), dann endet zum gleichen Zeitpunkt auch der Vertrag des RKW mit dem Berater. Der Berater hat in diesem Falle Anspruch auf Vergütung für die bis dahin von ihm erbrachten Leistungen.

6.2 Endet der Beratungsvertrag mit dem Beratungskunden vor Abschluß der Beratung aus Gründen, die der Berater zu vertreten hat, ist dieser verpflichtet, dem RKW alle durch die vorzeitige Beendigung des Beratungsvertrages mit dem Kunden entstehenden Nachteile zu ersetzen.

6.3 Der Berater hat das RKW unverzüglich zu unterrichten, wenn ihm Gründe beim Beratungskunden bekannt werden, die das RKW zur sofortigen Kündigung des Beratungsvertrages mit dem Kunden berechtigen könnten. Der Berater ist auch verpflichtet, dem RKW unverzüglich mitzuteilen, wenn Antrag auf Konkurs oder Eröffnung des Vergleichsverfahrens gestellt wurde oder gegen den Beratungskunden Zwangsvollstreckungsmaßnahmen durchgeführt wurden oder wenn eine Zahlungsunfähigkeit zu erwarten ist.

6.4. Zusatz-, Folge- oder Neuaufträge des Unternehmens an den Berater sind unverzüglich, in jedem Falle vor Annahme durch den Berater, dem RKW mitzuteilen.

7 Vergütung

7.1 Der Berater hat dem RKW innerhalb von zwei Wochen nach Abschluß der Beratung die Honorar- und Reisekostenabrechnung mit Zeitnachweis in zweifacher – bei öffentlich geförderten Beratungen in dreifacher – Ausfertigung unter Verwendung der entsprechenden RKW-Formulare einzureichen. Für Reise- und sonstige Nebenkosten sind Originalbelege vorzulegen.

7.2 Der Berater ist nicht inkassoberechtigt.

7.3 Der Berater darf vom Beratungskunden keine gesonderten Honorare oder sonstige Vergünstigungen für seine Beratungstätigkeit verlangen oder annehmen.

7.4 Geleistete Tagwerke, für die ein öffentlicher Zuschuß gewährt wird, müssen in dem Jahr abgerechnet werden, in dem sie durchgeführt wurden.

8 Abtretung von Honoraransprüchen

Die Abtretung einer Forderung des Beraters aus dem Beratervertrag ist nur mit Zustimmung des RKW wirksam.

9 Erfüllungsort

Erfüllungsort für die Leistungen beider Teile ist der Sitz der jeweiligen Landesgruppe.

10 Unwirksamkeitsklausel

Sollten eine oder mehrere Bestimmungen vorstehender Vertragsbedingungen unwirksam sein oder unwirksam werden, so berührt dies nicht die Gültigkeit der übrigen Bestimmungen. Soweit keine Vereinbarungen getroffen sind, gelten die gesetzlichen Vorschriften.

12.5 Berufsgrundsätze für Unternehmensberater im BDU

Berufsgrundsätze für die Mitglieder des BDU e.V.

Präambel

Diese Grundsätze bestimmen das Verhalten der Mitglieder des Bundesverbandes Deutscher Unternehmensberater BDU e.V., die sich als „Unternehmensberater" bezeichnen und/oder als solche tätig werden, in ihren Beziehungen zu Klienten, Interessenten, Mitarbeitern, Bewerbern, Lieferanten, Verbänden und der Öffentlichkeit.

Einführung und Einhaltung

Die Mitglieder und Anwärter des BDU verpflichten sich freiwillig zur Einhaltung der Grundsätze und unterwerfen sich in strittigen Fragen einem Ehren- oder Schiedsgericht. Die Grundsätze werden in geeigneter Form allen Mitarbeitern der BDU-Mitglieder bekanntgegeben und diese zur Einhaltung angehalten.

Die Grundsätze für die Berufsausübung der Unternehmensberater

1. Fachliche Kompetenz

Unternehmensberater übernehmen nur Aufträge, für deren Bearbeitung die erforderlichen Fähigkeiten, Erfahrungen und Mitarbeiter bereitgestellt werden können.

Unternehmensberater suchen Lösungen, die dem Stand der Wissenschaft, der Entwicklung der Branche und den Bedürfnissen des Klienten in bester Weise gerecht werden.

Unternehmensberater unternehmen alle Anstrengungen, ihre Kenntnisse, Fähigkeiten und Verfahrenstechniken ständig zu verbessern und machen ihren Klienten die Vorteile dieser Verbesserungen uneingeschränkt zugänglich.

2. Seriosität und Effektivität

Unternehmensberater empfehlen ihre Dienste nur dann, wenn sie erwarten, daß ihre Arbeit Vorteile für den Klienten bringt.

Sie geben realistische Leistungs-, Termin- und Kostenschätzungen ab und bemühen sich, diese einzuhalten.

Unternehmensberater üben nicht nur eine gutachterliche Tätigkeit aus oder erarbeiten Empfehlungen, sondern wirken bei der Realisierung der Vorschläge mit und arbeiten solange mit dem Klienten zusammen, bis dieser die Aufgabe ohne Hilfe des Unternehmensberaters fortführen kann. Unternehmensberater sind sich bewußt, daß neben der sachlichen Lösung die menschlichen Beziehungen große Bedeutung besitzen. Sie bemühen sich deshalb um eine harmonische Zusammenarbeit mit dem Auftraggeber und seinen Mitarbeitern.

3. Objektivität, Neutralität und Eigenverantwortlichkeit

Unternehmensberater werden grundsätzlich eigenverantwortlich tätig und akzeptieren in Ausübung ihrer Tätigkeit keine Einschränkung ihrer Unabhängigkeit durch Erwartungen Dritter. Sie führen eine unvoreingenommene und objektive Beratung durch und sprechen auch Unangenehmes offen aus. Sie erstellen keine Gefälligkeitsgutachten.

Unternehmensberater respektieren auch gegenüber den für sie tätigen Mitarbeitern, soweit diese als Unternehmensberater qualifiziert sind, deren Verpflichtung zu eigenverantwortlicher Tätigkeit.

Unternehmensberater verpflichten sich zur Neutralität gegenüber Lieferanten von Geräten, Hilfsmitteln und Diensten, die zur Verwirklichung ihrer Vorschläge erforderlich sind und fordern oder akzeptieren von diesen keinerlei Provisionen, Aufwandsentschädigungen oder dergleichen. Sofern Unternehmensberater Lieferanten empfehlen, erfolgt dies nur aufgrund der Erfordernisse des Klienten oder einer vergleichenden Analyse des Leistungsangebotes der Lieferanten. Sofern Unternehmensberater EDV-Software-Pakete oder -Geräte oder -Hilfsmittel empfehlen, die von ihnen vertrieben werden oder an denen sie in irgendeiner Form finanziell interessiert sind, weisen sie auf diese Tatsachen hin und erwecken nicht den Eindruck einer neutralen Produktauswahl.

4. Vertraulichkeit

Unternehmensberater behandeln alle internen Vorgänge und Informationen des Klienten, die ihnen durch ihre Arbeit bekannt werden, streng vertraulich. Insbesondere werden auftragsbezogene Unterlagen nicht an Dritte weitergegeben.

Unternehmensberater gewähren keinen generellen Konkurrenzausschluß. Über einen speziellen Konkurrenzausschluß werden in besonderen Fällen Absprachen getroffen.

Unternehmensberater halten sich für berechtigt, Klientenlisten zu veröffentlichen, werden aber Klienten nur dann als Referenz angeben, wenn sie deren Zustimmung zuvor eingeholt haben.

5. Unterlassung von Abwerbung

Unternehmensberater bieten Mitarbeitern ihrer Klienten weder direkt noch indirekt Positionen bei sich selbst oder anderen Klienten an.

Unternehmensberater erwarten, daß auch ihre Klienten während der Zusammenarbeit mit ihnen mit keinem ihrer Mitarbeiter Einstellungsverhandlungen führen und ihre Mitarbeiter nicht abwerben.

Unternehmensberater verlangen von ihren Mitarbeitern, daß sie während der Dauer der Klientenbeziehungen keine Verhandlungen mit Klienten über eine Einstellung führen, damit die Objektivität ihrer Arbeit gesichert wird.

Unternehmensberater nehmen keine sitten- und wettbewerbswidrige Abwerbung von Mitarbeitern anderer BDU-Mitglieder vor.

6. Fairer Wettbewerb

Unternehmensberater erbringen mit Ausnahme der Erarbeitung und Abgabe von Angeboten keine unentgeltlichen Vorleistungen, noch bieten sie Arbeitskräfte oder andere Leistungen zur Probe an.

Unternehmensberater achten das geistige Urheberrecht an Vorschlägen, Konzeptionen und Veröffentlichungen anderer und verwenden solches Material nur mit Quellenangabe. Unternehmensberater empfehlen bei sachlich-fachlicher Notwendigkeit nur solche Kollegen, deren Leistungsstand ihnen bekannt ist, dabei und bei Kooperationen bevorzugen sie BDU-Mitglieder.

Unternehmensberater legen bei Kooperationen, soweit es sich nicht um einen Kapazitätsausgleich handelt, gegenüber den Klienten die Projektverantwortlichkeit sowie Art und Umfang der Zusammenarbeit offen und klar dar.

7. Angemessene Preisbildung

Unternehmensberater berechnen Honorare, die im richtigen Verhältnis zu Art und Umfang der durchgeführten Arbeit stehen und die vor Beginn der Beratungstätigkeit mit dem Klienten abgestimmt worden sind.

Unternehmensberater geben Festpreisangebote nur für Projekte ab, deren Umfang zu überblicken ist und bei denen nach honorarpflichtigen Voruntersuchungen Umfang und Schwierigkeitsgrad der zu lösenden Probleme präzise und für beide Vertragsparteien überschaubar und verbindlich herausgearbeitet worden sind.

Unternehmensberater präzisieren ihre Angebote so, daß der Klient weiß, welche sonstigen Kosten neben dem Honorar in Rechnung gestellt werden.

8. Seriöse Werbung

Unternehmensberater verpflichten sich zu seriösem Verhalten in der Werbung und der Akquisition und präsentieren ihre Qualifikation einzig im Hinblick auf ihre Fähigkeiten und ihre Erfahrung. Referenzschreiben werden nicht, auch nicht auszugsweise, verbreitet.

Unternehmensberater halten sich in ihren Darstellungen über ihre Umsätze, Mitarbeiter, Tätigkeitsbereiche etc. an den augenblicklichen Stand und geben keine spektakulären Zukunftspläne bekannt.

12.6 Grundsätze für die einheitliche Gestaltung von RKW-Beratungsberichten

Vorbemerkung

Der Bericht geht an das RKW, nicht direkt an das Unternehmen.

Um eine formaleinheitliche Berichtsgestaltung und inhaltliche Gliederungssystematik zu erreichen, bitten wir Sie, sich an die folgenden Grundsätze zu halten.

1 Ziel und Aufbau

Die Beratung soll Veränderungen im Unternehmen bewirken. Dies wollen wir auch durch den Bericht unterstützen. Im Mittelpunkt steht deshalb das Bessere, das Neue, nicht dokumentierte Vergangenheit und Gegenwart.

Der Beratungsbericht ist die Dokumentation der Beratung. Er dient als

- Darstellung und Begründung der Vorschläge
- Aktionsprogramm für die Realisierung der Beratungsvorschläge
- Grundlage für ein Abschlußgespräch
- Leistungsnachweis des Beraters
- Instrument der Erfolgskontrolle.

2 Aufbau des Beratungsberichtes

Der wichtigste Leser des Beratungsberichtes ist der Auftraggeber. Auf ihn zugeschnitten ist der Bericht zu gestalten.

2.1 Deckblatt

Es wird vom RKW erstellt und enthält die Namen und Anschriften des beratenen Unternehmens und des eingesetzten Beraters.

2.2 Gliederung

Numerierung, Kapitelüberschriften und Seitenangaben im Textteil des Berichtes müssen mit den Angaben im Inhaltsverzeichnis übereinstimmen.

Keine zu tiefgehende Gliederung.

Beispiel für die Gliederung des Beratungsberichtes

Inhaltsverzeichnis

	Seite
1. Beratungsaufgabe	1
2. Beratungsziele	2
3. Vorgehensweise	4
4. Kurzfassung der Ergebnisse	5
5. Ist-Zustand	7
6. Soll-Konzept	10
7. Maßnahmenplan	19
7.1 Betriebswirtschaft	19
7.2 Vertriebsbereich	22
7.3 Technischer Bereich	24
7.4	28
8. Schlußbemerkung	30
9. Anlagen	
9.1	
9.2	
9.3	

2.3 Beratungsaufgabe

Wortlaut des RKW-Auftrages, Detaillierung und Interpretation nur soweit erforderlich. Eine Änderung der Aufgabenstellung ist nur nach Rücksprache mit dem zuständigen Projektbetreuer im RKW zulässig.

Falls erforderlich *Besonderheiten* aus dem Beratungsverlauf, z. B. geänderte Aufgabenstellung (Nennung des Grundes), Schwierigkeiten, Behinderungen, Unterbrechungen etc.

2.4 Beratungsziele

Erläuterung der konkreten qualitativen und – soweit möglich – quantitativen Zielsetzung, d. h. Beschreibung des End- und Sollzustandes.

2.5 Vorgehensweise

Kurze Beschreibung der Erhebungs-, Auswertungs- und Darstellungsmethodik bei komplexen Beratungsfällen.

2.6 Kurzfassung der Ergebnisse

Umfang der Zusammenfassung: Bei kurzen Berichten höchstens eine Seite, bei längeren Berichten möglichst nicht mehr als 5 % der Seitenzahl des Berichtes.

Kritische *Beurteilung* der Situation des Unternehmens (keine Wiedergabe des Ist-Zustandes in Kurzfassung!).

Wichtige *Verbesserungsvorschläge/*Empfehlungen mit Beurteilung ihrer Erfolgsaussichten.

Erfordernisse für eine erfolgversprechende Realisierung der Verbesserungsvorschläge.

Bereits durchgeführte *Maßnahmen.*

2.7 Ist-Zustand

Knappe, auftragsbezogene Darstellung, soweit diese zum Verständnis der Vorschläge zum Soll-Zustand oder zur Problemlösung benötigt werden mit kritischer Bewertung des Ist-Zustandes im Sinne der Zielsetzung der Beratung.

2.8 Soll-Konzept

Nur realisierbare Vorschläge, die die Möglichkeiten des Unternehmens berücksichtigen.

Begründung der Vorschläge, Aufzeigen von Alternativen.

2.9 Maßnahmenplan

Beschreibung und Erläuterung der Einzelmaßnahmen.

Vorgehen bei der Realisierung; Hinweis auf mögliche Schwierigkeiten, zu beachtende Bestimmungen usw.

Fachliche und methodische Anforderungen für die Durchführung der Maßnahmen.

Zeitlicher, personeller und finanzieller Realisierungsaufwand; ggf. Wirtschaftlichkeitsberechnung.

2.10 Schlußbemerkung

Nur soweit unbedingt notwendig. Kein „Dank für bereitwillige Mitarbeit ...“; „... nach bestem Wissen und Gewissen durchgeführt“ weglassen!

2.11 Datum und Unterschrift

Der Bericht ist von dem Berater zu unterschreiben, der für die Beratung verantwortlich ist.

Unterschrift ohne Zusatz wie „im Auftrag“, ohne Benennen der Beratungsgesellschaft, ohne Stempel.

2.12 Anlagen

Auswertungen in Tabellenform, Protokolle, Pläne und Zeichnungen, Vordrucke, mit denen gearbeitet werden soll etc.

Die Anlagen sind im Inhaltsverzeichnis des Berichtes namentlich aufzuführen.

3 Die sprachliche Darbietung des Berichtes

Fassen Sie sich kurz und bilden Sie kurze Sätze.

Bei Fachwörtern verwenden Sie, soweit möglich und sinnvoll, den deutschen Begriff.

Wählen Sie Begriffe und Formulierungen einheitlich und halten Sie diese dann unverändert über den ganzen Bericht durch.

Wenn Sie abkürzen: Schreiben Sie das betreffende Wort beim ersten Mal aus, mit der Abkürzung in Klammern dahinter. Vom zweiten Mal an behalten Sie die gewählte Abkürzung bei.

Verwenden Sie möglichst oft Tabellen, Graphiken, Ablaufpläne und Bilder.

Argumentieren Sie sachlich und konstruktiv. Begründen Sie Ihre Kritik.

4 Die äußere Aufmachung

Erstellen Sie den Bericht auf neutralem, weißem Papier in loser Form. Das RKW legt das Deckblatt an und bindet den Bericht.

Achten Sie auf Übersichtlichkeit.

Blätter nur einseitig beschreiben und fortlaufend numerieren.

Randabstand links und rechts ca. 3 cm, oben und unten ca. 3 cm. Schreiben sie $1\frac{1}{2}$-zeilig. Vermeiden Sie Absätze mit mehr als 10 Zeilen. Überschriften einschließlich Numerierung in den Satzspiegel einbeziehen (alles links anschlagen).

Beginnen Sie für jedes neue Kapitel eine neue Seite.

Unterstreichen Sie Überschriften.

Schreiben Sie herauszuhebende Wörter gesperrt.

Verwenden Sie die Dezimalklassifikation (höchstens 4stellig).

Bilden Sie Zwischenüberschriften zu Absätzen, auch wenn Sie diese Überschriften nicht in die laufende Numerierung einbeziehen.

Numerieren Sie die Anlagen ebenfalls fortlaufend immer an den gleichen Blattstellen.

12.7 Beurteilungsbogen für RKW-Beratungen

RKW

RKW · Postfach 5867 · 6236 Eschborn

Datum

Beratungs-Nr.

Beratung von bis

Berater-Firma

Berater 1.
2.

Sehr geehrte(r)

Sie hatten vor einigen Monaten eine RKW-Beratung, über deren Ergebnisse wir Sie befragen möchten.

Da Ihr Urteil für die Qualität unserer Arbeit sehr wichtig ist, bitten wir Sie, die Fragen durch Ankreuzen zu beantworten und den Bogen in den nächsten 14 Tagen an die untenstehende Adresse zurückzusenden.
Die grüne Kopie ist für Ihre Unterlagen bestimmt.

Die Verarbeitung der uns mitgeteilten Daten erfolgt nach den Bestimmungen des Bundesdatenschutzgesetzes.

Wir danken für Ihre Mühe.

Mit freundlichen Grüßen
RKW-Geschäftsführung

Hat die o. a. Beratung Ihren **Erwartungen**
1 ☐ voll entsprochen?
2 ☐ größtenteils entsprochen?
3 ☐ teilweise entsprochen?
4 ☐ nicht entsprochen?

Konkrete **Maßnahmen wurden**
1 ☐ geplant
2 ☐ eingeleitet
3 ☐ durchgeführt
nicht in Angriff genommen, weil
1 ☐ nicht realisierbar
2 ☐ zu wenig konkret ausgearbeitet
3 ☐ aus finanziellen Gründen z. Zt. nicht möglich
4 ☐ aus personellen Gründen
5 ☐ aus zeitlichen Gründen
6 ☐ aus sonstigen Gründen

Verbesserungen wurden erzielt in den Bereichen
1 ☐ Unternehmensführung
2 ☐ Vertrieb
3 ☐ Technik/Fertigung
4 ☐ Verwaltung

Ergebnisse der Beratung
1 ☐ Umsatz/Deckungsbeitrag erhöht
2 ☐ Fehlinvestition vermieden
3 ☐ Kosten eingespart (______ %)
4 ☐ Organisation verbessert
5 ☐ Qualität verbessert
6 ☐ Information verbessert
7 ☐ Umweltschutz verbessert
8 ☐ ____________________

Wünschen Sie **weitere RKW-**Dienstleistungen
1 ☐ Beratung
2 ☐ Weiterbildung
3 ☐ Information

Ort Datum

Firmenstempel/Unterschrift

12.8 Wichtige Adressen

Anschriften von Beratervereinigungen

Bundesverband Deutscher Unternehmensberater (BDU) e.V.
Friedrich-Wilhelm-Straße 2/2a, 53133 Bonn
Tel.: (02 28) 23 80 55

Beratende Volks- und Betriebswirte im Bundesverband Deutscher Volks- und Betriebswirte e.V.
Florastraße 29, 40217 Düsseldorf
Tel.: (02 11) 37 10 22
Fax: (02 11) 37 94 68

Bundesverband der Wirtschaftsberater (BVW)
Schützweg 3, Postfach 22, 73087 Bad Boll
Tel.: (0 71 64) 41 22

Vereinigung Beratender Betriebs- und Volkswirte e.V. (VBV)
Postfach 11 41, Holstenstraße 15, 25335 Elmshorn
Tel.: (0 41 21) 2 52 52

Deutsches Institut für Unternehmensberatung e.V. (difu)
Bruchhäuser Str. 19, 68723 Schwetzingen
Tel.: (0 62 02) 47 58

IBWF Institut für Betriebsberatung des Bundesverbandes mittelständische Wirtschaft (BVMW)
Adenauerallee 13 b–c, 53113 Bonn
Tel.: (02 28) 21 83 39

Vereinigung Berliner und Brandenburger Unternehmensberater (VBU) e.V.
Fasanenstraße 15, 10623 Berlin
Tel.: (0 30) 8 81 25 09

Verband beratender Ingenieure e.V. (VBI)
Am Fronhof 10, Postfach 20 13 52, 53117 Bonn
Tel.: (02 28) 35 80 71

Verband unabhängig beratender Ingenieurfirmen e.V. (VUBI)
Winston-Churchill-Straße 1, Postfach 12 04 64, 53113 Bonn
Tel.: (02 28) 21 70 64

AC Alpha Consulting AG
Lyoner Str. 15, 60528 Frankfurt am Main
Tel.: (0 69) 6 66 84 61

Vereinigung der EDV-Berater e.V. (VDEB)
Siegburger Str. 215, 50679 Köln
Tel.: (02 21) 98 02 20

VDI-Zentrum Wertanalyse (Wertanalyse-Berater)
Graf-Recke-Str. 84, Postfach 11 39, 40239 Düsseldorf
Tel.: (02 11) 62 14-4 26

VDI-Gesellschaft Fördertechnik, Materialfluß, Logistik (VDI-FML) (Logistik-Berater)
Graf-Recke-Str. 84, Postfach 11 39, 40239 Düsseldorf
Tel.: (02 11) 62 14-2 58

Arbeitskreis der Personalberater in Deutschland e.V.
Frankfurt Airport Center, 60549 Frankfurt
Tel.: (0 69) 69 35 40

Anschriften von Beratungsdiensten

Industrie

Bundesverband der Deutschen Industrie e.V. (BDI)
Abt. Mittelstandspolitik
Gustav-Heinemann-Ufer 84–86, Postfach 51 05 48, 50968 Köln
Tel.: (02 21) 3 70 84 13

Rationalisierungs-Kuratorium der Deutschen Wirtschaft (RKW) e.V. – Beratungsdienst
Düsseldorfer Str. 40, Postfach 58 67, 65760 Eschborn
Tel.: (0 61 96) 49 51
(mit weiteren Regionalen Beratungsdiensten)

Deutscher Industrie- und Handelstag (DIHT)
Abt. Industrie, Strukturpolitik und Umweltschutz
Adenauer-Allee 148, Postfach 14 46, 53113 Bonn
Tel.: (02 28) 104-536

Arbeitskreis Betriebsberatung der Holzindustrie und Kunststoffverarbeitung
An den Quellen 10, Postfach 29 28, 65183 Wiesbaden
Tel.: (0 61 21) 3 93 05

Einzelhandel

BBE-Unternehmensberatung GmbH
Lothringer Str. 56–68, 50677 Köln
Tel.: (02 21) 33 97-0
(mit weiteren Niederlassungen und Regionalen Beratungsstellen)

Groß- und Außenhandel

Bundesbetriebsberatungsstelle für den Deutschen Groß- und Außenhandel GmbH (BBG)
Kaiser-Friedrich-Str. 13, Postfach 12 28, 53113 Bonn
Tel.: (02 28) 21 39 58
(mit weiteren Beratungsstellen)

Hotel- und Gaststättengewerbe

Gesellschaft zur Förderung des Deutschen Hotel- und Gaststättengewerbes mbH
(INTERHOGA) – Koordinierungsstelle der Betriebsberatungsgesellschaften
Kronprinzenstraße 46, Postfach 20 04 55, 53173 Bonn
Tel.: (02 28) 82 00 80
(mit weiteren Regionalen Beratungsstellen)

Handwerk

Deutscher Handwerkskammertag (DHKT)
Zentralverband des Deutschen Handwerks (ZHD)
Abt. Gewerbeförderung – Leitstelle –
Johanniterstr. 1, Postfach 12 02 70, 53113 Bonn
Tel.: (02 28) 54 51
(mit weiteren Betriebsberatungsstellen bei den Handwerkskammern)

Verkehrsgewerbe

BZG-Unternehmensberatung Bundes-Zentralgenossenschaft Straßenverkehr (BZG) eG
Breitenbachstr. 1, Haus des Straßenverkehrs
Postfach 93 02 60, 60487 Frankfurt/Main
Tel.: (0 69) 79 19-3 46

Bundesverband des Deutschen Güternahverkehrs (BDN)
Bundesverband des Deutschen Güterfernverkehrs (BDF)
Breitenbachstr. 1, Postfach 93 02 60, 60487 Frankfurt
Tel.: (0 69) 79 19-0

Unternehmensberatung Spedition und Lagerei GmbH (USL)
Reuterstr. 125, 53113 Bonn
Tel.: (02 28) 21 50 96-97

Verband des Verkehrsgewerbes Nordrhein e.V.
– Betriebsberatungsdienst –
Engelbertstr. 11, 40233 Düsseldorf
Tel.: (02 11) 8 58 20

Verband für das Verkehrsgewerbe Westfalen-Lippe e.V.
– Betriebsberatungsdienst –
Hafenstr. 6–8, 48153 Münster
Tel.: (02 51) 5 30 70

Bildungswerk Verkehrsgewerbe Niedersachsen e.V.
– Abt. Unternehmensberatung –
Lister Kirchweg 95, 30177 Hannover
Tel.: (05 11) 9 62 60

Landesverband Bayerischer Spediteure e.V.
– Betriebsberatungsdienst –
Bauvereinstr. 4, 90489 Nürnberg
Tel.: (09 11) 53 31 78

Verband des Verkehrsgewerbes Rheinland e.V.
– Betriebsberatungsdienst –
Moselring 11, 56073 Koblenz
Tel.: (02 61) 494-331

Arbeitsgemeinschaft Möbeltransport Bundesverband e.V. (AMÖ)
DMG-Unternehmensberatung
Schulstr. 53, 65795 Hattersheim 1
Tel.: (0 61 90) 80 00

OMNIBERA – Omnibus-Wirtschaftsberatungsgesellschaft mbH
im Bundesverband Deutscher Omnibusunternehmer (BDO) e.V.
Coburger Str. 1a, 53113 Bonn
Tel.: (02 28) 23 38 11

Landwirtschaft

Verband der Landwirtschaftskammern
Betriebswirtschaftlicher Beratungsdienst (Zentrale Leitstelle)
Godesberger Allee 142–148, 53175 Bonn
Tel.: (02 28) 37 50 66 (mit weiteren Regionalen Beratungsleitstellen)

Genossenschaftliche Beratungsdienste

Zentralverband Gewerblicher Verbundgruppen e.V. (ZGV)
Heussallee 5, Postfach 12 02 20, 53113 Bonn
Tel.: (02 28) 21 00 11

EDEKA Betriebsberatungs- und Kapitalbeteiligungsgesellschaft mbH
New-York-Ring 6, Postfach 60 06 80, 22297 Hamburg
Tel.: (0 40) 63 77-27 95

REWE-Zentrale AG – Betriebsberatungsdienst
Domstraße 20, 50668 Köln
Tel.: (02 21) 16 55-1

GENOCONSULT GmbH
Genossenschaftliche Unternehmensberatungsgesellschaft für die mittelständische Wirtschaft
Mitteldicker Weg, Postfach 40 01 13, 63263 Neu-Isenburg
Tel.: (0 69) 69 78-0

Dienstleistungsgewerbe

INTERHOGA
Gesellschaft zur Förderung des Deutschen Hotel- und Gaststättengewerbes mbH
Kronprinzenstr. 46, Postfach 20 04 55, 53173 Bonn
Tel.: (02 28) 82 00 80

Deutscher Reisebüro-Verband e.V. (DRV)
Mannheimer Str. 15, 60329 Frankfurt
Tel.: (0 69) 23 01 74/76

Bundesverband der Energie-Abnehmer e.V. (VEA)
Zeißstr. 72, Postfach 81 05 61, 30519 Hannover
Tel.: (05 11) 83 09 53

Externe Datenschutzbeauftragte und Datenschutzberatung in der
Gesellschaft für Datenschutz und Datensicherung (GDD)
Irmintrudisstr. 3, 53111 Bonn
Tel.: (02 28) 69 43 13

Anschriften der Beratungsdienste im Ausland (CESCE-Mitglieder)

Comité Européen des Services de Conseillers d'Entreprise (CESCE)
c/o Vlams Instituut voor het Zelfstandig Ondernemen (VIZO)
Bischoffsheimlaan 23, B-1000 Brussel
Tel.: (2) 21 86 093

CESCE-Mitgliedsverbände:

Belgien

Vlams Instituut voor het Zelfstandig Ondernemen (VIZO)
Bischoffsheimlaan 23, B-1000 Brussel
Tel.: (2) 21 86 093

Bundesrepublik Deutschland

Betriebswirtschaftliche Beratungsstelle für den Einzelhandel
(BBE-Unternehmensberatung)
Lothringer Str. 56–68, D-50677 Köln
Tel.: (02 21) 33 97-0

Rationalisierungs-Kuratorium der Deutschen Wirtschaft
(RKW-Beratungsdienst)
Landesgruppe Baden-Württemberg (federführend)
Königsstraße 49, Postfach 10 40 64, 70173 Stuttgart
Tel.: (07 11) 22 99 80

Dänemark

Dansk Teknologisk Institut (TEK)
Gregersenvej, Postboks 141, DK-2630 Tastrup
Tel.: (42) 99 66 11

Teknologistyrelsen
Tagensvej 135, DK-2200 Kopenhagen N
Tel.: (01) 85 10 66

Finnland

OKT-säätiö/SMI-Foundation
Tallinnanaùkio 1 B 34, SF-00930 Helsinki
Tel.: (80) 34 32 223

Frankreich

Centre d'Etude du Commerce et de la Distribution (CECOD)
19, rue de Calais, F-75009 Paris
Tel.: (1) 40 69 38 41

Centre de Formation des Assistants Techniques du Commerce
et Consultants Commerciaux (CEFAC)
99, Boulevard Malesherbes, F-75008 Paris
Tel.: (1) 45 63 09 70

Institut National de Gestion et d'Economie de l'Artisanat (INGEA)
12, Ave. Marceau, F-75008 Paris
Tel.: (1) 35 59 78 78

Großbritannien

Rural Development Commission
141 Castle Street, HGB-Salisbury, Wiltshire SP1 3TP
Tel.: (722) 82 44 37

Griechenland

Hellenic Organisation of Small and Medium-sized
Industries and Handicrafts (EOMMEX)
16 Xenias Street, GR-11528 Athens
Tel.: (1) 77 15 002

Irland

Irish Productivity Centre-Business Advisory Service (IPC-BAS)
35–39 Shelbourne Road, IRL-Dublin 4
Tel.: (1) 68 62 44

Italien

Associazione Per L'Arte Popolare (APAP)
Via Olbia 6, I-09125 Cagliari/Sardinien
Tel.: (70) 65 96 68

Azienda Regionale Per Lo Sviluppo Dell'Artigianato (ARSA)
Via del Gallitello 1 a trav.n. 14, I-85100 Potenza
Tel.: (971) 41 06 63

Ente per lo Sviluppo dell'Artigianato Friuli-Venezia Giulia (ESA)
Via Uccellis 12/F, I-33100 Udine
Tel.: (432) 59 31

Istitudo Formazione Operatori Aziendali (IFOA)
Via G. d'Arezzo 6 – Baregalla, I-42100 Reggio Emilia
Tel.: (522) 29 25 41

Niederlande

Instituut voor het Midden- en Kleinbedrijf (IMK)
Gebouw Vijverhof, Dalsteindreef 9, NL-1112 XC Diemen-Zuid
(Postbus 112, NL-1110 AC Diemen)
Tel.: (20) 69 01 071

Koninklijk Nederlands Ondernemersverbond (KNOV)
Broekmolenweg 20, NL-2289 AC Rijswijk
(Postbus 379, NL-2280 Ac Rijswijk)
Tel.: (15) 60 01 91

Norwegen

Teknologisk Institutt (TI)
Akersvn. 24 C, Postboks 2608, St. Hanshaugen
N-0131 Oslo
Tel.: (02) 86 50 00

Österreich

Wirtschaftsförderungsinstitut der Bundeskammer der gewerblichen Wirtschaft (WIFI)
Wiener Hauptstr. 63, Postfach 130, A-1045 Wien
Tel.: (222) 50 105-30 24

Portugal

Instituto de Apoio às Pequenas e Médias Empresas e ao Investimento
(IAPMEI)
Rua Rodrigo da Fonseca 73, P-1297, Lisboa Codex
Tel.: (1) 52 54 19

Schweden

Stiftelsen Institutet for Foretagsutveckling (SIFU)
Yxhammarsgatan 15 Box 864, S-50115 Boras
Tel.: (33) 164 200

Spanien

Instituto de la Pequeña y Mediana Empresa Industrial (IPMI)
141, Paseo de la Castellana, E-28046 Madrid 16
Tel.: (1) 58 29 362

Anschriften der Beraterverbände im Ausland (FEACO-Mitglieder)

Fédération Europeenne des Associations des Conseils en Organisation (FEACO)
79 Avenue de Cortenberg, B-1040 Bruxelles
Tel.: (32) 27 36 60 00

Anschriften der FEACO-Mitgliedsverbände:

Bundesverband Deutscher Unternehmensberater (BDU) e.B.
Friedrich-Wilhelm-Straße 2, 53113 Bonn
Tel.: (02 28) 23 80 55

Association Belge des Conseils en Organisation et Gestion (ASCOBELL)
Avenue Louise 430, Boite 12, B-1050 Brüssel
Tel.: (32) 2-6481055

Foreningen af Managementkonsulenter (FMK)
Regus House-Larsbjøstraede 3, DK-København K
Tel.: (45) 33-32 25 25

Associacion Española de Empresas de Ingenieria y Consultoras (TECNIBERIA)
Velasquez 94, Aptdo 14863, E-28006 Madrid
Tel.: (34) 1-43 13 760

The Finnish Management Consultants/Liikkeenjohdon Konsultit RY (LJK)
Pohjantie 12 A, SF-02100 Espoo 10
Tel.: (358) 0-460122

Chambre Syndicale des Sociétés d'Études eet des Conseils (SYNTEC)
3 rue Léon Bonnat, F-75016 Paris
Tel.: (33) 1-45 24 43 53

Association of Management Consulting Organistions (AMCO)
Confederation House, Kildare Street, IRL-Dublin 2
Tel.: (353) 1-77 98 01

Associazione fra Societá e Studi di Consulenza di Direzione e Organizzazione Aziendalse (ASSCO)
Via San Paolo 10, I-20121 Mailand
Tel.: (39) 2-79 61 57

Norsk Forening av Radgivere i Bedriftsledelse (NFRB)
c/o Hartmark-Iras, P.B. 50, N-1324 Lysaker
Tel.: (47) 2-58 07 00

Raad van Organisatie-Adviesbureaus (ROA)
34, Van Stolkweg, P.O. Box 84 200, NL-2508 AE Den Haag
Tel.: (31) 70-35 05 995

Management Consultancies Association (MCA)
11 West Halkin Street, GB-London SW1X8JL
Tel.: (44) 71-23 53 897

Svenska Organisationskonsulters Förening (SOK)
c/o Cerise Office Assistance AB
Frejgatan 44, S-11326 Stockholm
Tel.: 846) 8-73 66 286

Association Suisse des Conseils en Organisation et Gestion (ASCO)
c/o Aura AG, Mühlebachstr. 28, CH-8008 Zürich
Tel.: (41) 1-25 28 609

Felag Islenskra Rekstrarradgjafa (FIRR)
c/o Icelandic Management Association, Ananaustum 15
IS-Reykjavik

Associacao Portugesa de Projectistas e Consultores (APPC)
Avenida Antonio Augusto Aguiar, 126-7°, P-1000 Lisboa
Tel.: (351) 1-52 04 76

Bulgarian Association of Management Consultants (BAMC)
6, Dimiter Blagoer Bd., Sofia
Tel.: (359) 28 81 311

Vezetés Tanácsadók Magyarországi Svövetségi (VTMS)
Szt. István Krt. 11, H-1055 Budapest
Tel.: (36) 1-11 31 55 30

Information über Beratungsförderung

Bundesministerium für Wirtschaft
Abt. Öffentlichkeitsarbeit
Postfach
53123 Bonn
Telefon: (02 28) 615-0

Fördergesellschaft des Bundesverbandes der Selbständigen BDS e.V.
DGV mbH für den gewerblichen Mittelstand und Freie Berufe
August-Bier-Straße 18
53129 Bonn
Telefon: (02 28) 21 00 33

12.9 Berufsbild des Unternehmensberaters (BDU)

Der Berufsstand des Unternehmensberaters entstand und entwickelte sich aus der zunehmenden Differenzierung und den wachsenden Anforderungen, die Wirtschaft und Gesellschaft an Unternehmer und Unternehmen stellen. Der Unternehmensberater erfüllt das Bedürfnis von Wirtschaft und Verwaltung nach unabhängiger, objektiver und qualifizierter Beratung.

1. Stellung des Unternehmensberaters in Wirtschaft und Gesellschaft

Der Unternehmensberater wird im Rahmen unserer freiheitlichen Wirtschaftsordnung ohne Bindung an politische, ideologische und religiöse Weisungen für seinen Auftraggeber tätig. Er arbeitet stets neutral und sieht seine vordringlichste Aufgabe in der Erhaltung und Verbesserung von Leistungsfähigkeit, Wirtschaftlichkeit und Wettbewerbsfähigkeit seiner Auftraggeber. Dazu befähigen ihn vor allem sein fachliches Können, seine berufliche Qualifikation, seine besonderen Erfahrungen und die Integrität seiner Persönlichkeit.

Damit ist der Unternehmensberater in der Gesellschaft ein wesentliches Element des menschlichen, wirtschaftlichen und technischen Fortschritts.

2. Wirkungsbereiche des Unternehmensberaters

Der Unternehmensberater wird im Auftrag der privaten Wirtschaft und deren Verbandsorganisationen und in allen Aufgabenbereichen der öffentlichen Verwaltung tätig. Er berät in allen Tätigkeitsbereichen und in allen Leistungsebenen einer zu hohen Leistung und Wirtschaftlichkeit gezwungenen Wirtschaft und Verwaltung, und zwar als Gesamtberater oder als Spezialist.

Der Unternehmensberater wirkt in Deutschland, in Europa und weltweit, vor allem in Entwicklungsländern.

3. Die Persönlichkeit des Unternehmensberaters

Der Unternehmensberater ist unabhängig, objektiv und seriös; er verfügt über eine fundierte Ausbildung, umfangreiche Berufserfahrung und ist gewohnt, methodisch zu arbeiten. Er ist befähigt, Probleme zu erkennen, zu beurteilen, eigene Lösungsvorschläge zu entwickeln, sie überzeugend darzustellen und bei ihrer Realisierung mitzuwirken.

Sein Können und seine Wertschätzung beruhen neben der beruflichen Erfahrung auf gediegener Allgemeinbildung, speziellen Fachkenntnissen sowie stetiger fachorientierter Weiterbildung.

4. Arbeitsweise des Unternehmensberaters

Zur Ausübung seiner vielfältigen beratenden Tätigkeit bedarf er darüber hinaus geeigneter Methoden zur Lösung der immer wieder unterschiedlichen Probleme. Nach wissenschaftlicher und pragmatischer Analyse der vorliegenden Tatbestände und kritischer Würdigung entwickelt er Vorschläge zu möglichen Problemlösungen. Er stellt Kriterien für ihre Wichtung und Wertung dar und erarbeitet Entscheidungshilfen für die Führung in Wirtschaft und Verwaltung. Er wirkt in dem vom Auftraggeber gewünschten Ausmaß bei der Verwirklichung seiner Vorschläge mit.

Der Unternehmensberater ist für unsere differenzierte und komplexe freiheitliche Wirtschaft unentbehrlich geworden. Er leistet durch seine gestaltende Arbeit einen wertvollen Beitrag zum Erreichen einer höheren Lebensqualität.

12.10 Beratervertrag in Personalangelegenheiten

Beratervertrag

Der Firma ..., Vertragspartner zu 1) und
Herr Dr. ..., Vertragspartner zu 2)
schließen nachfolgenden Beratervertrag

§ 1 Gegenstand des Vertrages

(1) Der Vertragspartner zu 2) verpflichtet sich, den Vertragspartner zu 1) in allen personalwirtschaftlichen Fragen zu beraten. Dabei arbeitet er eng mit dem Personaldirektor, Herrn ..., und den einzelnen Abteilungsleitern des Bereichs Personal zusammen.

(2) Die Beratertätigkeit umfaßt alle Bereiche der Personalwirtschaft, insbesondere Fragen der Personalplanung, der Personalbedarfsermittlung, der Personalakquisition und Personaleinstellung, der Personalführung, der Personalerhaltung, der Personalentwicklung, der Personalpolitik und Personalfreistellung.

(3) Bei dieser Beratungstätigkeit auftretenden allgemeinen oder arbeits- und sozialrechtlichen Rechtsfragen arbeitet der Vertragspartner zu 2) eng mit der Rechtsabteilung des Vertragspartners zu 1) in der Weise zusammen, daß unter Beachtung der Normen des Rechtsberatungsgesetzes die Klärung von Rechtsfragen dieser Fachabteilung erbeten wird.

§ 2 Umfang der Tätigkeit

(1) Der Vertragspartner zu 2) steht dem Vertragspartner zu 1) mit seinen Beraterleistungen unter Beachtung seiner sonstigen Inanspruchnahme, mindestens aber 8 Stunden pro Woche, zur Verfügung.

(2) Zu seiner Tätigkeit gehört es, bei der Einführung neuer personalwirtschaftlicher Methoden oder Verfahren die damit befaßten Linienvorgesetzten zu unterweisen, zu motivieren und gegebenenfalls gesondert Schulungsveranstaltungen anzuberaumen und durchzuführen.

§ 3 Ort und Zeit der Tätigkeit

(1) Der Vertragspartner zu 2) bestimmt nach pflichtgemäßem Ermessen den Ort seiner Tätigkeit. Einmal wöchentlich steht er jedoch gemäß gesonderter persönlicher Vereinbarung mit Personaldirektor, Herrn ..., am Sitz der Hauptverwaltung in ... persönlich für 2 Stunden zur Verfügung.

(2) Seine Arbeitszeit gestaltet der Vertragspartner zu 2) frei nach pflichtgemäßem Ermessen und entsprechend dem Arbeitsanfall.

§ 4 Laufzeit des Vertrages

Der Vertrag ist auf 5 Jahre abgeschlossen. Er verlängert sich um jeweils 1 Jahr, wenn er nicht bis spätestens am ..., erstmals am ..., gekündigt wird. Das Recht auf außerordentliche Kündigung bleibt unberührt.

§ 5 Weiterbildung

Der Vertragspartner zu 2) sorgt selbst nach pflichtgemäßem Ermessen für eine angemessene Weiterbildung. Der Vertragspartner zu 1) verpflichtet sich dabei, die Kosten für 2 jeweilige

Beratungsschwerpunkte betreffende Wochenendseminare renommierter Management- oder Weiterbildungsinstitute, an denen der Vertragspartner zu 2) teilnimmt, zu tragen.

§ 6 Spesen

(1) Der Vertragspartner zu 1) trägt die für die Beratertätigkeit anfallenden Material-, Porto- und Telefonkosten bis zu ... DM monatlich gem. gesonderter, am Monatsende vom Vertragspartner zu 2) einzureichender Kostenaufstellung.
oder
Für die anfallenden Materialkosten des Vertragspartners zu 2) übernimmt der Vertragspartner zu 1) eine monatlich mit dem Honorar zu entrichtende Pauschale i. H. v. ... DM. Für Porto- und Telefonkosten wird daneben eine monatliche Pauschale von ... DM fällig.

(2) Für Reisetätigkeit außerhalb seines Wohnortes erhält der Vertragspartner zu 2) die aufgrund von ihm zu fertigender gesonderter Aufstellung ausgewiesenen Fahrkosten 1. Klasse. Flugreisen bedürfen vorheriger, gesonderter Vereinbarung. Bei Benutzung eines eigenen PKW beträgt die vom Vertragspartner zu 1) zu entrichtende Kilometerpauschale ... DM. Übernachtungs- und Bewirtungsspesen sowie Tagegelder werden gemäß der Spesen- und Tagegeldordnung für leitende Angestellte des Unternehmens ... vom ... vom Vertragspartner zu 1) übernommen. Eventuell zusätzlich.

(3) Für außerhalb seines Wohnorts anfallende Besprechungen mit Behörden erhält der Vertragspartner zu 2) einen weiteren Betrag von ... DM täglich.

§ 7 Vergütung

(1) Für seine Beratertätigkeit erhält der Vertragspartner zu 2) eine monatlich nachträglich zu zahlende Vergütung von ... DM.

(2) Für außergewöhnliche Leistungen, wie z.B. die Erstellung umfangreicher schriftlicher Gutachten, aufwendige Schulungsveranstaltungen oder mehrtägige Reisen bzw. Auslandsaufenthalte, erfolgt Honorierung gemäß gesonderter, von Fall zu Fall zu treffender Vereinbarung.

§ 8 Geheimhaltung

(1) Der Vertragspartner zu 2) verpflichtet sich, über alle ihm in Zusammenhang mit seiner Beratertätigkeit erworbenen geschäftlichen und betrieblichen Angelegenheiten des Vertragspartners zu 1) auch nach Beendigung dieses Vertrages strengstes Stillschweigen zu bewahren.

(2) Übergebene Geschäfts- und Betriebsunterlagen, die der Vertragspartner zu 2) in Zusammenhang mit seiner Beratertätigkeit ausgehändigt erhalten hat, verpflichtet er sich nach Beendigung dieses Vertrages ohne Zurückhaltung von Kopien an den Vertragspartner zu 1) auszuhändigen.

§ 9 Wettbewerbsverbot

(1) Während der Laufzeit dieses Vertrages verpflichtet sich der Vertragspartner zu 2) personalwirtschaftliche Beratung des am Sitz des Vertragspartners zu 1) ansässigen personalwirtschaftlichen Konkurrenzunternehmens ... zu unterlassen.

(2) Bei Firmen, die in der Branche des Vertragspartners zu 1) tätig sind, wird der Vertragspartner zu 2) keine personalwirtschaftliche Beratertätigkeit aufnehmen. Ebensowenig wird er eine tätige Beteiligung an oder den Erwerb von solchen Unternehmen vornehmen. Dasselbe gilt für die Gründung eines eigenen Unternehmens.

(3) Zweifelsfragen sind rechtlich mit der Unternehmensleitung des Vertragspartners zu 1) abzuklären.

§ 10 Schriftform

Änderungen, Ergänzungen und Kündigungen bedürfen der Schriftform.

12.11 Berufsgrundsätze für Personalberater

1 Präambel

1.1 Neben den Allgemeinen Berufsgrundsätzen für Unternehmensberater gelten die „Berufsgrundsätze für BDU-Personalberater“ ergänzend für alle Mitglieder, deren Mitarbeiter sowie für Anwärter des BDU e.V., soweit diese einem Klienten Mithilfe bei der Suche und Auswahl von Personal anbieten oder leisten. Auf das Führen der Fachberufsbezeichnung „BDU-Personalberater“ kommt es dabei nicht an, ebensowenig auf eine Mitarbeit im BDU-Fachverband Personalberatung.

1.2 Die Suche nach Fach- und Führungskräften ist eine spezialisierte Dienstleistung, der im Rahmen der Personalberatung besondere Bedeutung zukommt. Dies gilt sowohl für die Personalsuche mittels Direktansprache (Executive Search) als auch für die Suche über Personalanzeigen.

1.3 Tätigkeiten, die mit der Vertretung der Interessen der Auftraggeber nicht vereinbar sind, dürfen nicht Teil des Leistungsangebotes der BDU-Mitglieder sein. Zu solchen Leistungen, die mit der Mithilfe bei Suche und Auswahl von Fach- und Führungskräften (Rekrutierungsberatung) unvereinbar sind, gehört insbesondere die Plazierung Arbeitsuchender in deren Auftrag gegen Entgelt (Vermittlung).

2 Umfang und Elemente eines Beratungsauftrages zur Mithilfe bei Personalsuche und -auswahl

2.1 BDU-Personalberater werden nur im Rahmen eines ihnen nachweisbar erteilten Beratungsauftrages tätig.

2.2 Die Mitgliedsfirmen sind verpflichtet, nur solche Personalberater und Mitarbeiter in der Abwicklung von Beratungsaufträgen einzusetzen, die professionelle Arbeit, persönliche Integrität und Vertrauenswürdigkeit erwarten lassen. Professionelle Arbeit liegt dann vor, wenn unter Einhaltung der Kosten- und Zeitbudgets und Beachtung der Berufsgrundsätze ein optimaler Klientennutzen erreicht wird.

2.3 Es werden nur Beratungsaufträge übernommen, für deren Durchführung die erforderlichen Fähigkeiten, Kenntnisse sowie zeitlichen Kapazitäten vorhanden sind. Die Projektleitung liegt stets in den Händen eines Personalberaters, der gegenüber dem Klienten die Verantwortung für die Durchführung des Auftrags übernimmt.

2.4 Es handelt sich bei Personalberatung nicht um eine makelnde, vermittelnde Tätigkeit, sondern um eine beratungsintensive Dienstleistung für Unternehmen mit dem Ziel eines langfristig befriedigenden Ergebnisses.

2.5 Die bewährte Vorgehensweise umfaßt folgende wesentliche Schritte:

- Gespräche des für die Durchführung verantwortlichen Personalberaters mit dem Klienten zur Erfassung der Problemstellung

- Definition der zu besetzenden Position, Beschreibung der unternehmerischen Zielsetzung und des Anforderungsprofils
- Festlegung der Suchstrategie
- Durchführung der Kandidatensuche (Anzeige und/oder die Direktansprache)
- gründliche, qualifizierte Kandidatenbeurteilung
- umfassende und eingehende Referenzprüfung
- Unterstützung des Klienten während der Präsentation des bzw. der Kandidaten und bei der Bewertung der Auswahlgespräche
- Beratung bei der Auswahlentscheidung und darüber hinaus.

3 Beziehungen zwischen Klient und Personalberater

3.1 BDU-Personalberater nehmen nur Alleinaufträge an.

3.2 BDU-Personalberater klären ihre Klienten vor der Annahme eines Auftrags über potentielle Interessenkonflikte auf sowie über jede Restriktion, die sich für die Ausführung des Auftrags aus anderen Kundenbeziehungen ergeben oder den Suchprozeß beeinflussen kann.

3.3 Die Beratungsleistung wird im Auftrag nach Art, zeitlichem und qualitativem Umfang sowie zu erwartendem Ergebnis definiert. Die Höhe des Honorars, ob Fest- oder Zeithonorar, wird eindeutig festgelegt. Ein BDU-Personalberater wird erfolgsorientierte Honorare weder vorschlagen noch akzeptieren.

3.4 BDU-Personalberater unterrichten ihre Auftraggeber in regelmäßigen Abständen über den Fortgang der Auftragsdurchführung. Die Information muß so geschehen, daß dem Auftraggeber die Möglichkeit durchführungslenkender Weisungen verbleibt.

3.5 BDU-Personalberater sind verpflichtet, ohne zeitliche Begrenzung alle im Rahmen eines Auftrags erhaltenen Informationen vertraulich zu halten. BDU-Personalberater verpflichten auch ihre Klienten in gleicher Weise zur vertraulichen Handhabung der erlangten Informationen.

3.6 Über die in Betracht kommenden Kandidaten erstellt der BDU-Personalberater nach intensiven persönlichen Interviews und gegebenenfalls anderen Selektionsverfahren schriftliche Resümees über den beruflichen Werdegang sowie die Eignung für die ausgeschriebene Position und leitet die Unterlagen dem Klienten zu.

3.7 BDU-Personalberater halten sich an Recht und Gesetz zur Vermeidung sittenwidriger Abwerbung.

4 Beziehung zwischen BDU-Personalberater und Kandidat

4.1 BDU-Personalberater verpflichten sich zu umfassender und objektiver Darstellung der zu besetzenden Position gegenüber Kandidaten. Personalsuchanzeigen, die ein BDU-Personalberater im Rahmen eines Suchauftrags schaltet, müssen die Tatsache der Beauftragung sowie die Anforderungen an Kandidat und Bewerbungsunterlagen klar erkennen lassen. Beschreibungen des Klientenunternehmens und der zu besetzenden Position und ihrer Konditionen müssen den Tatsachen entsprechen. Ein BDU-Personalberater darf sich nicht an Stellenausschreibungen beteiligen, die nur zum Schein erfolgen.

4.2 Der BDU-Personalberater wird einen qualifizierten und interessierten Kandidaten nur nach einem gründlichen persönlichen Gespräch in das weitere Auswahlverfahren einbeziehen.

4.3 Der BDU-Personalberater hat sicherzustellen, daß Unterlagen, die Kandidaten auf Veranlassung des Personalberaters übersandt haben, sorgfältig behandelt, vor Zugriffen Dritter und Unbefugter geschützt und nach Beendigung des Stellenbesetzungsverfahrens dem Kandidaten unbeschädigt und unverzüglich zurückgereicht werden, soweit der Kandidat nichts anderes wünscht. Bei der Speicherung und Verarbeitung von Informationen über Kandidaten werden die Datenschutzbestimmungen beachtet.

4.4 Informationen und Unterlagen von bzw. über Kandidaten werden, wenn diese direkt angesprochen wurden oder dem Personalberater bereits bekannt waren, nur nach ausdrücklicher Zustimmung des jeweiligen Kandidaten an den Klienten weitergegeben. Erfolgte die Ansprache im Wege der Stellenanzeige, gilt die Abstimmung als gegeben, soweit der Kandidat bei der Übersendung seiner Bewerbungsunterlagen keinen Sperrvermerk angebracht hat.

4.5 Über den Eingang persönlicher Unterlagen erhält der Kandidat umgehend eine Bestätigung. Der Kandidat wird in angemessenen Abständen über den Stand des Projektes, insbesondere dessen Abschluß unterrichtet.

4.6 Der BDU-Personalberater beachtet die besondere Sorgfaltspflicht gegenüber dem Kandidaten beim Einholen von Referenzen. Die Einholung von Referenzen darf dem Kandidaten nicht zum Nachteil oder Schaden gereichen, insbesondere werden Referenzen beim derzeitigen Arbeitgeber nicht eingeholt, es sei denn, der Kandidat hat hierzu ausdrücklich seine Zustimmung gegeben.

4.7 BDU-Personalberater nehmen von Kandidaten weder Honorar oder sonstige Entgelte entgegen noch verlangen sie solche.

5 Verhalten gegenüber Markt und Öffentlichkeit

5.1 In der Darstellung ihrer Beratungsleistungen und in der Akquisition von Aufträgen verpflichten sich BDU-Personalberater zu Sorgfalt, Klarheit und Wahrheit.

5.2 Gegenüber Klienten, Kandidaten und Dritten darf der BDU-Personalberater nur auf deren ausdrückliches Verlangen auf andere Personalberater Bezug nehmen, wobei auch dann äußerste Zurückhaltung geboten ist.

5.3 Im Umgang mit den Medien, insbesondere im Hinblick auf Artikel und Interviews verpflichten sich BDU-Personalberater zur Diskretion. Die Vertraulichkeit der Tätigkeit des BDU-Personalberaters verbietet es, Medien die Namen von Klienten oder Kandidaten preiszugeben, soweit nicht die jeweils Betroffenen ausdrücklich ihre Zustimmung zur Namensnennung erteilt haben.

12.12 Ablauf eines Suchauftrages für Personalberater

1. Erstellen einer umfassenden Sammlung wichtiger Informationen über das Mandanten-Unternehmen: Organisation und Führungsstil; zu besetzende Position. Dazu gehören die sorgfältige Analyse der Aufgabenschwerpunkte und Ziele, der fachlichen und persönlichen Anforderungen und der vorgesehenen Vergütung. Falls notwendig, berät das BDU-Mitglied auch bei der organisatorischen Eingliederung, der Aufgaben- und Kompetenzausstattung

sowie der finanziellen Ausgestaltung des Arbeitsplatzes. Bei Bedarf führt der Berater vor dem Start der Suche mit allen betroffenen Entscheidungsträgern im Unternehmen intensive Gespräche.

2. Erarbeiten und Empfehlen einer Suchstrategie aufgrund der Stellenanalyse und der Marktkenntnisse des Beraters. Dabei kann der Consultant entweder eine anzeigengestützte Suche oder die Suche per Direktansprache vorschlagen. In einigen Fällen raten die BDU-Personalexperten beide Wege zu beschreiten.

3. Suche per Stellenanzeige. Das heißt, Textformulierung und Schaltung der Suchanzeige in den geeigneten Medien; Gestaltung und Abwicklung der Anzeige-Insertion mit dem Verlag: Telefonservice zur Beantwortung möglicher Interessentenrückfragen. Sichtung und Komplettierung eingehender Bewerbungsunterlagen; Vorselektion interessanter Kandidaten.

4. Suche per Direktansprache. Das heißt unter anderem: Systematische Personalmarktanalyse nach Kriterien wie Branchen- und Firmenstrukturen oder geographischen Gesichtspunkten. Festlegung des Suchfeldes und Kontaktaufnahme nach Absprache mit den Kunden. Vorauslese mit einem mehrstufigen Selektionsverfahren.

5. Durchführung von Auswahlinterviews mit allen Kandidaten aus dem engeren Kandidatenkreis. Je nach Notwendigkeit und Wunsch des Auftraggebers Einsatz von standardisierten psychologischen Auswahl-Testverfahren. Abschließende schriftliche Beurteilung und Information über wichtige Daten der interessantesten Bewerber.

6. Suche von Nicht-Führungskräften per Stellenanzeige. Bei solchen Aufträgen gehen die Berater genauso wie bei der Anzeigen-Suche von Führungskräften vor. Ausnahme: Der Telefonservice entfällt. Der Auftraggeber erhält alle Bewerbungsunterlagen und übernimmt die Auswahl der Kandidaten in eigener Regie. Auf Wunsch hilft der externe Personalexperte bei der Feinselektion.

7. Präsentation und Nachbetreuung. Die besten Kandidaten werden dem Unternehmen vorgestellt. Besteht Interesse an einer Einstellung, holt der Berater weitere Referenzen über den Bewerber ein. Zusätzlich: Unterstützung beim internen Auswahlprozeß bis zur Entscheidung. Außerdem möglich: Sechsmonatige Hilfe bei der Einarbeitung des neuen Mitarbeiters.

8. Abwicklungsarbeiten. Dazu gehören zum Beispiel: Erledigung von Telefonaten und Korrespondenz mit den Kandidaten; Versenden von Eingangsbestätigungen und regelmäßigen Zwischenbescheiden; Prüfung von Sperrvermerken; Verfassen von Absagen und Rücksenden von Bewerbungsunterlagen; Terminabstimmungen mit Kandidaten und Auftraggebern.

12.13 Beratungs(werk-)vertrag

Beratungs(werk-)vertrag
über Unternehmens- und Marktanalyse sowie Maßnahmenplan

zwischen

Firma Wiesner Pharma GmbH,
ges. vertreten durch den Geschäftsführer Dr. Michael Wiesner,
A.-Str. 1, Essen
– im folgenden kurz **Wiesner** genannt –

und

UBG Unternehmensberatungsgesellschaft mbH,
K.-Str. 1, Düsseldorf
– im folgenden kurz **UBG** genannt –

Vorbemerkung:

Wiesner stellt Arzneimittelspezialitäten her. Der Marktanteil der Produkte von Wiesner ist in den letzten Jahren stetig zurückgegangen.

Wiesner möchte die Möglichkeiten zur Rationalisierung seines Geschäftsbetriebes und einer sinnvollen Erweiterung seiner Produktpalette überprüfen. Wiesner will dabei auf das Know-how der UBG über Unternehmens- und Marktuntersuchungen zurückgreifen.

Daher vereinbaren Wiesner und die UBG folgendes:

1 Grundlagen der Zusammenarbeit, Vorgehensweise

1.1 Gegenstand dieses Vertrages ist die Zusammenarbeit der Vertragsparteien in drei aufeinanderfolgenden Stufen, nämlich

- Stufe 1: Unternehmensanalyse
- Stufe 2: Marktanalyse
- Stufe 3: Maßnahmenplan

In einer vierten Stufe ist UBG bereit, Wiesner bei der Umsetzung der in Stufe 3 festgelegten Maßnahmen fachkundig zu beraten; über die Einzelheiten der vierten Stufe werden die Vertragsparteien zu gegebener Zeit eine gesonderte Vereinbarung treffen.

Aufgaben, die das Gesetz Rechtsanwälten, Wirtschaftsprüfern oder Steuerberatern vorbehält, sind in keinem Fall Vertragsgegenstand.

1.2 Die Projektleitung bei der UBG liegt in den Händen von Herrn Dr. Bergmann, weitere Projektmitarbeiter sind Frau Dr. Zimmer und Herr Walter. UBG kann bei Bedarf weitere Projektmitarbeiter vorstellen.

1.3 Neben dem Geschäftsführer von Wiesner gelten dessen Mitarbeiter Frau Dr. Sommer für den pharmazeutischen Bereich und Herr Proker für kaufmännische Themen als bevollmächtigt, im Rahmen des vorliegenden Vertrages verbindliche Erklärungen für Wiesner

Quelle: Quiring 1994, S. 200–207

gegenüber der UBG abzugeben, insbesondere Informationen im Sinn von Abschnitt 3 zu geben und Leistungen sowie Teilleistungen gemäß Abschnitt 7 abzunehmen.

2 Die Leistungen von UBG in den einzelnen Stufen

2.1 Stufe 1: Unternehmensanalyse

Zum Einstieg sammelt die UBG in Zusammenarbeit mit Wiesner anhand von strukturierten Checklisten und Interviews Informationen und Daten zur Identifikation von Stärken und Schwächen von Wiesner hinsichtlich Aufbau- und Ablauforganisation, Belastung der Mitarbeiter, Produktsituation, Vertriebsstrukturen, Geschäftstransparenz und DV-Stützung sowie Ergebnis- und Kostenstrukturen. Die dabei gefundenen Ergebnisse wird die UBG unter Berücksichtigung der entsprechenden Werte aus vergleichbaren anderen Unternehmen aufbereiten und dokumentieren.

2.2 Stufe 2: Marktanalyse

Auf der Grundlage der in Stufe 1 gefundenen Ergebnisse halten die Vertragspartner einen zweitägigen Workshop zur kritischen Diskussion der bislang gefundenen Ergebnisse und ihrer möglichen Auswirkungen auf die Marktanalyse und den Maßnahmenplan ab. Im Anschluß daran erstellt die UBG eine Markt- und Wettbewerbsanalyse, bezogen auf Marktumfeld, Wettbewerb, Marktzugang und formale Restriktionen. Die Markt- und Wettbewerbsanalyse wird sich dabei nicht auf den Markt für die derzeitige Produktpalette von Wiesner beschränken, sondern zugleich die im Workshop als möglicherweise sinnvoll erkannten Erweiterungen der Produktpalette von Wiesner berücksichtigen. Die Ergebnisse der Marktanalyse werden von der UBG aufbereitet und dokumentiert.

2.3 Stufe 3: Maßnahmenplan

Die in Stufe 1 und 2 gefundenen Ergebnisse und die daraus für Wiesner zweckmäßigerweise zu ziehenden Folgerungen werden von den Vertragspartnern in einem bei Bedarf bis zu 3 Tage dauernden Workshop kritisch diskutiert. UBG wertet die Ergebnisse des Workshops aus und entwickelt und dokumentiert einen Maßnahmenplan mit Angaben über:

- Art, Reihenfolge und Umfang von Rationalisierungsmaßnahmen, unterteilt nach notwendigen und nach zweckmäßigen Maßnahmen;
- als zweckmäßig und im Grundsatz für Wiesner realisierbar erkannte Erweiterungen der Angebotspalette; und
- die wesentlichen Schritte zu ihrer Umsetzung.

Die UBG übernimmt keine Garantie dafür, daß die nach bestem Wissen und Gewissen empfohlenen Maßnahmen unter allen Umständen zu dem erwünschten wirtschaftlichen Erfolg führen.

3 Mitwirkungspflichten von Wiesner

Eine wesentliche Voraussetzung für die Erstellung der vereinbarten Analysen und Empfehlungen durch UBG ist Klarheit über die geschäftliche, organisatorische und technische Situation von Wiesner, seine Rationalisierungsbereitschaft und seine Investitionsbereitschaft. Wiesner hat daher insbesondere

(1) sämtliche Fragen der UBG-Mitarbeiter über die tatsächlichen und rechtlichen Verhältnisse innerhalb des Unternehmens und zwischen diesem und seinen Geschäftspartnern und Wettbewerbern möglichst vollständig, zutreffend und kurzfristig zu beantworten; ebenso Fragen über seine tatsächliche Rationalisierungs- und seine Investitionsbereit-

schaft. Die UBG wird nur solche Fragen stellen, deren Beantwortung von Bedeutung für die Vertragsdurchführung sein kann;

(2) auch ungefragt Auskunft über solche Umstände zu erteilen, die von Bedeutung für die Vertragsdurchführung sein können;

(3) von der UBG gelieferte Zwischenberichte und Ergebnisse daraufhin zu überprüfen, ob die darin enthaltenen Informationen über Wiesner, seine Rationalisierungs- und seine Investitionsbereitschaft zutreffen; etwa erforderliche Korrekturen wird Wiesner unverzüglich der UBG schriftlich mitteilen.

4 Wahrung der Vertraulichkeit durch UBG

4.1 Die UBG wird alle von Wiesner im Rahmen der Zusammenarbeit erhaltenen Informationen über dessen Unternehmen strikt vertraulich behandeln, soweit sie nicht allgemein bekannt sind. Dasselbe gilt für Kenntnisse über unternehmensinterne Vorgänge von Wiesner, die die UBG anläßlich der Zusammenarbeit erlangt. Die Verschwiegenheitspflicht besteht auch nach Beendigung des Vertrages fort.

4.2 Die UBG steht dafür ein, daß sie ihren Mitarbeitern Vertraulichkeits- und Verschwiegenheitspflichten auferlegt hat, die den Regelungen in Abschnitt 4.1 entsprechen.

4.3 Die UBG darf Unternehmensdaten von Wiesner in anonymisierter Form für ihre Statistiken verwenden.

5 Honorare, Nebenkosten, Zusatzaufwendungen

5.1 Wiesner honoriert die Leistungen der UBG in:

- Stufe 1 mit dem Festhonorar von DM 60.000,– zzgl. MwSt.
- Stufe 2 mit dem Festhonorar von DM 50.000,– zzgl. MwSt.
- Stufe 3 mit dem Festhonorar von DM 40.000,– zzgl. MwSt.

Die Festhonorare werden jeweils bei Abschluß der betreffenden Stufe zur Zahlung fällig.

5.2 Neben dem Honorar trägt Wiesner alle im Rahmen der Vertragserfüllung anfallenden Nebenkosten und Auslagen der UBG, z.B. für Reisen, Übernachtungen, Postgebühren, evtl. zusätzliche Versicherungsprämien (Abschnitt 8.5), alle Beträge zuzüglich MwSt. Die in den einzelnen Stufen anfallenden Nebenkosten und Auslagen werden fällig mit Anfall und Rechnungsstellung, spätestens zugleich mit dem Honorar für die Leistungen der jeweiligen Stufe.

5.3 Sofern Wiesner seine Mitwirkungspflichten gemäß Abschnitt 3 verletzt und der UBG hierdurch Zusatzaufwand entsteht, hat Wiesner diesen Zusatzaufwand zu ersetzen. Berechnungsgrundlage ist ein Honorar von DM 3.000,– pro Arbeitstag (zu je 8 Stunden) des Projektleiters und von DM 2.500,– pro Arbeitstag (zu je 8 Stunden) der übrigen Projektmitarbeiter, alle Beträge zuzüglich MwSt.

5.4 Kündigt Wiesner diesen Vertrag vorzeitig, so kann die UBG für die noch nicht erfüllten Leistungsstufen nach ihrer Wahl entweder die gesetzliche Vergütung (gemäß § 649 BGB) oder eine Honorierung der von ihr erbrachten Leistungen auf der in Abschnitt 5.3 Satz 2 genannten Berechnungsbasis zuzüglich Auslagen verlangen.

6 Leistungszeit, Verzug, Unmöglichkeit

6.1 Soweit die für das Projekt vorgesehenen Mitarbeiter der UBG – bei Vertragsabschluß unvorhersehbar – ausfallen, ist die UBG berechtigt, die Erfüllung ihrer Verpflichtungen um die Dauer der Verhinderung und um eine angemessene Anlaufzeit hinauszuschieben.

6.2 Abschnitt 6.1 gilt entsprechend bei Eintritt von höherer Gewalt oder von anderen bei Vertragsabschluß unvorhersehbaren Ereignissen, die der UBG die vereinbarten Leistungen vorübergehend ganz oder teilweise unmöglich machen oder unzumutbar erschweren. Der höheren Gewalt stehen Streik, Aussperrung und ähnliche Umstände, die die UBG mittelbar oder unmittelbar betreffen, gleich, sofern sie sie nicht beseitigen kann.

6.3 Soweit durch Hindernisse im Sinne von Abschnitt 6.1 oder 6.2 die Erstellung der Analysen und/oder des Maßnahmenplans auf unabsehbare Dauer unmöglich wird, wird die UBG von ihren Vertragspflichten frei.

6.4 Soweit Verzögerungen durch Hindernisse im Sinne von Abschnitt 6.1 oder 6.2 für Wiesner unzumutbar werden, kann Wiesner der UBG eine angemessene Frist zur Fortsetzung der vertragsgemäßen Tätigkeiten setzen und nach fruchtlosem Ablauf dieser Frist den Vertrag kündigen. Der Vergütungsanspruch der UBG für bereits abgeschlossene Stufen bleibt davon unberührt.

6.5 Soweit Verzug oder Unmöglichkeit von der UBG zu vertreten sind, bestimmt sich ihre Haftung nach Abschnitt 8.

7 Präsentationen, Abnahme

7.1 Die UBG präsentiert Wiesner jeweils bei Fertigstellung die Analysen und den Maßnahmenplan. Nimmt Wiesner diese Werke bei Präsentation aus einem anderen Grund als wegen einer unverzüglichen und begründeten Beanstandung nicht ab und holt Wiesner diese Beanstandung auch nicht innerhalb von zwei Wochen ab Präsentation nach, so gilt das jeweils präsentierte Werk als abgenommen.

7.2 Die Nutzung eines Werkes durch Wiesner gilt als Abnahme des betreffenden Werkes.

7.3 Abschnitte 7.1 und 7.2 gelten entsprechend für voneinander abgrenzbare Teilleistungen der UBG innerhalb der einzelnen Stufen, sofern für solche Teilleistungen gesonderte Abnahme- oder Präsentationstermine vereinbart worden sind.

8 Gewährleistung, Haftung

8.1 Die UBG erbringt ihre Leistungen mit der Sorgfalt eines ordentlichen Kaufmanns. Wiesner ist bewußt, daß jede Analyse und Bewertung eines Unternehmens und/oder Marktes eine Reihe von Unwägbarkeiten impliziert. Die UBG haftet daher nicht für den wirtschaftlichen Erfolg aufgrund der empfohlenen Maßnahmen.

8.2 Wenn und soweit etwaige Mängel der Analysen und/oder des Maßnahmenplanes darauf beruhen, daß Wiesner seine Mitwirkungspflichten nicht, nicht vollständig oder nicht rechtzeitig erfüllt hat, ist die Gewährleistung ausgeschlossen.

8.3 Hat die UBG Gewähr zu leisten, so schuldet sie zunächst nur kostenlose Nachbesserung. Wird diese nicht innerhalb angemessener Zeit vorgenommen oder schlägt sie fehl, so kann Wiesner Minderung oder Wandelung derjenigen Vertragsteile verlangen, die von dem Mangel betroffen sind.

8.4 Bei einfacher Fahrlässigkeit ihrer Organe oder Mitarbeiter haftet die UBG für Schäden von Wiesner nur, wenn und soweit sie auf der Verletzung solcher Pflichten beruhen, deren Erfüllung zum Erreichen des Vertragszwecks unbedingt erforderlich ist. Im übrigen haftet die UBG für Schäden aus Verzug, aus Unmöglichkeit der Leistung, aus Gewährleistung, aus positiver Vertragsverletzung, aus Verschulden bei Vertragsschluß und/oder aus unerlaubten Handlungen nur, wenn und soweit sie von ihr oder ihren Hilfspersonen vorsätzlich oder grob fahrlässig verursacht worden sind.

8.5 Die Haftung der UBG beschränkt sich auf solche Schäden, mit denen sie vernünftigerweise rechnen muß. Die Haftung ist der Höhe nach begrenzt auf den Betrag von DM 300.000,– pro Schadensfall, soweit nicht die UBG auf ausdrücklichen Wunsch und auf Rechnung von Wiesner eine Exzedentenversicherung abgeschlossen hat und diese den Schaden übernimmt. Für darüber hinausgehende Schäden haftet die UBG nur, soweit sie durch Vorsatz oder grobe Fahrlässigkeit von ihr oder ihren Hilfspersonen verursacht worden sind.

8.6 Alle Schadensersatzansprüche, die nicht gemäß § 638 BGB einer kürzeren Verjährungsfrist unterliegen, verjähren nach drei Jahren. Die Verjährungsfrist beginnt mit der Erkennbarkeit eines Schadens; § 638 BGB bleibt unberührt.

9 Sonstiges

9.1 Dieser Vertrag gibt die Vereinbarungen der Parteien über die Regeln ihrer Zusammenarbeit vollständig und richtig wieder. Nebenabreden bestehen nicht.

9.2 Änderungen oder Ergänzungen des Vertrages, ausgenommen die Vereinbarung von Zwischenpräsentationen im Sinn von Abschnitt 7.3, bedürfen der Schriftform und müssen als solche ausdrücklich gekennzeichnet sein. Das gilt entsprechend für jede Änderung dieser Schriftformklausel.

9.3 Sollten einzelne Bestimmungen dieses Vertrags ganz oder teilweise unwirksam oder undurchführbar sein oder werden, so berührt das den Vertrag im übrigen nicht. An Stelle der unwirksamen oder undurchführbaren Klausel gilt eine Regelung als vereinbart, die bei objektiver Betrachtung dem wirtschaftlichen Zweck der unwirksamen bzw. undurchführbaren Bestimmung möglichst nahe kommt.

Düsseldorf, den 10.12.1993

UBG Unternehmens-
beratungsgesellschaft mbH

....

Essen, den 14.12.1993

Wiesner Pharma GmbH

....

12.14 Beratungs(dienst-)vertrag

Beratungs(dienst-)vertrag

zwischen

der **Optec** AG
gesetzlich vertreten durch die Vorstandsmitglieder
Karl Meister und Dr. Eugen Kurz,
A.-Str. 1, München

und

der **UBG** Unternehmensberatungsgesellschaft GmbH,
B.-Str. 2, München

Vorbemerkungen

Optec betreibt seit 40 Jahren in München eine Fabrik zur Herstellung feinoptischer Geräte. Optec hat Ende 1992 einen in Jena ansässigen Fertigungsbetrieb für optische Erzeugnisse erworben. Im gemeinsamen Vertrieb für die Produkte beider Werke treten gelegentlich Konflikte zwischen den Mitarbeitern beider Werke auf.

Die Geschäftsführung von Optec möchte diese Konflikte durch organisatorische Änderungen vermeiden, soweit dies mit Rücksicht auf gewachsene Strukturen vertretbar ist. Optec möchte ferner diese Konflikte, soweit sie sich auch nach den geplanten Änderungen wiederholen sollten, durch einen externen Berater schlichten lassen.

Für diese Aufgabe bedarf es eines Beraters mit Erfahrungen in Mitarbeiterführung und im Vertrieb von optischen und feinoptischen Geräten. Die UBG verfügt über Mitarbeiter mit den geforderten Erfahrungen.

Daher vereinbaren die Parteien folgende Zusammenarbeit:

1 Aufgabenstellung für die UBG

1.1 UBG moderiert vom 23. bis 25. Februar 1994 einen jeweils ganztägigen Einführungsworkshop für bis zu 12 von Optec auszuwählende, leitende Vertriebsmitarbeiter. Dieser Workshop dient der Einführung der UBG bei den Mitarbeitern von Optec und daneben der gemeinsamen Erarbeitung von Vertriebsaufbau und -abläufen. Optec wir Namen und betriebliche Funktionen der Teilnehmer bis spätestens zum 04. Februar 1994 der UBG mitteilen. Der Workshop wird in der Geschäftsstelle der UBG durchgeführt. Eine Ergebnisdokumentation des Workshops soll die UBG nicht liefern.

1.2 Außerdem überträgt Optec der UBG bei Bedarf die Beilegung von Konflikten zwischen Mitarbeitern der Vertriebsabteilung. Ohne vorherige Absprache im Einzelfall ist UBG aber – abgesehen von dem in Abschnitt 1.1 vereinbarten Workshop – nicht verpflichtet, bestimmte Arbeitskapazitäten für Optec zu reservieren. Vielmehr werden Optec und UBG Termine und Inhalte von weiteren Aufgaben der UBG im Einzelfall gesondert vereinbaren.

1.3 Die der UBG übertragenen Aufgaben werden von Frau Dr. Stefanie Streit als Projektleiterin wahrgenommen. Die UBG kann bei Bedarf weitere Projektmitarbeiter, die über einschlägige Erfahrungen verfügen, im Rahmen dieses Vertrages einsetzen.

Quelle: Quiring 1994, S. 195–199

2 Informationsobliegenheiten, Vertraulichkeit

2.1 Um der UBG das für eine effiziente Beratung wesentliche klare Verständnis von der Ausgangslage und den Zielvorstellungen der Optec zu verschaffen, wird Optec alle diesbezüglichen Fragen der UBG über das Unternehmen, seine Strukturen, Mitarbeiter und Kundenbeziehungen möglichst rechtzeitig, vollständig und zutreffend beantworten. In diesem Rahmen wird Optec die UBG auch ungefragt über solche Umstände informieren, die für die Beratung von Bedeutung sein können.

2.2 Die UBG wird alle von Optec im Rahmen der Zusammenarbeit erhaltenen Informationen über das Unternehmen, seine Kundenbeziehungen und seine Mitarbeiter strikt vertraulich behandeln, soweit diese Informationen nicht ohnehin allgemein bekannt sind. Dasselbe gilt für Kenntnisse über unternehmensinterne Vorgänge bei Optec, die die UBG anläßlich der Zusammenarbeit erlangt. Die Verschwiegenheitspflicht besteht auch nach Beendigung des Vertrages fort.

2.3 Die UBG steht dafür ein, daß sie ihren Mitarbeitern Vertraulichkeits- und Verschwiegenheitspflichten auferlegt hat, die den Regelungen in Abschnitt 2.2 entsprechen.

3 Honorare, Nebenkosten

3.1 Für den in Abschnitt 1.1 vereinbarten Workshop werden der UBG drei Vorbereitungstage zu je DM 2.500 und drei Moderationstage zu je DM 3.000 bezahlt, alle Beträge zuzüglich MwSt.

3.2 Die in Abschnitt 1.2 vereinbarten Leistungen werden der UBG pro Beraterstunde mit DM 350 zuzüglich MwSt. vergütet. Angefangene Beraterstunden zählen als volle Stunden.

3.3 Neben dem Honorar trägt Optec alle im Rahmen der Vertragserfüllung anfallenden Nebenkosten und Auslagen der UBG, z.B. für Reisen, Übernachtungen, Postgebühren, alle Beträge zuzüglich MwSt. Für die Moderation des Workshops gemäß Abschnitt 1.1 in den Räumen der UBG werden keine Nebenkosten berechnet.

4 Rechnungsstellung, Fälligkeiten

4.1 Die UBG berechnet der Optec Honorare und Nebenkosten jeweils monatlich im nachhinein. Den Rechnungen wird eine Spezifikation beigefügt, die Zeit und Art der Tätigkeit der UBG sowie die Zusammensetzung der Nebenkosten erkennen läßt.

4.2 Vertragsgemäß gestellte Rechnungen sind bei Vorlage sofort zur Zahlung fällig.

5 Leistungshindernisse

5.1 Soweit die für das Projekt vorgesehenen Mitarbeiter der UBG – bei der Festlegung von Einzelaufgaben (Abschnitt 1.2 Satz 3) unvorhersehbar – ausfallen, ist die UBG berechtigt, die Erfüllung ihrer Verpflichtungen um die Dauer der Verhinderung und um eine angemessene Anlaufzeit hinauszuschieben. Für den Workshop ist in einem solchen Fall ein neuer Termin zu vereinbaren.

5.2 Abschnitt 5.1 gilt entsprechend bei Eintritt von höherer Gewalt oder von anderen bei der Festlegung von Einzelaufgaben (Abschnitte 1.1 oder 1.2 Satz 3) unvorhersehbaren Ereignissen, die der UBG die im Einzelfall vereinbarte Tätigkeit unmöglich machen oder unzumutbar erschweren. Der höheren Gewalt gleich stehen Streik, Aussperrung und ähnliche Umstände, von denen die UBG mittelbar oder unmittelbar betroffen wird, sofern die UBG diese Umstände nicht beseitigen kann.

5.3 Soweit Verzug oder Unmöglichkeit von der UBG zu vertreten sind, bestimmt sich ihre Haftung nach Abschnitten 6.3 und 6.4.

6 Haftung

6.1 Den von Optec erhofften Erfolg der Zusammenarbeit mit der UBG kann die UBG mit Rücksicht auf die Aufgabenstellung nicht garantieren.

6.2 Wenn und soweit etwaige Beratungsfehler darauf beruhen, daß Optec ihre Mitwirkungsobliegenheiten nicht, nicht vollständig oder nicht rechtzeitig erfüllt hat, ist die Haftung der UBG ausgeschlossen.

6.3 Für Schäden der Optec haftet die UBG bei einfacher Fahrlässigkeit ihrer Organe oder Mitarbeiter nur, wenn und soweit die Schäden auf der Verletzung solcher Pflichten beruhen, deren Erfüllung zum Erreichen des Vertragszwecks unbedingt erforderlich ist. Im übrigen haftet die UBG für Schäden aus Verzug, aus Unmöglichkeit der Leistung, aus positiver Forderungsverletzung, aus Verschulden bei Vertragsschluß oder aus unerlaubten Handlungen nur, wenn und soweit sie von der UBG oder ihren Hilfspersonen vorsätzlich oder grob fahrlässig verursacht worden sind.

6.4 Alle Schadensersatzansprüche gegen die UBG verjähren in 3 Jahren. Die Verjährungsfrist beginnt mit der Erkennbarkeit eines Schadens, spätestens jedoch mit Beendigung dieses Vertrages.

7 Vertragsdauer, Kündigung, Abwicklung

7.1 Der Vertrag beginnt mit Unterzeichnung durch beide Seiten und läuft auf unbestimmte Zeit.

7.2 Der Vertrag kann, erstmals nach Durchführung des Workshops, von beiden Seiten jederzeit ohne Angabe von Gründen gekündigt werden. Die Kündigung ist nur in schriftlicher Form wirksam. Die Optec hat keine Kündigungsfrist zu beachten.

7.3 Die UBG wird eine Kündigungsfrist von 1 Monat einhalten und bei Ausspruch der Kündigung – abweichend von Abschnitt 1.2 – der Optec einen Beratungstag reservieren. Dieser Beratungstag soll innerhalb der Kündigungsfrist liegen und ist im Kündigungsschreiben unter Datumsangabe zu konkretisieren; nach Möglichkeit bietet UBG der Optec einen Ausweichtermin an. Will Optec den/die angebotenen Beratungstag(e) in Anspruch nehmen, so teilt sie das der UBG unverzüglich mit. Geht bei der UBG eine Mitteilung nach Satz 3 nicht innerhalb von 10 Tagen, gerechnet ab Aufgabe des Kündigungsschreibens zur Post ein, ist die UBG an die Reservierung nicht mehr gebunden.

8 Ergänzende Bestimmungen

8.1 Dieser Vertrag gibt die Vereinbarungen zwischen Optec und UBG über die Regeln ihrer Zusammenarbeit vollständig und richtig wieder. Nebenabreden bestehen nicht.

8.2 Änderungen oder Ergänzungen des Vertrages, ausgenommen seine Ausfüllung durch Projektabsprachen im Sinn von Abschnitt 1.2 Satz 3, bedürfen der Schriftform und müssen ausdrücklich als Modifizierung des Vertrages gekennzeichnet sein. Das gilt entsprechend für jede Änderung dieser Schriftformklausel.

8.3 Sollten einzelne Regeln dieses Vertrages ganz oder teilweise unwirksam oder undurchführbar sein oder werden, so berührt das den Vertrag im übrigen nicht. Anstelle der unwirksamen oder undurchführbaren Bestimmungen gilt eine Regelung als vereinbart, die bei objektiver Betrachtung dem wirtschaftlichen Zweck der unwirksamen bzw. undurchführbaren Bestimmung möglichst nahe kommt.

München, den 31. Januar 1994

Unternehmensberatungs- gesellschaft mbH	Optec AG

....

12.15 Berater-Anstellungsvertrag

Berater-Anstellungsvertrag

zwischen

Firma UBG Unternehmensberatungsgesellschaft mbH,
A-Str. 1, Hannover

und

Herrn Rudolf Ratgeber,
B-Str. 2, Hannover

1 Arbeitsbeginn, Dienstort, Zuordnung

1.1 Herr Ratgeber tritt mit Wirkung vom 01.01.1993 in die Dienste der UBG.

1.2 Stützpunkt der Dienste von Herrn Ratgeber ist die Geschäftsstelle Hannover der UBG. Mit Rücksicht auf die hohe persönliche Flexibilität, die der Einsatz als Unternehmensberater erfordert, wird Herr Ratgeber bei Bedarf auch an anderen Orten für die UBG und deren Kunden tätig werden; den hierdurch bedingten notwendigen Zusatzaufwand trägt die UBG.

1.3 Herr Ratgeber berichtet fachlich grundsätzlich an den Geschäftsbereichsleiter Organisations- und Personalentwicklung der UBG in Hannover oder dessen Vertreter. Disziplinarisch ist Herr Ratgeber unmittelbar der Geschäftsführung unterstellt.

2 Aufgaben und Befugnisse

2.1 Herr Ratgeber wird als einer von mehreren Projektleitern für den Geschäftsbereich Organisationsentwicklung eingestellt. Herr Ratgeber ist bereit, auch andere, seinen Kenntnissen und Erfahrungen entsprechende Tätigkeiten zu übernehmen, falls dies aus in seiner Person liegenden oder aus betrieblichen Gründen von der UBG gewünscht wird.

2.2 Herr Ratgeber wird bis auf weiteres sämtliche Kundenprojekte mit dem zuständigen Geschäftsbereichsleiter nach Zeitplan, Inhalt, Form und erwartbaren Ergebnissen abstimmen. Es ist beabsichtigt, nach einer vom Geschäftsbereichsleiter festzulegenden Einarbeitungszeit von Herrn Ratgeber die vorgenannten Abstimmungspflichten zu lockern.

2.3 Verträge im Namen der UBG darf Herr Ratgeber nur nach vorheriger Zustimmung des zuständigen Geschäftsbereichsleiters im Einzelfall abschließen oder ändern. In diesen Fällen zeichnet Herr Ratgeber für die UBG unter Voranstellung des Zusatzes „im Auftrag“ oder „i.A.“.

2.4 In seiner Eigenschaft als Projektleiter ist Herr Ratgeber gegenüber den Mitgliedern des ihm jeweils zugeteilten Projektteams nur zu fachlichen Weisungen berechtigt. Im übrigen trägt Herr Ratgeber keine Personalverantwortung.

2.5 Herr Ratgeber bildet sich auf den Gebieten, in denen er tätig ist, weiter und informiert sich laufend über einschlägige Veränderungen seines Fachgebietes.

Quelle: Quiring 1994, S. 175–181

3 Arbeitszeit, Nebentätigkeit

3.1 Die regelmäßige wöchentliche Arbeitszeit beträgt 40 Stunden. Bei Bedarf wird Herr Ratgeber Überstunden in zumutbarem Umfang leisten.

3.2 Herr Ratgeber stellt seine volle Arbeitskraft der UBG zur Verfügung. Jede nebenberufliche Tätigkeit, die die Belange der UBG beeinträchtigen könnte, gleich ob sie entgeltlich oder unentgeltlich ausgeübt wird, bedarf der vorherigen schriftlichen Zustimmung der UBG.

4 Vergütung, Urlaub

4.1 Herr Ratgeber erhält als Vergütung für seine Tätigkeit ein Jahresgehalt in Höhe von brutto DM 120.000, zahlbar in 12 gleichen Monatsraten. Etwaige Überstunden einschließlich eventueller Arbeiten an Samstagen, Sonn- und Feiertagen sind damit abgegolten.

4.2 Herr Ratgeber erhält ferner bei Erreichung bestimmter, für seine Arbeit jeweils zu definierender Ziele eine Erfolgsprämie. Die Höhe der Erfolgsprämie und die Ziele werden für jedes Kalenderjahr durch die UBG neu festgelegt. Diese Festlegung erfolgt im Anschluß an ein Gespräch zwischen Herrn Ratgeber und dem zuständigen Geschäftsbereichsleiter über die Zusammenarbeit und die Erfolge im abgelaufenen Jahr.

4.3 Die UBG erstattet Herrn Ratgeber gegen Nachweis Aufwendungen, die ihm in Ausübung seiner Tätigkeiten im Rahmen dieses Vertrages notwendigerweise entstehen. Die Erforderlichkeit von Reisen ist rechtzeitig vor Reiseantritt mit dem zuständigen Geschäftsbereichsleiter abzustimmen. Aufwendungen werden im Regelfall monatlich abgerechnet und ausbezahlt.

4.4 Soweit die UBG außerhalb einer ausdrücklichen Vereinbarung an Herrn Ratgeber weitere Leistungen erbringt, wie z.B. Sonderzahlungen oder Ersatz nicht notwendiger Aufwendungen, erfolgt dies alleine auf freiwilliger Basis ohne Bindungswillen für die Zukunft; daher erwächst Herrn Ratgeber auch durch mehrfache vorbehaltlose Einbringung freiwilliger Leistungen durch die UBG kein Rechtsanspruch auf künftige Wiederholung dieser Leistungen.

4.5 Der Jahresurlaub beträgt 30 Arbeitstage. Seine zeitliche Festlegung bedarf der Genehmigung der Geschäftsführung.

5 Rechte und Pflichten bei Arbeitsverhinderung

5.1 Herr Ratgeber wird im Falle einer Erkrankung und bei sonstigen Ereignissen, durch die er an seiner Arbeitsleistung gehindert wird, den zuständigen Geschäftsbereichsleiter, und wenn er diesen nicht erreichen kann die Geschäftsführung, von der Verhinderung und ihrer voraussichtlichen Dauer unverzüglich unterrichten. Zwingende gesetzliche Bestimmungen über Gehaltsfortzahlung im Krankheitsfall werden hierdurch nicht berührt.

5.2 Soweit Arbeitsunfähigkeit von Herrn Ratgeber durch Verschulden Dritter (z. B. Verkehrsunfall) herbeigeführt worden ist und die UBG Herrn Ratgeber während der Arbeitsunfähigkeit Gehalt fortgezahlt hat, tritt er seine künftigen Schadensersatzansprüche gegen den Schädiger schon heute an die UBG ab; die UBG nimmt diese Abtretung hiermit an.

6 Wahrung von Vertraulichkeit

6.1 Herr Ratgeber ist verpflichtet, alle ihm während des Vertragsverhältnisses bekannt gewordenen oder bekannt werdenden Informationen über die geschäftlichen und sonstigen Angelegenheiten der UBG, ihrer Kunden und der bei der UBG und deren Kunden beschäftigten Personen strikt vertraulich zu behandeln und vor Kenntnisnahme durch unbefugte Dritte zu schützen. Diese Pflichten werden durch die Beendigung des Vertragsverhältnisses nicht berührt.

6.2 Die Verpflichtung gemäß Abschnitt 6.1 bezieht sich insbesondere auf alle internen Vorgänge und Informationen der UBG und ihrer Kunden, auf Geschäfts- und Betriebsgeheimnisse, Herstellungsverfahren und sonstige geschäftlichen und betrieblichen Tatsachen, ebenso auf Entwürfe, Aufzeichnungen, etc. Die Geheimhaltungsverpflichtung bezieht sich ferner auf alle Angelegenheiten, die geeignet sind, der UBG oder ihren Kunden oder den dort beschäftigten Personen Schaden zuzufügen oder deren Ansehen in irgendeiner Weise zu schädigen.

7 Behandlung von Unterlagen

7.1 Herr Ratgeber hat alle in seinen Besitz gelangenden Geschäfts- und Betriebsunterlagen sowie alle Unterlagen, die Informationen der in Abschnitt 6 genannten Art enthalten, ordnungsgemäß aufzubewahren, insbesondere dafür zu sorgen, daß unbefugte Dritte nicht Einsicht nehmen können.

7.2 Herrn Ratgeber ist es untersagt, Kopien irgendwelcher Unterlagen über Informationen der in Abschnitt 6 genannten Art für andere Zwecke als für die Durchführung seiner vertragsgemäßen Tätigkeit anzufertigen.

7.3 Alle genannten Unterlagen und alle Kopien hiervon hat Herr Ratgeber während der Dauer des Vertragsverhältnisses auf Anforderung, nach Beendigung des jeweiligen Projektes unaufgefordert und unverzüglich der UBG zurückzugeben. Ein Zurückbehaltungsrecht an solchen Unterlagen ist ausgeschlossen.

7.4 Erfordert es die Durchführung eines Auftrages, Unterlagen an firmenfremde Dritte zu geben, so hat Herr Ratgeber sicherzustellen, daß die Unterlagen von dem Dritten in gleicher Weise geheimgehalten und nach Beendigung des Vertrages an die UBG zurückgegeben werden.

7.5 Herr Ratgeber ist verpflichtet, auf Anforderung der UBG eine zur Vorlage bei Gericht bestimmte eidesstattliche Versicherung dahingehend abzugeben, daß er sämtliche Unterlagen von der UBG und deren Kunden an die UBG zurückgegeben hat, daß sich keinerlei derartige Unterlagen mehr bei firmenfremden Dritten befinden, die derartige Unterlagen von Herrn Ratgeber erhalten haben, und daß keine Kopien gefertigt worden sind, die nicht zurückgegeben worden sind.

8 Wettbewerbsverbot

8.1 Während der Dauer dieses Arbeitsvertrages ist Herr Ratgeber, auch soweit ihm gemäß Abschnitt 3.2 eine nebenberufliche Tätigkeit genehmigt worden ist, verpflichtet, sich jeglichen Wettbewerbs gegenüber der UBG zu enthalten. Das Wettbewerbsverbot gilt für jede direkte oder indirekte Tätigkeit für ein Unternehmen, das in Konkurrenz zur UBG steht. Es erstreckt sich ferner auf alle Tätigkeiten für Kunden der UBG, soweit sie nicht der Anbahnung und/oder Erfüllung eines Vertrages zwischen UBG und deren Kunden dienen.

8.2 Herr Ratgeber verpflichtet sich, für die Dauer von zwei Jahren nach Beendigung des Arbeitsverhältnisses nicht für ein Unternehmen tätig zu sein, das mit der UBG auf dem Gebiet der Organisationsentwicklung in Wettbewerb steht. Herr Ratgeber ist jede direkte und indirekte, selbständige und unselbständige Tätigkeit für ein solches Unternehmen untersagt. Dieses Wettbewerbsverbot erstreckt sich auf das Gebiet des Bundeslandes Niedersachsen. Besteht bei objektiver Betrachtung Anlaß zu Zweifeln, ob eine bestimmte Tätigkeit von dem Wettbewerbsverbot erfaßt wird, hat Herr Ratgeber die Zulässigkeit der von ihm geplanten Tätigkeit vorab mit der UBG abzustimmen. Dieses nachvertragliche Wettbewerbsverbot tritt erst und nur dann in Kraft, wenn das Arbeitsverhältnis nicht vor Ablauf der Probezeit (Abschnitt 9.1) durch die UBG gekündigt wird.

8.3 Für die Dauer des nachvertraglichen Wettbewerbsverbotes gem. Abschnitt 8.2 zahlt die UBG an Herrn Ratgeber monatlich eine Entschädigung in Höhe von 1/24 der von diesem zuletzt bezogenen durchschnittlichen Jahresbezüge. Diese Entschädigung ist am Schluß des jeweiligen Monats fällig. Herr Ratgeber hat während der Dauer dieser Karenzzahlungspflicht der UBG auf Verlangen jederzeit, unaufgefordert spätestens am Schluß jedes Kalenderquartals, Auskunft über die Höhe seines sonstigen Arbeitseinkommens zu erteilen und den Namen sowie die Anschrift seines jeweiligen Dienstgebers mitzuteilen.

8.4 Herr Ratgeber verpflichtet sich, für jeden einzelnen Fall einer Zuwiderhandlung gegen die Regelungen in Abschnitten 8.1 und/oder 8.2 an die UBG eine Vertragsstrafe in Höhe von 10.000 DM zu bezahlen. Die UBG kann ferner Ersatz eines etwa über die Vertragsstrafe hinausgehenden Schadens fordern.

8.5 Im übrigen gelten für das vertragliche und das nachvertragliche Wettbewerbsverbot die gesetzlichen Vorschriften entsprechend.

9 Vertragsdauer, Kündigung

9.1 Der vorliegende Vertrag läuft auf unbestimmte Zeit. Die ersten 6 Monate gelten als Probezeit.

9.2 Eine Kündigung vor Dienstantritt ist ausgeschlossen. Der Vertrag kann von beiden Seiten während der Probezeit mit einer Frist von einem Monat zum Monatsende, danach mit einer Frist von drei Monaten zum Monatsende, gekündigt werden. Sollte innerhalb der Kündigungsfrist ein von Herrn Ratgeber übernommenes Beratungsprojekt nicht ordnungsgemäß abgeschlossen werden, so endet der vorliegende Vertrag erst mit Abschluß des betreffenden Projektes. Das Recht zur außerordentlichen Kündigung aus wichtigem Grund bleibt unberührt.

10 Schlußbestimmungen

10.1 Herr Ratgeber versichert, daß die anläßlich seiner Einstellung gemachten Angaben, insbesondere in den Bewerbungsunterlagen, der Wahrheit entsprechen. Falsche Angaben anläßlich der Einstellung können zur Anfechtung des Arbeitsvertrages durch die UBG führen.

10.2 Mündliche Nebenabreden bestehen nicht. Änderungen und Ergänzungen dieses Vertrages sind nur wirksam, wenn sie schriftlich erfolgen. Dies gilt entsprechend für eine Änderung oder Aufhebung der Schriftformvereinbarung.

10.3 Sollten einzelne Bestimmungen dieses Vertrages unwirksam sein oder werden, so berührt dies nicht die Wirksamkeit des übrigen Vertragsinhaltes. Die unwirksame Bestimmung gilt durch eine Regelung ersetzt, die dem wirtschaftlichen Zweck der unwirksamen Regelung in zulässiger Weise möglichst nahe kommt.

10.4 Beide Vertragsparteien bestätigen mit ihrer Unterschrift, eine schriftliche Ausfertigung dieses Vertrages erhalten zu haben.

Hannover, den 10.10.1992

Unternehmensberatungs- gesellschaft mbH	Rudolf Ratgeber
....	....

12.16 Beratungsvertrag (Kurzform)

Beratungsvertrag (Kurzform)

zwischen

UBG Unternehmensberatungsgesellschaft mbH **– UBG –**
A.-Str. 1, Frankfurt

und

Bacchus Winzereigenossenschaft eG **– Bacchus –**
B.-Str. 2, Wiesbaden

1 Aufgaben der UBG

1.1 Die UBG übernimmt die laufende betriebswirtschaftliche Betreuung von Bacchus. Hierunter verstehen die Parteien betriebswirtschaftliche Kurzberatungen auf Anforderung im Einzelfall. Als Kurzberatung gilt nur, was telefonisch ad hoc abgewickelt werden kann.

1.2 Die UBG übernimmt ferner das externe Controlling durch eintägige Beratungsgespräche in der Geschäftsstelle von Bacchus am ersten und dritten Montag eines jeden Monats.

1.3 Die UBG erfüllt diese Aufgaben durch Mitarbeiter, die über mindestens fünf Jahre Erfahrung im Controllingbereich verfügen.

2 Honorar

2.1 Die UBG erhält für die Betreuung gemäß Abschnitt 1 von Bacchus ein pauschales Beratungshonorar in Höhe von DM 6.000,– monatlich zuzüglich Auslagen und Mehrwertsteuer.

2.2 Die Postauslagen werden pauschal mit DM 100,– pro Monat berechnet, Fahrtkosten mit dem eigenen PKW mit DM 1,– pro gefahrenem Kilometer, sonstige notwendige Auslagen gemäß Nachweis, alle Beträge jeweils zuzüglich Mehrwertsteuer.

2.3 Soweit die Beratungsanforderungen von Bacchus den in Abschnitt 1 vereinbarten Rahmen übersteigen und die UBG die Beratung übernimmt, gilt ein Honorar von DM 350,– pro angefangener Beraterstunde zuzüglich Auslagen und Mehrwertsteuer als vereinbart.

3 Sonstiges

3.1 Dieser Vertrag beginnt am 01.07.1993 und endet am 31.03.1995.

3.2 Die Haftung der UBG für Schäden aus etwa fehlerhafter Beratung beschränkt sich, soweit der UBG nicht Vorsatz oder grobe Fahrlässigkeit zur Last fallen, auf den Höchstbetrag von DM 100.000,– pro Einzelfall. Die UBG hat Bacchus ein höheres Haftungslimit in Verbindung mit einer Haftpflichtversicherung angeboten, falls Bacchus die dafür anfallenden Versicherungsprämien trägt. Bacchus hält die vereinbarte Obergrenze jedoch für ausreichend.

3.3 Ergänzend zu diesem Vertrag gelten die allgemeinen Auftragsbedingungen der UBG.

Frankfurt/Wiesbaden, 21.06.1993

UBG GmbH Bacchus eG

....

Quelle: Quiring 1994, S. 225

12.17 Mustervertrag für Unternehmensberatung (BDU)

Der BDU e.V. empfiehlt seinen Mitgliedern zur Verwendung im Geschäftsverkehr mit Auftraggebern einen Vertrag mit folgenden Bestandteilen:

1 Namen und Adressen

der vertragsschließenden Parteien, Auftraggeber und Auftragnehmer.

2 Vertragsgegenstand:

Hier muß so detailliert wie möglich eine eindeutige Beschreibung des Auftrags und der Aufgabenstellung erfolgen. Bei der Festlegung des Beratungszieles ist sorgfältig abzuwägen, ob eine qualitative oder quantitative Aussage gemacht wird. Es sollte deutlich werden, daß die Dienstleistung darin besteht, den Auftraggeber „bei der Planung, Vorbereitung, Durchführung unternehmerischer Entscheidungen zu beraten".

3 Leistungen des Beraters:

Entsprechend dem Abschnitt „Vorgehensweise" und „Personelle Besetzung" im Angebot wird hier die Phasenstruktur des Projektes, der Zeitaufwand und Terminplan, die Verantwortlichen (Projektleiter, Projektmanager) und die Teamzusammensetzung dargestellt.

4 Dauer der Auftrags-Ausführung:

Hier wird ebenfalls entsprechend dem Angebot der Zeitaufwand in Tagewerken, sowie Beginn und voraussichtliches Ende der Auftragsausführung genannt.

5 Mitwirkungspflichten des Auftraggebers:

Die zu regelnden Mitwirkungspflichten des Auftraggebers sind umfangreicher als häufig in der Praxis angenommen. Im einzelnen können dazu gehören:

- Informations- oder Beteiligungspflichten gegenüber den Personalvertretungen. Es liegt im Interesse des Beraters, wenn der Betriebs- bzw. Personalrat so früh wie möglich, am besten schon zum Akquisitionsgespräch, hinzugezogen und informiert wird. Es kann sinnvoll sein, im Vertrag nochmals auf diese Zusammenhänge hinzuweisen und daraus eine Mitwirkungspflicht des Auftraggebers zu formulieren.
- Eine Mitwirkungspflicht besteht auch darin, mögliche Verstöße gegen das Arbeitnehmerüberlassungsgesetz zu vermeiden. Die Musterfassung des BDU sieht dafür folgende Formulierung vor:

„Der Auftraggeber verpflichtet sich, den Mitarbeitern des Beraters

- eine Kontaktperson zu benennen, die während der vereinbarten Zeit zur Verfügung steht und die ermächtigt ist, die im Rahmen der Fortführung des Auftrags erforderlichen Erklärungen für den Auftraggeber abzugeben und entgegenzunehmen,
- abgetrennte Arbeits- bzw. Projekträume und alle erforderlichen Arbeitsmittel nach Bedarf ausreichend zur Verfügung zu stellen,
- jederzeit Zugang zu den für ihre Tätigkeit erforderlichen Informationen zu verschaffen und sie rechtzeitig mit allen erforderlichen Unterlagen zu versorgen,

- im Falle von Programmierarbeiten oder DV-gestützten Auswertungen Rechnerzeiten (inklusive Operating), Testdaten, Datenerfassungskapazitäten etc. rechtzeitig und ausreichend zur Verfügung zu stellen,
- besondere Ausweise, soweit solche zum Betreten des Betriebsgeländes notwendig sind, so auszustellen, daß eine eindeutige Unterscheidung gegenüber den Mitarbeitern des Auftraggebers sichergestellt ist.

Soweit Mitarbeiter des Beraters Verpflegungseinrichtungen des Auftraggebers benutzen dürfen, berechnet der Auftraggeber diesen die vollen Kosten. Der Auftraggeber enthält sich aller auftragsbezogenen Weisungen unmittelbar an die Mitarbeiter des Beraters, außer bei Gefahr für Leben und Gesundheit.

Auf Verlangen des Beraters hat der Auftraggeber die Richtigkeit und Vollständigkeit der von ihm vorgelegten Unterlagen sowie seiner Auskünfte und mündlichen Erklärungen schriftlich zu bestätigen" (siehe Vollständigkeitsbestätigung).

6 Vergütung:

Hier können verschiedene Vergütungsmodelle angewendet werden:

a. Ein pauschaler Festpreis für Honorar, Reisekosten und Auslagen.

b. Ein Festpreis nur für das Honorar (Reisekosten und Auslagen nach Aufwand, mit oder ohne Obergrenzen abzurechnen).

c. Nur eine Honorarvereinbarung (je Zeitstunde bzw. Tagewerk), wobei eine Aussage darüber gemacht werden muß, wie viele Stunden/Tage für die Abwicklung des Auftrages benötigt werden.

   Für An- und Abreise kann ein gesonderter Stundensatz in Rechnung gestellt werden. Bei öffentlichen Ausschreibungen kann häufig die An- und Abreise nicht gesondert in Rechnung gestellt werden, sondern muß als Bestandteil des Honorarsatzes angesehen werden.

7 Zahlungsweise:

Hier schlägt der BDU die sogenannte Drittelregelung vor, d. h. Zahlung eines Drittels (oder anderen Teiles) der Auftragssumme als Vorschuß, eines weiteren Betrages nach Ablauf der Hälfte des Auftrages und des Restbetrages nach Abschluß der Arbeiten. Viele Berater rechnen, insbesondere bei längeren Aufträgen, sowohl den Honorarteil wie auch die Nebenkosten monatlich ab.

8 Besondere Vereinbarungen:

Hier wird festgelegt, daß sich die Parteien gegenseitig über wichtige Umstände informieren, die die Auftragsausführung beeinflussen können.

9 Haftung:

Unter diesem Punkt des Vertrages wird auf die AGB des Beraters verwiesen und die Haftungshöchstsumme festgeschrieben. Weitere Ausführungen sind nur notwendig, wenn im konkreten Fall ein wesentlich höheres Schadensrisiko vorhersehbar ist und der Berater eine höhere Haftungssumme angeboten hat.

Zusatzvereinbarung

Der BDU empfiehlt die Formulierung von vier Paragraphen:

§ 1: „Der Auftraggeber weist den Berater an, zum Abschluß der Beratung einen ausführlichen schriftlichen Bericht zu erstellen. Der Bericht muß Anlaß und Gang der Beratung, die durchgeführten Überlegungen und Erhebungen einschließlich methodischer Erläuterungen etc. sowie die für den Auftraggeber relevanten Schlußfolgerungen und Empfehlungen enthalten."

Des weiteren sollte der Auftraggeber darauf aufmerksam gemacht werden, daß er aus Gründen des Wettbewerbsschutzes und der Vertraulichkeit den Bericht nicht externen Dritten zur Kenntnis geben sollte.

§ 2: Dieser bezieht sich auf den Fertigstellungstermin des Berichtes und macht eine Aussage darüber, in wie vielen Exemplaren der Bericht dem Auftraggeber zur Verfügung gestellt wird.

§ 3: Er enthält alle Angaben über die Vergütung der Berichtserstellung.

§ 4: Er verweist auf den Hauptvertrag und die allgemeinen Geschäftsbedingungen des Beraters.

12.18 Checkliste: „Der gute Berater"

Auftraggeber sind Kunden und wollen als solche kundenorientiert beraten werden!

Ein guter Berater

1. kann Referenzen vorweisen; ☐
2. ist absolut vertrauenswürdig; ☐
3. ist kompetent in seinem Fach: hat überdurchschnittliche Fachkenntnisse, ist bekannt als Spezialist und kann eventuell sogar einschlägige praxisbezogene Veröffentlichungen vorzeigen; ☐
4. hält Termine und Fristen ein; ☐
5. ist ansprechbar und erweckt vor allem nicht den Eindruck, der Kunde stehle ihm die Zeit; ☐
6. zeigt Eigeninitiative und Einsatzbereitschaft; ☐
7. führt Besprechungen möglichst persönlich durch; ☐
8. vertritt nicht den Mythos „Allkompetenz", versteht sich aber als Spezialist mit ganzheitlicher Orientierung und dementsprechendem Problembewußtsein; ☐
9. erkennt komplizierte Probleme frühzeitig in ihrer Komplexität und scheut sich nicht, den Kunden an einen Spezialisten zu verweisen, bzw. einen solchen selbst herbeizuziehen; ☐
10. informiert über sein Honorar, ist diesbezüglich – soweit möglich! – verhandlungsbereit und sorgt für Kostentransparenz; ☐
11. orientiert seine Einsatzbereitschaft an den Kundenbedürfnissen/Betriebszeiten seines Kunden; ☐
12. berät von sich aus den Kunden vor Ort in dessen Betrieb; ☐

Quelle: Naegele 1995, S. 107

13. spricht die Sprache des Kunden (wirtschaftliche Ausdrücke sind für ihn keine Fremdwörter), benutzt seinerseits möglichst keine Ausdrücke und Fremdwörter seines Faches – wenn doch, erklärt er sie; ☐
14. fördert Fragen des Kunden; ☐
15. geht kritisch, aber offen auf Fragen und Vorschläge des Kunden ein; ☐
16. ist bereit und fähig, im Team zu arbeiten (mit dem Kunden, dessen Mitarbeitern und anderen Beratern (Experten); ☐
17. informiert regelmäßig über aktuelle Änderungen der für seinen Kunden relevanten Rahmenbedingungen; ☐
18. erkennt Risiken vorausschauend und berät ungefragt über Erkenntnisse, Entwicklungen, die aus seiner Sicht für den Kunden wichtig sein können, macht strategische Vorschläge; ☐
19. scheut sich nicht, den Kunden auf Fehler hinzuweisen (auf das Wie kommt es an!); ☐
20. weist auf Verbesserungsmöglichkeiten hin. ☐

12.19 Vertrag bei Unternehmensnachfolge

Muster

Beratungsvertrag

zwischen

der Firma ______________________________

– nachfolgend „Firma" –

und

Frau/Herrn ______________________________

– nachfolgend „Auftragnehmer" –

§ 1 Vertragsgegenstand

(1) Der Auftragnehmer wird von der Firma mit ihrer Beratung beauftragt.[1]

(2) Die Beratungsleistungen erstrecken sich auf alle betriebswirtschaftlichen Fragen, insbesondere:

– auf das Verwaltungs- und Rechnungswesen,

– auf den Unternehmensbestand,

– auf den Vertrieb,

– ____________________

§ 2 Art und Umfang der Leistungen

(1) Die Beratung erfolgt mündlich gegenüber der Geschäftsleitung im Rahmen von Beratungsgesprächen. Die Beratungsgespräche finden regelmäßig statt, und zwar wöchentlich in den Geschäftsräumen der Firma. Im übrigen bestimmt der Auftragnehmer den Ort seiner Tätigkeit selbst.

(2) Die Beratungsgespräche und Entscheidungen bereitet der Auftragnehmer durch schriftliche Ausarbeitungen vor.

Quelle: Naegele 1995, S. 88–91

1) Mit dem Alleingesellschafter oder Mehrheitsgesellschafter eines Unternehmens in der Rechtsform einer Gesellschaft mit beschränkter Haftung wird häufig eine Beratungsvereinbarung geschlossen, wenn der Senior aus Altersgründen die Geschäftsführung abgibt.
Die Gründe, die auf beiden Seiten (Senior und Unternehmen) für den Abschluß eines Beratungsvertrages sprechen, sind vielschichtig. Der Senior möchte z.B. gerade dann, wenn er noch an dem Unternehmen beteiligt ist, einen gewissen Einfluß im Tagesgeschäft behalten, während die neue Geschäftsführung die Erfahrung des Seniors nutzen möchte.
Von überragender Bedeutung können auch steuerliche Gründe sein (z.B. Senkung des gewerbesteuerpflichtigen Gewinns durch Verlagerung der Einkünfte). Zur Vermeidung von verdeckter Gewinnausschüttung ist es jedoch erforderlich, daß der Vertragsabschluß rechtzeitig erfolgt, die Absprachen klar und eindeutig sind.
Die Konditionen müssen den Konditionen entsprechen, wie sie unter fremden Dritten üblich sind. Schriftform ist zwar nicht vorgeschrieben, mit Blick auf die Folgen fehlender Beweisführung bei mündlichen Absprachen jedoch zwingend.

(3) Ferner wird der Auftragnehmer nach vorheriger Absprache mit der Geschäftsleitung an Messen und sonstigen Veranstaltungen, die die Interessen der Firma berühren, im In- und Ausland teilnehmen und hierüber Bericht erstatten.

§ 3 Vergütung

(1) Für geleistete Tätigkeit erhält der Auftragnehmer ein Honorar, welches einen Betrag von DM __________ monatlich nicht überschreiten soll; der Stundensatz ist vereinbart mit DM __________ .[2]

(2) Das Honorar wird der Auftragnehmer der Firma monatlich in Rechnung stellen. Die Auszahlung erfolgt nach Rechnungsstellung in der ersten Kalenderwoche des auf den Abrechnungsmonat folgenden Kalendermonats. Die gesetzliche Mehrwertsteuer ist gesondert auszuweisen und wird von der Firma zusätzlich gezahlt.

(3) Außergewöhnliche Beratungsleistungen, wie z.B. die Erstellung umfangreicher schriftlicher Gutachten und Ausarbeitungen im Rahmen der Unternehmensplanung, werden dem Auftragnehmer nach vorheriger Absprache mit der Firma gesondert vergütet.

§ 4 Aufwendungsersatz

Nachgewiesene Aufwendungen, die durch die Beratungstätigkeit im ausschließlichen Interesse der Firma bzw. in Absprache mit der Geschäftsleitung verursacht sind (z.B. Reisekosten), werden dem Auftragnehmer gegen Berechnung erstattet.

§ 5 Verschwiegenheitspflicht

Der Auftragnehmer ist verpflichtet, über alle ihm während seiner Tätigkeit für die Firma bekanntwerdenden Geschäfts- und Betriebsgeheimnisse, alle ihm bekanntwerdenden Herstellungsverfahren und sonstigen geschäftlichen bzw. betrieblichen Tatsachen, auch nach Beendigung des Vertragsverhältnisses, Stillschweigen zu bewahren. Diese Verschwiegenheitspflicht besteht auch gegenüber den Mitarbeitern der Firma, es sei denn, die Geschäftsleitung hat den Auftragnehmer gegenüber bestimmten, namentlich zu benennenden Mitarbeitern von dieser Verpflichtung entbunden.

§ 6 Unterlagen

Der Auftragnehmer verpflichtet sich, alle ihm zu Verfügung gestellten Geschäfts- und Betriebsunterlagen ordnungsgemäß aufzubewahren, insbesondere dafür zu sorgen, daß Dritte nicht Einsicht nehmen können. Die zur Verfügung gestellten Unterlagen sind während der Dauer des Vertragsverhältnisses auf Anforderung, nach Beendigung des Vertragsverhältnisses unverzüglich und unaufgefordert, der Firma zurückzugeben.

---

2) Die Vergütung ist nicht zuletzt zur Vermeidung verdeckter Gewinnausschüttung klar und eindeutig festzulegen. Der Höhe nach muß die vereinbarte Vergütung üblich sein, jedenfalls sollte sie nicht auffällig das übliche Höchstmaß übersteigen.
Die Vergütung mindert den Gewerbegewinn des Unternehmens. Der Berater bezieht gewerbliche Einkünfte, es sei denn, die Tätigkeit ist Teil einer freiberuflichen Tätigkeit i.S.v. § 18 EStG.
Besteht eine Gewerbesteuerpflicht, ist unbedingt an die Ausnutzung des Gewerbesteuerfreibetrages zu denken. Die Einkünfte des Seniors unterliegen jedenfalls dann, wenn er sich aus dem aktiven Vollzeit-Berufsleben zurückgezogen hat, keinem oder nur einem geringen Steuersatz (Stichwort z.B.: Altersentlastung). Doch auch ein geringer Steuersatz läßt sich vermeiden/weiter verringern, wenn die Möglichkeiten des Abzugs von Betriebsausgaben ausgeschöpft werden (z.B. Absetzung der Kosten für ein Arbeitszimmer, Büromaterial-, Porto-, Telefon-, Fahrtkosten etc.).

§ 7 Vertragsdauer

(1) Das Vertragsverhältnis beginnt am __________ und ist auf unbestimmte Zeit eingegangen. Es ist von jeder Vertragspartei ordentlich kündbar unter Einhaltung einer Frist von drei Monaten zum Ablauf eines Kalenderhalbjahres, erstmals jedoch zum __________ .

(2) Unberührt bleibt das Recht jeder Vertragspartei zur – auch fristlosen – Kündigung aus wichtigem Grund.

(3) Jede Kündigung bedarf der Schriftform.

§ 8 Schlußbestimmungen

(1) Nebenabreden zu diesem Vertrag sind nicht getroffen. Änderungen oder Ergänzungen dieses Vertrages bedürfen der Schriftform.

(2) Sollte eine Bestimmung dieser Vereinbarung unwirksam sein oder werden, bleiben die übrigen Vertragsbestimmungen gleichwohl wirksam.

____
Ort, Datum

______________________ ______________________
Firma Auftragnehmer

12.20 Vertrag mit einem ausgeschiedenen Manager

Muster

Beratungsvertrag[1]

zwischen

der Firma ____

– nachfolgend „Firma“ –

und

Herrn/Frau ____

– nachfolgend „Auftragnehmer“ –

§ 1 Vertragsgegenstand

Der Auftragnehmer wird für die Firma als Berater tätig sein. Er wird insbesondere bei folgenden Aufgaben beraten:[2]

– Sanierung des Konzernunternehmens _________/ Betriebsteils _________,

– Outsourcing von Tätigkeiten der Abteilung _________,

– _________

§ 2 Umfang und Ort der Leistungen

(1) Der Auftragnehmer ist in seiner Bestimmung von Arbeitszeit und Arbeitsort frei. Er unterliegt bei der Ausführung seiner Tätigkeit keinen Weisungen der Firma.[3]

Quelle: Naegele 1995, S. 94–97

1) Der Abschluß eines Beratungsvertrages ist ein probates Mittel, um ein unfreiwilliges Ausscheiden eines Vorstandsmitglieds/Geschäftsführers/Managers „sanft“ zu gestalten. Den Anlaß gibt immer das einseitige Firmeninteresse oder das beiderseitige Interesse, einen festen, zur Zeit nicht ordentlich kündbaren Anstellungsvertrag zu beenden. Anstelle einer Abfindungsvereinbarung – oder eine solche Vereinbarung ergänzend – wird häufig ein Beratungsvertrag abgeschlossen.
Ernsthaft gewollte Beratungsverträge haben den Zweck, der Firma das Know-how des Managers für eine bestimmte Zeit zu sichern. Häufig stehen die Verträge aber nur auf dem Papier; aus optischen Gründen dienen sie dazu, die unfreiwillige Trennung zu kaschieren. Bisweilen dienen sie auch dem (innerbetrieblichen) Zweck, die Höhe der Abfindung zu verschleiern. Ob der Abschluß von Beratungsverträgen mit Ex-Managern sinnvoll ist, muß der Einzelfallentscheidung überlassen bleiben. In jedem Fall werden aber bestehende Verbindungen aufrechterhalten.
Ein erneutes Zusammenkommen nach Abklingen mancher Lean-Management-Euphorie ist nicht ausgeschlossen. Jeder Manager muß jedoch bedenken, daß ein Beratungsvertrag auch „blockieren“ kann, beim Arbeitslosengeld, bei beruflicher Neuorientierung etc.

2) Bei ernsthaft gewollten Beratungsverträgen sollten die Aufgaben des Beraters möglichst detailliert ausgewiesen werden. Bei „Beratungsverträgen aus optischen Gründen“ findet man hingegen nur vage Leistungsbeschreibungen, um für beide Parteien eine möglichst geringe Bindungswirkung zu erzeugen.

3) Die Weisungsgebundenheit ist eines der Hauptmerkmale selbständiger Beratertätigkeit. Wenn der Berater verpflichtet wäre, den Weisungen der Firma Folge zu leisten, wäre er nicht mehr selbständig: Die Grenze zu einer Qualifizierung als „arbeitnehmerähnliche Person“ bzw. als „festangestellter Manager“ wäre leicht überschritten.
Unschädlich wäre z. B. auch die Formulierung: „Arbeitszeit und Arbeitsort richten sich, vom Auftragnehmer eigenverantwortlich bestimmt, nach den Erfordernissen der jeweiligen Aufgabe.“

(2) Der Auftragnehmer kann Einrichtungen der Firma sowie die Dienste der Mitarbeiter der Firma nach vorheriger Abstimmung mit der Geschäftsleitung im Rahmen der Erledigung seiner vertragsgemäßen Tätigkeit unentgeltlich in Anspruch nehmen. Dem Auftragnehmer steht für die Beratertätigkeit ein Dienstwagen der gehobenen Mittelklasse uneingeschränkt zur Verfügung. Die Kosten (wie Leasinggebühr, Versicherung, Steuern, Reparaturen, Wartung, Kraftstoff) trägt die Firma.[4]

§ 3 Vergütung

Die Firma zahlt dem Auftragnehmer ein jährliches Pauschalhonorar in Höhe von DM __________ zuzüglich gesetzlicher Mehrwertsteuer.[5] Das Jahreshonorar ist in zwölf gleichen Teilbeträgen zum Schluß eines jeden Kalendermonats fällig. Der Auftragnehmer ist verpflichtet, hierüber monatlich eine Abrechnung zu erteilen, in der die Mehrwertsteuer gesondert ausgewiesen ist.

§ 4 Aufwendungsersatz

Der Auftragnehmer erhält notwendige Aufwendungen, wie z.B. Reisekosten und Spesen, die ihm in Ausübung seiner Tätigkeit entstehen, gegen Abrechnung und Vorlage aller Belege und Zahlungsnachweise im Rahmen der steuerlichen Höchstsätze erstattet.

§ 5 Ansprechpartner

In sämtlichen Beratungsangelegenheiten stehen der Firma ausschließlich der Auftragnehmer persönlich und dem Auftragnehmer das für den jeweiligen Beratungsgegenstand zuständige Mitglied der Geschäftsführung als Gesprächspartner zur Verfügung.

§ 6 Abwesenheitszeiten

Die Vertragspartner sind sich einig, daß der Auftragnehmer jährlich insgesamt sechs Wochen urlaubsbedingt abwesend sein wird. Derartige Abwesenheitszeiten wird der Auftragnehmer rechtzeitig vorher mit der Firma abstimmen.

---

4) Die – bei ernsthaft gewollten Verträgen unübliche – Dienstwagenregelung ist zumeist eine Festschreibung des bisherigen Zustands des Festanstellungsverhältnisses. Wurde bisher ein Dienstwagen zur geschäftlichen und privaten Nutzung überlassen, verbleibt es bei der Überlassung (als verdecktem Vergütungsbestandteil) auch für die Zeit der Beratertätigkeit, und zwar insbesondere dann, wenn der Nutzungswert keinen Eingang in die Bemessung der Höhe der Abfindung für die vorzeitige Auflösung des Festanstellungsverhältnisses gefunden hat.

5) Das Honorar unterliegt als „normales" Einkommen dem „normalen" Steuersatz – im Gegensatz zu Abfindungen, die bis zu einem Freibetrag von DM 24.000,– (bzw. bei älteren Arbeitnehmern und langjährigen Arbeitsverhältnissen bis zu DM 36.000,–) steuerfrei sind und mit darüber hinausgehenden Abfindungsbeträgen einem geringeren Steuersatz unterliegen.
Bei „Beratungsverträgen aus optischen Gründen" müssen Manager daher die Normalversteuerung bei ihren Verhandlungen über den Gesamtbetrag (reduzierte Abfindung als Einmalzahlung zuzüglich befristeten Beraterhonorars) einkalkulieren, wie auch zu bedenken ist, daß als Berater alle Kranken-/Pflegeversicherungs- und Altersvorsorgebeiträge selbst in voller Höhe aufgebracht werden müssen.
Bei ernsthaft gewollten Verträgen ist die Ausgangssituation zwar eine andere; die Abfindungshöhe wird einvernehmlich (realistisch) verhandelt, das Beraterhonorar stellt eine adäquate Gegenleistung für die Beraterleistung dar. Mitunter wird jedoch – rechtswidrig – mit dem Ziel der Ausnutzung der Steuervorteile für Abfindungen die Abfindung so hoch wie möglich angesetzt, während das Beraterhonorar (das der Normalversteuerung unterliegt) gering bemessen wird.

§ 7 Verschwiegenheitsverpflichtung

Der Auftragnehmer ist verpflichtet, über alle geschäftlichen Vorgänge und Tatsachen, die ihm im Zusammenhang mit seiner Tätigkeit für die Firma bekannt werden, strengstes Stillschweigen zu bewahren, gleichviel ob es sich dabei um die Firma, mit der Firma rechtlich verbundene Unternehmen sowie deren Geschäftsbeziehungen handelt.

§ 8 Konkurrenzausschluß

Der Auftragnehmer wird sein gesamtes Wissen und Können ausschließlich für die Firma einsetzen. Eine direkte oder indirekte Tätigkeit des Auftragnehmers für ein Unternehmen, das zu der Firma in direkter Konkurrenz steht, ist in jedem Einzelfall nur mit vorheriger ausdrücklich schriftlicher Zustimmung der Firma zulässig.[6] Erteilt die Firma ihre Zustimmung, ist diese jederzeit widerrufbar. Ein Widerruf ist insbesondere zulässig, wenn nach Ermessen der Firma die Gefahr einer Schädigung von Firmeninteressen besteht.

§ 9 Vertragsdauer

Der Vertrag beginnt am __________ und ist für die Dauer von zwölf Monaten fest abgeschlossen.[7] Mit Ablauf endet das Vertragsverhältnis, ohne daß es eines gesonderten Ausspruchs einer Kündigung bedarf. Eine Vertragsverlängerung ist gesondert zu vereinbaren.

Von der festen Vertragszeit bleibt das Recht einer jeden Vertragspartei zur – auch fristlosen – Kündigung aus wichtigem Grund unberührt.

§ 10 Schlußbestimmungen

(1) Änderungen und Ergänzungen dieses Vertrages sowie alle Nebenabreden bedürfen der Schriftform. Dies gilt auch für die Änderung dieses Schriftformerfordernisses.

(2) Sollte eine Bestimmung dieses Vertrages unwirksam sein oder werden, bleibt der Vertrag im übrigen gleichwohl wirksam.

____

Ort, Datum

____________________ ____________________

Firma Auftragnehmer

---

6) Die Vereinbarung eines Konkurrenzausschlusses ist aus Firmensicht nur geboten und aus Ex-Manager-Sicht nur akzeptabel, wenn der Beratungsvertrag ernsthaft gewollt ist, durchgeführt wird und das Honorar eine angemessene Vergütung für die Tätigkeit darstellt, der Manager als Selbständiger also nicht in nennenswertem Umfang zur Deckung seiner Lebensstandardkosten auf Auftragstätigkeiten für Dritte angewiesen ist. Andernfalls sollte der Konkurrenzausschluß auf einen eng begrenzten Kreis namentlich benannter Konkurrenten der Firma beschränkt werden – jedenfalls aus Sicht des Beraters. Das Firmeninteresse muß indes dahin gehen, eine möglichst „wasserdichte“ Konkurrenzschutzklausel zu vereinbaren, um Firmeninteressen möglichst lange zu monopolisieren.

7) Die Vertragsdauer ist meist befristet, selten auf unbestimmte Zeit verabredet. Die Befristung ist entweder projektbezogen, dann auch längerfristig vereinbart, oder namentlich bei „Beratungsverträgen aus optischen Gründen“ kurz (auf 9 bis 18 Monate bemessen).

12.21 Vertrag mit einem EDV-Berater

Muster

Beratungsvertrag

zwischen

der Firma ______________________________

– nachfolgend „Firma" –

und

Herrn/Frau/Firma ______________________________

– nachfolgend „Auftragnehmer" –

§ 1 Vertragsgegenstand

(1) Der Auftragnehmer übernimmt die EDV-Beratung der Firma. Im einzelnen berät der Auftragnehmer die Firma umfassend bei der Anwendungsentscheidung und/oder bei der EDV-Einführung.[1]

(2) Zielsetzung, Umfang der Aufgabenstellung und Vorgehensweise des Auftragnehmers werden von den Vertragsparteien in dem Leistungsschein festgelegt. Der Leistungsschein ist von beiden Vertragsparteien zu unterzeichnen und diesem Beratungsvertrag als wesentlicher Vertragsbestandteil beizufügen.[2]

§ 2 Zeit, Umfang und Ort der Leistung

(1) Die Zeitvorgaben für die einzelnen Leistungsstufen des Auftragnehmers werden zwischen den Vertragsparteien in dem Leistungsschein vereinbart. Im Falle wesentlicher Änderungen der Leistungsvorgaben durch die Firma sind die Zeitvergaben unter Berücksichtigung des Mehraufwands entsprechend anzupassen.

Quelle: Naegele 1995, S. 77–81

1) Typische EDV-Beratungsleistungen sind Hilfestellungen bei Problem-Analyse, Erarbeiten einer konkreten Soll-Konzeption, Durchführung von Rentabilitätsberechnungen, Vorbereitung der Investitionsentscheidung, Auswahl von Hardware, Auswahl von Software, Programm-Erstellung, Einführung der EDV in der Firma, Schulung der Mitarbeiter, Beratung in der Anwendungsphase, Umstellung von Software.
Je nach Einzelfall kann es zweckmäßig sein, die Unabhängigkeit des Beraters deutlich hervorzuheben, z.B. durch die Formulierung: „Die Beratung erfolgt herstellerunabhängig und produktneutral."

2) Diese Festlegung wird zweckmäßigerweise vorbereitet durch:
- ein von der Firma zu erstellendes grobes Anforderungsprofil an die EDV-Lösung;
- vorausgehende Beratungsgespräche vor Ort, grobe Ermittlung des Informationsbedürfnisses der Firma, erste Strukturierung der Probleme.

Auf die Formulierung des Inhalts des Leistungsscheins/Pflichtenhefts ist besonderer Wert zu legen. Es ist genau zu definieren, welche Leistungen der Berater schuldet, was ein zusätzlich zu vergütender Sonderwunsch ist, welche Aufgaben und Befugnisse der Berater hat. Die Pflichtenhefterstellung ist Pflicht der Firma, liegt aber nicht einseitig bei dieser. Vielmehr muß der Berater mitwirken; denn er verfügt über das Know-how und umfangreiche Erfahrung im Software- und EDV-Bereich. Daher muß der Berater von sich aus die innerbetrieblichen Bedürfnisse ermitteln, für ihn erkennbare Unklarheiten und Bedürfnisse aufklären, bei der Formulierung der Aufgabenstellung mitwirken und Organisationsvorschläge zur Problemlösung unterbreiten.
Die Zielvorgaben müssen möglichst genau sein, um spätere Änderungen, die Zusatzleistungen des Beraters erfordern, zu vermeiden.

(2) Der Auftragnehmer erbringt vereinbarte Wartungsleistungen während der üblichen Geschäftszeit der Firma, und zwar an den Wochentagen von Montag bis Freitag von 8.00 Uhr bis 17.00 Uhr.

(3) Der Auftragnehmer wird in den Geschäftsräumen der Firma, also vor Ort tätig. Die Firma stellt den Mitarbeitern des Auftragnehmers geeignete, insbesondere gegen ein Betreten durch unbefugte Personen absicherbare Räume, in denen auch Unterlagen, Dokumentationen und Datenträger gelagert werden können, unentgeltlich zur Verfügung.

§ 3 Vergütung

(1) Die Vergütung wird entsprechend der Leistungsstufen-Vereinbarung in dem Leistungsschein berechnet. Die jeweilige Vergütung ist mit nachgewiesenem Abschluß jeder Stufe fällig und nach Rechnungserteilung durch den Auftragnehmer sofort zahlbar.

(2) Basis der Honoraransätze ist der projektbezogene Zeitaufwand. Alle Zeiten für Ausbildung, Krankheit, Urlaub und interne Verwaltungsarbeiten bleiben unberechnet. Die Honoraransätze beinhalten neben den Gehaltskosten sämtliche Personalnebenkosten, Verwaltungs- und Sekretariatsleistungen.

(3) Ändert die Firma die Leistungsvorgaben wesentlich, sind die über die Vergütung getroffenen Vereinbarungen entsprechend anzupassen. Die Anpassung ist ausgeschlossen, wenn der Auftragnehmer sie nicht binnen zwei Wochen nach Erhalt der Änderungsmitteilung verlangt.[3]

(4) Nebenkosten (§ 4 dieses Vertrages) sowie die gesetzliche Mehrwertsteuer werden getrennt berechnet.

§ 4 Nebenkosten

(1) Reisespesen werden bei Benutzung eines PKW mit DM __________ je gefahrenem Kilometer oder Bahn erster Klasse oder Flugzeug zweiter Klasse erstattet. Die Abrechnung der Verkehrsmittel (Bahn, Flugzeug) sowie Taxi erfolgt aufgrund der von dem Auftragnehmer vorzulegenden Belege.

(2) Reisezeiten werden wie Arbeitszeit mit einem vereinbarten Stundensatz von DM __________ vergütet. Bei mehrtägigen Reisen gilt ein halber Stundensatz.

(3) Kosten für den Einsatz bzw. die Benutzung von Kommunikationsmitteln, wie Telefon, Telex, Telefax, Mailbox, werden gegen Nachweis dem Auftragnehmer erstattet. Kosten für Vervielfältigungen werden mit DM __________ je Kopie vergütet.

(4) Weitere Nebenkosten erstattet die Firma dem Auftragnehmer nur bei vorheriger ausdrücklicher Vereinbarung.

§ 5 Gewährleistung

(1) Schuldet der Auftragnehmer reine Beratungsleistungen und obliegt es der Firma, die Anwenderentscheidung selbst vorzubereiten und/oder ein System einzuführen, haftet der Auftragnehmer für die Richtigkeit und Eignung seiner Beratungsleistungen, nicht hingegen für die Auswahl und Einführung des Datenverarbeitungssystems.

---

3) Ein Anpassungsvorbehalt in bezug auf die Vergütung trägt den Interessen beider Teile Rechnung. Änderungen stellen sich meist erst in der Praxis heraus.
Aus Firmensicht müssen die Änderungen durchgeführt werden. Hierfür erbringt der Berater Zusatzleistungen, die zusätzlich zu vergüten sind (es sei denn, die Änderung ist auf eine vorausgegangene fehlerhafte Beraterleistung zurückzuführen).

(2) Verpflichtet sich der Auftragnehmer, ein System zu entwickeln, oder den Betrieb auf EDV umzustellen, so haftet der Auftragnehmer für den Eintritt des vereinbarten Leistungserfolges.[4]

(3) In keinem Fall ist der Auftragnehmer für die von der Firma vorgegebenen Daten verantwortlich.

§ 6 Ausführung des Vertrages

Der Auftragnehmer ist berechtigt, Mitarbeiter seiner Wahl für die Systemplanung bzw. Systemeinführung einzusetzen bzw. auszutauschen.

§ 7 Aufklärungspflichten der Firma

Die Firma ist verpflichtet, dem Auftragnehmer auch ohne dessen besondere Aufforderung alle für die Ausführung notwendigen Unterlagen rechtzeitig vorzulegen, Informationen zu erteilen und ihm von allen Vorgängen und Umständen Kenntnis zu geben, die für die Ausführung der Aufträge von Bedeutung sein können. Dies gilt auch für Unterlagen, Vorgänge und Umstände, insbesondere neue Erkenntnisse, die erst während der Tätigkeit des Auftragnehmers bekannt bzw. gewonnen werden. Der Auftragnehmer ist berechtigt, die Unterlagen und Angaben der Firma als richtig und vollständig zugrunde zu legen.

§ 8 Verschwiegenheit, Datenschutz

(1) Informationen, die unter Geltung dieses Vertrages von einer Vertragspartei der anderen erteilt werden, sind streng vertraulich. Der Auftragnehmer ist verpflichtet, über alle Tatsachen, die ihm im Zusammenhang mit seiner Tätigkeit für die Firma bekannt werden, Stillschweigen zu bewahren.

(2) Der Auftragnehmer ist verpflichtet, die gesetzlichen Bestimmungen über Datenschutz zu beachten und diese Verpflichtung auch seinen Mitarbeitern aufzuerlegen.

(3) Eine Weitergabe von Informationen an Dritte außerhalb des Unternehmensbereichs der jeweils anderen Vertragspartei ist ausdrücklich ausgeschlossen. Der jeweils anderen Vertragspartei ist es ohne vorherige schriftliche Zustimmung der die Information erteilenden Vertragspartei nicht gestattet, Unterlagen und vertrauliche Informationen ganz oder teilweise, gleich in welcher Art, zu kopieren. Nach Beendigung eines jeweiligen Auftrages ist die jeweils andere Vertragspartei verpflichtet, sämtliche Unterlagen mit vertraulichen Informationen der Vertragspartei, die die Informationen erteilt hat, zurückzugeben.

§ 9 Schutzrechte

(1) Soweit im Rahmen der Tätigkeit des Auftragnehmers Schutzrechte gleich welcher Art entstehen, stehen sie dem Auftragnehmer zu, wenn sie ausschließlich durch die Tätigkeit von Mitarbeitern des Auftragnehmers begründet wurden. Der Firma steht insoweit ein unentgeltliches, räumlich und zeitlich unbeschränktes, nicht ausschließliches und nur mit Zustimmung des Auftragnehmers an Dritte übertragbares Recht auf Nutzung zu.

(2) Der Auftragnehmer stellt die Firma von allen Ansprüchen Dritter gegen die Firma aus der Verletzung von deren Schutzrechten an vertraglich genutzten Problemlösungen und an Software frei.

---

4) Aus Beratersicht gilt es, eine derartige Haftung zu vermeiden, um das Haftungsrisiko überschaubar zu halten, wie es bei der Erbringung reiner Dienstleistungen der Fall ist. Demgegenüber wird die Firma bestrebt sein, möglichst viele Einzelleistungen des Beraters, die dieser nach dem Leistungsschein zu erbringen hat, in den Bereich der Erfolgshaftung zu verlagern.

§ 10 Vertragsdauer

(1) Diese Vereinbarung beginnt am __________ und ist auf unbestimmte Zeit abgeschlossen. Sie ist beiderseits kündbar mit einer Frist von drei Kalendermonaten zum Schluß eines jeden Kalenderhalbjahres.

(2) Das Recht einer jeden Vertragspartei zur außerordentlichen – auch fristlosen – Kündigung aus wichtigem Grund bleibt unberührt.

(3) Jede Kündigung bedarf der Schriftform.

(4) Im Falle der ordentlichen Kündigung dieses Vertrages bleiben die bis zum Wirksamwerden der Kündigung dem Auftragnehmer erteilten und von diesem angenommenen und im Leistungsschein festgelegten Aufträge bis zu ihrer Ausführung wirksam, es sei denn, die Firma verzichtet ausdrücklich auf die Ausführung.

§ 11 Schlußbestimmungen

(1) Änderungen und Ergänzungen dieses Vertrages bedürfen der Schriftform.

(2) Gerichtsstand für alle Streitigkeiten aus diesem Vertrag ist, sofern die Parteien Vollkaufleute sind, das für den Sitz des Auftragnehmers zuständige Landgericht – Kammer für Handelssachen –, und zwar unabhängig von der Höhe des Streitwertes.

(3) Sollten einzelne Bestimmungen dieses Vertrages unwirksam sein oder werden, oder sollte dieser Vertrag Lücken enthalten, wird hierdurch die Rechtswirksamkeit der übrigen Vertragsbestimmungen nicht berührt.

____

Ort, Datum

______________________ ______________________

Firma Auftragnehmer

12.22 Die 7 Phasen der Unternehmensberater-Auswahl

DAS BDU 7-V-MODELL

DIE 7 PHASEN DER UNTERNEHMENSBERATER-AUSWAHL

1. VORFELD – Festlegung der eigenen Ziele eines Beratungsprojektes

2. VORAUSWAHL – aus BDU-*Berater*Verzeichnis oder aufgrund von Empfehlungen

3. VORGESPRÄCH – zur Aufgabenstellung und zum Projektablauf

4. VERGLEICH – der angeforderten Angebote

5. VERTRAUEN – muß die Auswahl des Beraters mitbestimmen

6. VERTRAG – mit exakter Formulierung der Aufgabenstellung und Vorgehensweise

7. VERLAUF – Dokumentation der Projektfortschritte

Das BDU 7-V-Modell

1. Vorfeld

Das Unternehmen sollte vor der ersten Kontaktaufnahme mit einem Berater möglichst exakt eigene Vorstellungen über die Aufgabenstellung und Zielsetzung der Beratung entwickeln.

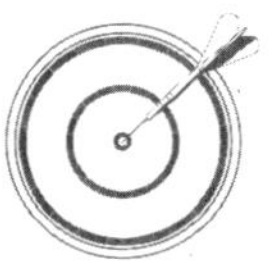

2. Vorauswahl

Bei der Suche nach einem kompetenten und seriösen Berater sollte sich der Klient von verschiedenen Beratungsunternehmen allgemeines Informationsmaterial zusenden lassen und von diesen dann maximal drei in die engere Wahl nehmen, die hinsichtlich ihres Beratungs- und Branchenschwerpunktes geeignet erscheinen (ausgewählt z.B. aus dem BDU-*Berater*Verzeichnis und der BDU-*Berater*Datenbank oder aufgrund von Empfehlungen).

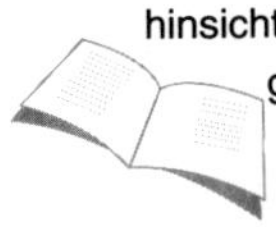

3. Vorgespräch

In einem persönlichen ersten Kontaktgespräch sollte der Unternehmensberater seine fachliche Kompetenz belegen. Das kann u.a. durch nachprüfbare Referenzen erfolgen. BDU-Mitglieder sind hier im Vorteil: Sie haben ihre Referenzen bereits im strengen BDU-Aufnahmeverfahren dokumentieren müssen.

Im Vorgespräch werden auch Aufgabenstellung, Ziel der Beratung und der grobe Projektverlauf besprochen. Dieses erste Kontaktgespräch ist grundsätzlich honorarfrei.

4. Vergleich

Zum Vergleich sollten die drei in die engere Wahl genommenen Unternehmensberater zu schriftlichen Angeboten aufgefordert werden. Diese sollten mindestens folgendes enthalten:

- ➲ Aufgabenstellung
- ➲ Vorgehensweise/ Arbeitsschritte
- ➲ Beratungsmethode
- ➲ Beratungsdurchführung (Projektteam)
- ➲ Zahlungsbedingungen
- ➲ Beginn der Beratung
- ➲ Nebenkosten (Reisespesen usw.)
- ➲ Regelung zur vorzeitigen Beendigung
- ➲ geplanter Zeitaufwand und Honorarhöhe

Das BDU 7-V-Modell

5. Vertrauen

Bei der endgültigen Auswahl eines geeigneten Beraters ist neben der Plausibilität der Vorgehensweise, den Referenzprojekten und dem Gesamtpreis auch der persönliche Eindruck des Unternehmensberaters bzw. des Projektteams von großer Bedeutung. Der beste Experte nützt nichts, wenn kein Vertrauensverhältnis aufgebaut werden kann oder der Eindruck entsteht, daß der Spezialist mehr danach strebt, sich selbst zu verwirklichen als dem Kunden ein neutraler und unabhängiger Unternehmensberater zu sein. Das heißt: letztlich ist die „Chemie" zwischen Berater und Klient ein wichtiger Entscheidungsfaktor.

6. Vertrag

Das Unternehmen sollte den Auftrag auf der Grundlage des Angebotes schriftlich erteilen. Die meisten Streitigkeiten zwischen Berater und Klient beziehen sich darauf, daß der Kunde eine andere als die geleistete Arbeit erwartet hat. Deshalb sollte der Klient ganz besonderen Wert darauf legen, daß die Formulierung von Aufgabenstellung und Vorgehensweise exakt ist und seinen Vorstellungen entspricht. Änderungen der vertraglichen Regelungen, insbesondere der Aufgabenstellung, die sich vielleicht während der Projektlaufzeit ergeben, sollten durch Besprechungsprotokolle dokumentiert und von beiden Vertragsparteien unterzeichnet werden.

7. Verlauf

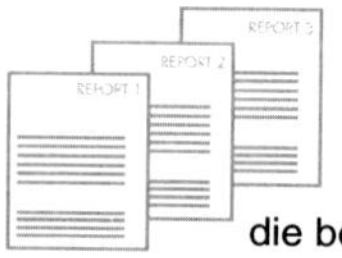

Im Verlauf des Projektes sollten regelmäßige Gespräche erfolgen und die Projektfortschritte auch schriftlich dargestellt werden. Dabei gilt es, die betroffenen Führungskräfte und Mitarbeiter sowie ggf. den Betriebsrat einzubeziehen.

Bei der Berücksichtigung dieser Regeln wird es möglich sein, eine erfolgreiche Zusammenarbeit mit Unternehmensberatern zu finden. Damit geht jede Unternehmensleitung einen großen Schritt in die Richtung des wichtigen Ziels, ihren Betrieb optimal auf die Zukunft vorzubereiten.
Für weitere Fragen steht der BDU in Bonn gerne zur Verfügung: Tel. (0228) 238055; Fax (0228) 230625.

12.23 Kleines Glossar

Verwirrende Vielfalt

Ähnlich schnell und emsig, wie sich die Zahl der Unternehmensberater erhöht, vermehren sich auch die Strategieempfehlungen. Entsprechend vielfältig sind die diskutierten Managementtechniken.

Begonnen hat die Explosion der unternehmerischen Heilslehren Mitte der sechziger Jahre, als Igor Ansoff den Begriff der „Strategie“ in der Unternehmensplanung einführte. In den siebziger Jahren wurde Strategie hauptsächlich als

Portfolioanalyse betrieben: Sie unterteilt Produkte oder Geschäftsfelder je nach Erfolgspotential in eine Matrix mit Siegern und Verlierern. In den achtziger Jahren tauchte der

Wettbewerbsvorteil auf, um den sich vor allem Michael Porter von der Harvard-Universität verdient machte. Wenig später wurde das Konzept der

Kernkompetenzen vorgestellt. Besonders der Guru der Konzernstrategen, C. K. Prahalad von der University of Michigan, tut sich in der Beschreibung der Konzentration auf die unternehmerischen Stärken hervor.

Gegenspieler der Kernkompetenzler sind Berater, die Gesundschrumpfungskuren verschreiben. In den vergangenen Jahren war

Lean Management – im wesentlichen Reduktion der Leitungsspannen und Abschaffen der Hierarchien – in aller Munde. Die Gegenwart dagegen ist geprägt von

Business Reengineering. Sein Erfinder, der ehemalige MIT-Professor Michael Hammer, fragte sich ursprünglich, warum so viele Automatisierungsprozesse in der Industrie nicht zu den Produktivitätssprüngen führen, die man sich ursprünglich von ihnen erwartete. Seine Antwort: Die Geschäftsprozesse laufen völlig falsch. Sie nur zu automatisieren, kann also gar keine maßgeblichen Vorteile bringen. Seither wird Reengineering von Beratern wie der Boston Consulting Group oder Gemini mit dem Ziel betrieben, die Prozesse in Auftragsabwicklung, Service, Produktentwicklung und Kundenanwerbung so zu gestalten, daß signifikante Verbesserungen bei Kosten, Qualität und Service daraus resultieren. Der Erfolg von Reengineering-Projekten ist umstritten, angeblich sind 85 Prozent der Anwender unzufrieden. Kenner fühlten sich dabei ohnehin schon immer an das bekannte Prinzip des

Zero-Base-Budgeting erinnert, das für die Gemeinkosten eines Unternehmens ähnlich vorgeht wie Reengineering für operative Prozesse. Um Mittel von weniger wichtigen auf bedeutende Sektoren umzuleiten, müssen sämtliche Aktivitäten im Unternehmen neu begründet werden. Die Frage lautet: Wie würden wir Budgets planen, wenn wir auf der grünen Wiese von vorne anfingen? Das Grüne-Wiese-Spiel wird hier hauptsächlich von A. T. Kearney propagiert.

Benchmarking dagegen sucht das Heil im institutionalisierten Abgucken. Insbesondere betriebliche Funktionen werden über die Unternehmensgrenzen hinweg miteinander verglichen. Orientierungspunkt ist der Klassenprimus, Devise: „Wenn die das können, schaffen wir das auch!“ Der Blick über den Tellerrand wird seit den frühen achtziger Jahren vor allem in USA eingesetzt. Zu den bekanntesten Anwendern zählen Xerox und Ford. Die betriebsinterne Form des Benchmarking haben die Japaner erfunden und

Kaizen genannt. 1986 erschien Masaaki Imais gleichnamiges Buch und erklärte den Erfolg japanischer Unternehmen mit der kontinuierlichen Verbesserung durch das Aufsummieren von Einzelideen. Die Umsetzung dieser Idee ergab sich in der zweiten Hälfte der Achtziger als

Total Quality Management. Wirklich ins Bewußtsein drang TQM aber erst durch James P. Womacks Buch „Die zweite Revolution in der Automobilindustrie“. Eingedeutscht hat es Volkswagen, allerdings unter dem Begriff Kontinuierlicher Verbesserungsprozeß oder kurz KVP.

Target Costing schließlich stellt nicht mehr die Frage: „Was wird ein Produkt kosten?“, sondern fragt: „Was darf es kosten?“. Dieses streng marktorientierte Konzept dient der Koordination von Forschung und Entwicklung mit der Produktion. Diese Methode wird von den Japanern seit den siebziger Jahren betrieben, von den Deutschen aber erst in den vergangenen Jahren entdeckt.

Quelle: Wirtschaftswoche Nr. 34/ 17. 8. 1995

12.24 Kommentiertes Adressenverzeichnis

Eine sehr ungewöhnliche Gesellschaft für Deutschland ist:

Simon, Kücher & Partner
Haydnstraße 36
53115 Bonn
Telefon: (02 28) 9 84 31 15

Diese Gesellschaft gehört zu den jüngsten und ist eine erfolgreiche Gründung eines bekannten Universitätsprofessors. Ihr Umsatz bewegt sich zwar innerhalb der mittelständischen Gesellschaften, ihre Klientel ist jedoch international.

Ein Beispiel für einen sehr erfolgreichen spin-off (von *Roland Berger*) und eine erfolgreiche Spezialisierung, hier im Finanzdienstleistungsbereich, ist:

Dr. Seebauer & Partner
Münchner Straße 12
85774 München
Telefon (0 89) 95 71 07-01

Eine kleinere Gesellschaft, die eng mit Kreditinstituten zusammenarbeitet, ist:

Eichhorn Engineering
Burgstraße 25
50321 Brühl
Telefon (0 22 32) 1 30 63

Eine ausgesprochen umsetzungsorientierte Gesellschaft, die in der produzierenden Industrie sowohl bei Mittelständlern als auch in vielen Tochterunternehmen von Konzernen tätig wird, ist:

Krehl & Partner
Kriegstraße 113
76135 Karlsruhe
Telefon (07 21) 8 52 61

Eine der ältesten selbständigen mittleren Gesellschaften in der Schweiz mit einem Schwerpunkt in Wertschöpfungsfragen ist:

Abegglen & Partner
Industriestraße 28
8604 Volketswil
Telefon (01) 9 45 29 29

Eine jüngere Gesellschaft, typisch für den Zusammenschluß verschiedener Berater, mit einem Schwerpunkt in der Logistik und Technologie, ist:

CON MOTO
Lothstr. 1 a
80335 München
Telefon (0 89) 12 15 17-0

Ein Beispiel für eine Gesellschaft, die sich im Besitz einer Bank befindet (Deutsche Bank) und sich auf den Mittelstand konzentriert, ist:

Deutsche Gesellschaft für Mittelstandsberatung (DGM)
Arabellastr. 11
81925 München
Telefon (0 89) 92 69 68 20

Eine der bekanntesten österreichischen Gesellschaften ist über Joint Ventures in ein internationales Netzwerk eingebunden:

Econsult
Triester Straße 32/1
2334 Vösendorf
Telefon (02 22) 69 66 11

Rationalisierungskuratorium der deutschen Wirtschaft (RKW)
Düsseldorfer Straße 40
65760 Eschborn
Telefon (0 61 96) 49 53 55

In den einzelnen Landesgruppen des RKW existieren Beraterpools. In erster Linie handelt es sich dabei um Einzelberater. Vor allem kleinere Unternehmen können sich bei der Suche nach einer geeigneten Beratungsgesellschaft an das RKW wenden und erhalten dort eine Empfehlung.

Auch der BDU vermittelt auf Anfrage Adressen von Beratungsunternehmen. Eine dritte Möglichkeit besteht darin, sich bei Banken zu erkundigen. Viele Geldinstitute arbeiten eng mit Beratungsunternehmen zusammen.

Ein Beispiel für eine aus einer Spezialisierung (Optimierung von Abläufen im Rechnungswesen) sich in Richtung klassische Managementberatung entwickelnde Gesellschaft ist:

Arthur Andersen Management Beratung
Friedrich-Ebert-Anlage 2-14
60325 Frankfurt
Telefon (0 69) 7 57 11 87

Eine langjährig auf dem deutschen Markt tätige Gesellschaft, die auch in einem internationalen Verbund eingebettet ist, ist:

Knight Wendling
Heinz-Schmöle-Straße 12
40227 Düsseldorf
Telefon (02 11) 77 00 60

Quelle: Leciejewski 1996, S. 183–185

12.25 Richtlinie eines Hamburger Förderungsprogrammes für Betriebsberatungen in kleinen und mittleren Unternehmen

I. Zuwendungszweck und Rechtsgrundlage

1. Das Hamburger Beratungsförderungsprogramm dient der zielorientierten Unternehmensentwicklung, Leistungssteigerung und Qualitätssicherung in kleinen und mittleren Unternehmen. Damit sollen die Wettbewerbsfähigkeit aufgrund betriebsgrößenbedingter Nachteile sowie innerhalb des EG-Binnenmarktes gestärkt, Arbeitsplätze gesichert und Strukturanpassungen erleichtert werden.

2. Um einen Anreiz zur Inanspruchnahme externen Beratungssachverstandes zu geben, gewährt das Land Hamburg nach Maßgabe dieser Richtlinien, der Verwaltungsvorschriften zu § 44 Landeshaushaltsordnung sowie gem. § 8 des Mittelstandsförderungsgesetzes Hamburg kleinen und mittleren Hamburger Unternehmen Zuschüsse zu den Kosten einer Beratung.

3. Der Umfang der Förderung ist durch die verfügbaren Haushaltsmittel begrenzt. Auf die Förderung besteht kein Rechtsanspruch.

II. Gegenstand der Förderung

1. Förderungsfähig sind

   - Beratungen vor der *Gründung einer selbständigen Existenz* sowie
   - Beratungen über alle betriebswirtschaftlichen, organisatorischen und technischen Probleme der Unternehmensführung *(sog. allgemeine Unternehmensberatungen).*

2. Die Beratungsförderung gem. II.1 umfaßt

   - *Kurzberatungen;* Dauer bis zu zwei Tagewerke;
   - *Intensivberatungen* als Anschlußberatungen an die Kurzberatung; Dauer bis zu acht Tagewerke;
   - *Umsetzungsberatungen* als Anschlußberatungen an die Intensivberatungen; hier geht es um eine von externem Beratungssachverstand begleitete Umsetzung der in der Intensivberatung erarbeiteten Problemlösung; Dauer bis zu fünf Tagewerke.

   Die Kurzberatung kann auch für sich allein in Anspruch genommen werden. Über die Inanspruchnahme der Intensivberatung und/oder der Umsetzungsberatung entscheidet das zu beratende Unternehmen bzw. der Existenzgründer im Einvernehmen mit dem RKW (Rationalisierungs-Kuratorium der Deutschen Wirtschaft e.V. – Landesgruppe Hamburg; s. Nr. VII. Verfahren).

3. Von der Förderung ausgeschlossen sind

   - Beratungen, die sich überwiegend auf Rechts-, Versicherungs- oder Steuerfragen beziehen,
   - die Aufstellung baureifer Neu- oder Umbaupläne, die Übernahme von Ausschreibungen, Angebotsbearbeitungen, die Ausarbeitung von Verträgen, die Aufstellung von Jahresabschlüssen (Bilanz, Gewinn- und Verlustrechnung),

- gutachterliche Stellungnahmen, Qualitätsprüfungen sowie technische, chemische und ähnliche Untersuchungen,
- Akquisitions- und Vermittlungstätigkeiten sowie Tätigkeiten des laufenden Geschäftsbetriebes einschließlich des Managements auf Zeit,
- Beratungen, die aus anderen öffentlichen Mitteln bezuschußt werden.

III. Art, Umfang und Höhe der Zuwendung

1. Die Förderung besteht in der Gewährung eines Zuschusses (Anteilsfinanzierung) zu den dem Antragsteller vom RKW in Rechnung gestellten Honorarkosten für die Beratungen (Projektfinanzierung).
2. Der Zuschuß für Beratungen beträgt 50 %, höchstens jedoch für
   - Kurzberatungen 750,– DM je Tagewerk,
   - Intensivberatungen 600,– DM je Tagewerk,
   - Umsetzungsberatungen 300,– DM je Tagewerk.
3. Innerhalb eines Zeitraumes von vier Jahren darf der Zuwendungsbetrag für die sog. allgemeinen Unternehmensberatungen (s. Nr. II. 1.) 7.800,– DM je Unternehmen nicht überschreiten. In diesem Zeitraum werden auch Förderungen nach dem Vorläuferprogramm (vgl. Richtlinien vom Januar 1993) eingeschlossen.

IV. Zuwendungsempfänger

1. Antragsberechtigt bei Existenzgründungsberatungen sind
   - natürliche Personen, die sich durch Gründung eines Unternehmens oder durch Übernahme eines bestehenden Unternehmens in Hamburg selbständig machen wollen;
   - natürliche Personen, die eine wirtschaftsnahe freiberufliche Tätigkeit aufnehmen wollen, sofern sie nicht selbst überwiegend wirtschaftsberatend tätig sind.
2. Antragsberechtigt bei den sog. allgemeinen Unternehmensberatungen (s. Nr. II.1. dieser Richtlinien) sind rechtlich selbständige Unternehmen der gewerblichen Wirtschaft (Industrie, Handwerk, Handel, Verkehrs-, Gast- und Fremdenverkehrsgewerbe, Handelsvertreter, Handelsmakler, sonstiges Dienstleistungsgewerbe), sofern deren Jahresumsatz 40 Mio. DM oder deren Unternehmensgröße 250 Beschäftigte nicht übersteigt.

   Maßgebend sind der Umsatz bzw. die Unternehmensgröße in dem letzten Kalenderjahr vor dem Beginn der Beratung.
3. Sitz und Geschäftsbetrieb des Unternehmens oder der Betriebsstätte müssen in Hamburg sein.
4. Befindet sich ein Unternehmen, das die vorgenannten Voraussetzungen erfüllt, im Mehrheitsbesitz eines anderen Unternehmens oder hält es selbst die Mehrheit der Geschäftsanteile eines anderen Unternehmens, so entfällt die Förderungsfähigkeit, wenn die Summe der Jahresumsätze beider Unternehmen die Umsatzhöchstgrenze übersteigt.

V. Zuwendungsvoraussetzungen

1. Es können nur Beratungen gefördert werden, die von selbständigen Beratern oder Beratungsunternehmen (im folgenden Berater genannt) durchgeführt werden, die nachweislich

über die für den Beratungsauftrag erforderlichen Fähigkeiten, über ausreichende berufliche Erfahrungen und über die notwendige Zuverlässigkeit verfügen und deren überwiegender Geschäftszweck auf entgeltliche Unternehmensberatungen gerichtet ist.

In begründeten Fällen kann das RKW die Beratung auch durch einen nicht selbständigen Berater zulassen.

2. Es sind nur Beratungen nach Nr. II. förderungsfähig, die sich im Rahmen dieser Richtlinien nach dem Beratungsauftrag richten.

3. Inhalt und zeitlicher Ablauf der Beratung sowie deren wesentliche Ergebnisse sind in einem schriftlichen Beratungsbericht des Beraters wiederzugeben. Der Beratungsbericht ist dem Antragsteller sowie der Landesgruppe Hamburg des Rationalisierungskuratoriums der Deutschen Wirtschaft (s. Nr. VII.) auszuhändigen.

VI. Sonstige Zuwendungsbestimmungen

1. Die im Rahmen dieser Richtlinie gewährten Zuschüsse sind eine Subvention im Sinne des Subventionsgesetzes (SubvG) vom 29. Juli 1976. Eine mißbräuchliche Inanspruchnahme ist gemäß § 264 StGB in Verbindung mit § 2 des Subventionsgesetzes (des Bundes) und § 1 des Hamburgischen Subventionsgesetzes vom 30. November 19976 strafbar. Subventionserhebliche Tatsachen sind alle Angaben, die zur Erlangung oder zum Belassen einer Zuwendung erforderlich sind.

2. Bei den im Rahmen dieser Richtlinie gewährten Zuschüssen handelt es sich um „de-minimis“-Beihilfen im Sinne des KMU-Gemeinschaftsrahmens (Abl. C 213/2 vom 19. 8. 1992), wonach ein Unternehmen ohne Notifizierung innerhalb von drei Jahren für die beiden Ausgabenkategorien

   - Investitionen jeglicher Art und Zweckbestimmung (außer FuE) und
   - sonstige Ausgaben

   jeweils höchstens 50.000 ECU Beihilfen (d. h. zusammen höchstens 100.000 ECU) erhalten darf.

   Der Beihilfenehmer ist im Hinblick auf die zulässigen Höchstbeträge für „de-minimis“-Beihilfen zur Offenlegung aller Beihilfen verpflichtet, die er im Dreijahreszeitraum für eine Ausgabenkategorie erhalten hat. Er ist auch verpflichtet, bei der Beantragung weiterer Beihilfen auch bei anderen Stellen die nach diesem Förderprogramm gewährte Beihilfe anzugeben. Im Zuwendungsbescheid ist darauf hinzuweisen, daß es sich hierbei um subventionserhebliche Angaben im Sinne von § 264 StGB handelt.

3. Für die Bewilligung, Auszahlung und Abrechnung der Zuwendung, den Nachweis und die Prüfung der Verwendung und die ggf. erforderliche Aufhebung des Zuwendungsbescheides und die Rückforderung der gewährten Zuwendung gelten die VV zu § 44 LHO, soweit nicht in diesen Förderrichtlinien Abweichungen zugelassen worden sind sowie das Gesetz über die Rückforderung von Zuwendungen.

4. Der Zuschuß wird nicht gewährt, wenn eine Verlagerung des Unternehmens oder der Betriebsstätte nach außerhalb der Stadt angekündigt oder absehbar ist.

5. Antragsteller, bei denen im Hinblick auf die Ertragslage die mögliche Finanzierungshilfe unerheblich ist, können nicht berücksichtigt werden. Dies gilt dann, wenn der jährliche Gewinn (Durchschnitt der letzten drei Geschäftsjahre vor Antragstellung, bei Existenzgründern der erwartete Gewinn) vor Steuern DM 200.000 übersteigt; bei Gesellschaften erhöht

sich dieser Betrag je weiteren Gesellschafter um DM 100.000 insgesamt jedoch um nicht mehr als DM 200.000.

Für Gesellschafter vorgesehene Geschäftsführergehälter, Tantiemen und andere Einkünfte vor Steuern aus dem Unternehmen, aus Vermietung oder Verpachtung an dieses Unternehmen oder aus anderer unternehmerischer Tätigkeit sind dem Gewinn hinzuzurechnen, bei Kapitalgesellschaften auch Körperschaft- und Vermögensteuer (Prosperitätsklausel).

VII. Verfahren

1. Förderanträge sind schriftlich an das Rationalisierungs-Kuratorium der Deutschen Wirtschaft e.V. (RKW), Landesgruppe Hamburg, Hammer Steindamm 40, 22089 Hamburg (Tel.: 20 94 16-0) zu richten.
2. Als Projektträger übernimmt das RKW die organisatorische Abwicklung des Programms, führt eine fachkundige Abstimmung auf die Bedürfnisse des Unternehmens durch und übernimmt das Abrechnungs- und Auszahlungsverfahren.
3. Das begünstigte Unternehmen verpflichtet sich, an einer späteren Umfrage der Wirtschaftsbehörde bzw. des RKW mit dem Ziel einer Kontrolle des Programmerfolges mitzuwirken.

VIII. Inkrafttreten

Das Förderprogramm tritt am 1. Januar 1996 in Kraft. Die Förderung nach diesem Programm endet mit dem 31. 12. 1998 (Antragstellung).

12.26 Richtlinie eines Hamburger Förderprogramms für die Beratung von kleinen und mittleren Unternehmen zur Einführung eines Umwelt- und Qualitätsmanagementsystems

I. Zuwendungszweck, Ziel und Rechtsgrundlage

Ein wirksames Umweltmanagement- und Qualitätsmanagementsystem im Betrieb wird zu einer entscheidenden Voraussetzung für die Unternehmenssicherung in den nächsten Jahrzehnten. Denn diese Systeme schaffen die Voraussetzung für ein umweltgerechtes nachhaltiges und qualitätsbewußtes Wirtschaften des Unternehmens und damit für eine langfristige Überlebensstrategie. Außerdem führt die weltweite Öffnung der Absatz- und Beschaffungsmärkte zu einer Verschärfung des Preis- und Qualitätswettbewerbs auch für kleine und mittlere Betriebe. Nicht nur die Qualität entsprechend der ISO 9000 ff der angebotenen Ware, sondern auch ihre Produktionsweise werden durch die Einführung eines freiwilligen Umweltmanagements durch die Verordnung (EWG) des Rates vom 29. 6. 1993 über die freiwillige Beteiligung gewerblicher Unternehmen an einem Gemeinschaftssystem für das Umweltmanagement und die Umweltbetriebsprüfung sowie der ISO-Norm über das Umweltmanagement (ISO 14000) als Qualitätsfaktor eine immer größere Bedeutung erlangen und damit die Wettbewerbsfähigkeit der Unternehmen bestimmen.

Ziel beider Umweltnormen ist zum einen die Förderung einer Umwelt- und ressourcenschonenden Produktionsweise und zum anderen die Schaffung von Transparenz der Kosten beim Ver- und Gebrauch von Umweltgütern. Aufbau und Weiterentwicklung eines Umweltmanagementsystems erfordern ein entsprechendes Wissen und einen im Anfangsstadium nicht unerheblichen Mitteleinsatz (Personal- und Sachaufwendungen).

Ziel der Förderung ist die Vorbereitung der Unternehmen zur Registrierung gemäß der Verordnung (EWG) 1836/93 bzw. der Zertifizierung nach ISO 14000 sowie der Zertifizierung nach der ISO 9000 ff.

Um den Unternehmen einen Anreiz zur Inanspruchnahme externer Beratung zur Einführung des Umweltmanagements zu geben, gewährt das Land Hamburg nach Maßgabe dieser Richtlinie und den Verwaltungsvorschriften zu § 44 Landeshaushaltsordnung kleinen und mittleren Hamburger Unternehmen zu den Kosten der Beratung Zuschüsse.

Der Umfang der Förderung ist durch die verfügbaren Mittel begrenzt. Auf die Förderung besteht kein Rechtsanspruch.

II. Gegenstand der Förderung

Förderungswürdig sind grundsätzlich Einzelberatungen zur Einführung der Umweltmanagementsysteme nach der Verordnung (EWG) 1836/93 bzw. der ISO 14000 ff und des Qualitätsmanagementsystems nach der ISO 9000 ff bis zu 25 Beratungstagewerken.

Zur Erreichung des Programmziels müssen mindestens folgende Themenkomplexe erarbeitet werden:

Einführung in die Verordnung (EWG) 1896/93 und die ISO 14000 f mit ihren unterschiedlichen Anforderungen und Wirkungen sowie in die ISO 9000 ff zum Qualitätsmanagement

Erarbeitung des Ist-Standes der Unternehmen im Umweltmanagementbereich und im Qualitätsmanagementbereich

Erarbeitung eines Maßnahmenprogramms für die Qualitätssicherung
Aufstellung von Umweltzielen und -programmen

Erarbeitung eines Umwelt- und Qualitätsmanagementsystems (Regelung der Aufbau- und Ablauforganisation)

Erstellen der Dokumentation (eines Umwelt- und eines Qualitätshandbuches)

Erarbeitung der Umwelterklärung

Sowie die weiteren zur Registrierung nach der EU-Öko-Audit-Verordnung bzw. der ISO 14000 ff Zertifizierung notwendigen Schritte.

III. Zuwendungsempfänger

Antragsberechtigt sind Unternehmen mit Sitz in Hamburg, die sowohl dem gewerblichen wie auch dem Dienstleistungsbereich zugehören können und die weniger als 250 Beschäftigte und einen Jahresumsatz von höchstens 40 Mio. ECU haben.

Das Unternehmen darf nicht zu 25 % oder mehr des Kapitals oder der Stimmanteile im Besitz von einem oder von mehreren Unternehmen gemeinsam stehen, die diese KMU-Definition nicht erfüllen (Ausnahme öffentliche Beteiligungsgesellschaften, Risikokapitalgesellschaften, institutionelle Anleger – soweit keine Kontrolle ausgeübt wird).

Ausgeschlossen von der Förderung sind auch solche Unternehmen, die bereits registriert oder zertifiziert sind. Die Beratungsförderung kann nur einmal in Anspruch genommen werden. Eine Verknüpfung mit anderen Förderprogrammen für denselben Zweck ist nicht möglich.

IV. Bewilligungsvoraussetzungen

Es werden nur Beratungen gefördert, die von selbständigen Beratern oder Beratungsunternehmen (im folgenden Berater genannt) durchgeführt werden. Die Berater müssen nachweislich über die für den Beratungsauftrag (Umweltmanagement) erforderlichen Fähigkeiten verfügen;

mindestens zwei Jahre praktische und betriebliche Erfahrung im betrieblichen Umweltmanagement nachweisen und

die notwendige Zuverlässigkeit bei vorherigen Fachberatungen bewiesen haben.

Der Geschäftszweck des Beraters muß überwiegend auf die entgeltliche Unternehmensberatung ausgerichtet sein.

V. Art, Umfang und Höhe der Zuwendung

Die Förderung besteht in der Gewährung eines Zuschusses (Anteilsfinanzierung) zu den dem Antragsteller in Rechnung gestellten Honorarkosten für Beratungen (Projektfinanzierung). Auf den Anteil der Mehrwertsteuer wird kein Zuschuß gewährt.

Der Zuschuß beträgt 50 % der Beratungskosten, höchstens jedoch 600,– DM je Tagwerk. Er ist grundsätzlich auf 25 Tagwerke begrenzt, der Förderungshöchstbetrag beträgt je Unternehmen demnach 15.000,– DM.

VI. Sonstige Zuwendungsbestimmungen

Im Rahmen dieser Richtlinie gewährte Zuschüsse sind Subventionen im Sinne des Subventionsgesetzes (SubvG) vom 29. Juli 1976. Eine mißbräuchliche Inanspruchnahme ist gemäß § 264 StGB in Verbindung mit § 2 des Subventionsgesetzes und § 1 des hamburgischen Subventionsgesetzes vom 30. November 1976 strafbar. Subventionserhebliche Tatsachen sind alle Angaben, die zur Erlangung oder Belassung einer Zuwendung erheblich sind.

Bei den im Rahmen dieser Richtlinie gewährten Zuschüssen handelt es sich um „de-minimis"-Beihilfen im Sinne des KMU-Gemeinschaftsrahmens (Amtsblatt Nr. C vom 6. 3. 1996). Danach kann ein Unternehmen ohne Notifizierung innerhalb von drei Jahren ab dem Zeitpunkt der ersten „de-minimis"-Beihilfe einen Gesamtbetrag von 100.000 ECU erhalten.

Der Betrag umfaßt

- alle Arten von öffentlichen Beihilfen, die als „de-minimis"-Beihilfen gewährt werden, und berührt nicht die Möglichkeit, daß der Empfänger aufgrund von der Kommission genehmigter Regelungen andere Beihilfen erhält
- alle Kategorien von Beihilfen gleich welcher Form und Zielsetzung mit Ausnahme der Beihilfen für die Ausfuhr.

Der Beihilfenehmer ist im Hinblick auf die zulässigen Höchstbeträge für die „de-minimis"-Beihilfen zur Offenlegung aller „de-minimis"-Beihilfen verpflichtet, die er im Dreijahreszeitraum in einer der Ausgabenkategorien erhalten hat. Er ist auch verpflichtet, bei der Beantragung weiterer Beihilfen auch bei anderen Stellen die nach diesem Förderprogramm gewährten Beihilfen anzugeben.

Der Beihilfenehmer ist vor Erteilung des Bescheides auf die subventionserheblichen Tatsachen sowie die Strafbarkeit des Subventionsbetruges gemäß § 264 StGB hinzuweisen.

Im Zuwendungsbescheid ist auf den Hinweis und die Erklärung des Antragstellers Bezug zu nehmen.

Beihilfen nach diesem Programm können an Unternehmen aus allen Wirtschaftszweigen gehen. Ausgeschlossen sind die unter den EGKS-Vertrag fallenden Bereiche, der Schiffbau, der Verkehrssektor, Beihilfen für Ausgaben für landwirtschaftliche Tätigkeit oder die Fischerei. Förderungen für die oben genannten Bereiche können nur nach Notifizierung durch die Kommission gewährt werden.

Für die Bewilligung, Auszahlung und Abrechnung der Zuwendung sowie den Nachweis und die Prüfung der Verwendung und die ggfs. erforderliche Aufhebung des Zuwendungsbescheides und die Rückforderung der gewährten Zuwendung gelten die Allgemeinen Nebenbestimmungen für Zuwendungen zur Projektförderung (AN-Best-P) und das Hamburgische Verwaltungsverfahrensgesetz, soweit nicht in dieser Förderrichtlinie Abweichungen zugelassen sind.

Der Antragsteller hat schriftlich zu versichern, daß eine Verlagerung des Unternehmens oder der Betriebsstätte nach außerhalb der Stadt nicht geplant und nicht absehbar ist. Ein Zuschuß darf anderenfalls nicht gewährt werden.

VII. Verfahren

Förderungsanträge sind schriftlich an das Rationalisierungs-Kuratorium der Deutschen Wirtschaft e.V. (RKW) Landesgruppe Hamburg, z.Zt. Heilwigstraße 33, 30349 Hamburg (Tel.: 460 20 87) ab 1. 4. 1997 Hammer Steindamm 40, 22089 Hamburg (Tel. 20 94 16-0) zu richten.

Als Projektträger übernimmt das RKW die organisatorische Abwicklung des Programms, führt eine fachkundige Abstimmung auf die Bedürfnisse des Unternehmens durch und übernimmt die Abrechnungs- und Auszahlungsverfahren.

Das begünstigte Unternehmen verpflichtet sich, an einer späteren Umfrage der Wirtschaftsbehörde bzw. des Projektträgers mit dem Ziel einer Kontrolle des Programmerfolges mitzuwirken.

VIII. Inkrafttreten

Das Förderprogramm tritt am 1. 3. 1997 in Kraft. Die Förderung nach diesem Programm endet mit dem 31. Dezember 1998 (Antragstellung).

Literaturverzeichnis

Barion, H. J. (1992): Betriebswirtschaftliche Unternehmensanalyse im Rahmen der Jahresabschlußprüfung. Steuer, Wirtschaft und Recht.

Bartling, U. (1985): Die Unternehmensberatung als externe Stabsstelle des Management: eine Untersuchung der Funktionen und Bedeutung der Unternehmensberatung unter besonderer Berücksichtigung ihrer Relevanz für Klein- und Mittelunternehmen. Frankfurt/M.

Becker, J. (1992): Zusammenarbeit mit Beratern zur Ausschöpfung der Unternehmenspotentiale. In: PdR, Heft Nr. 5 vom 30. 10. 1992, Gruppe 11, S. 109–126. Freiburg: Haufe

Block, P. (1997): Erfolgreiches Consulting. Das Berater-Handbuch. Campus

Böhny, R. (1992): Der Weg zum richtigen Berater. In: io Management Zeitschrift 61, Nr. 3, S. 84–86

Bundesverband Deutscher Unternehmensberater (Hrsg.) (1996): Berater Verzeichnis BDU 1996/97. Bonn 1996

Bundesverband Deutscher Unternehmensberater (Hrsg.): Mitgliederverzeichnis des BDU-Fachverbandes Personalberatung 1996/97. Bonn 1996

Deutsche Gesellschaft für Personalführung mbH (Hrsg.): Dienstleister für das Personalmanagement 1995/96. Düsseldorf

E.C.U. European Consultants Unit (Hrsg. 1994): Berater in Europa. Ein Verband stellt sich als internationales Netzwerk vor – Leistungen und Beraterprofile. Gabler

Elfgen, R., Klaile, B. (1987): Unternehmensberatung – Angebot, Nachfrage, Zusammenarbeit. Stuttgart

Gabele, E., Hirsch, I. (1986): Zur Qualität betriebswirtschaftlicher Beratungsleistungen für kleine Unternehmen. In: Die Betriebswirtschaft, Heft 4, S. 486–500

Gaugler, E., Weber, B. (1988): Die Personalberatung. Aufgaben – Leistungsangebot – Arbeitsweise – Kosten. Freiburg

Giegler, N. (1994): Vom Consulting zum Self-Consulting. Ein situativer Ansatz. R.E.A.

Habermann, D. (1990): Unternehmensberatung mit staatlicher Finanzhilfe. Loseblatt-Sammlung. Karlsfeld

Hahn, J. (1995): Externe Unternehmensberatung – Merkmale, Formen und Prozeß. Univation

Hebig, M. (1994): Existenzgründungsberatung. Steuerliche, rechtliche und wirtschaftliche Gestaltungshinweise zur Unternehmensgründung. Schmidt

Hoffmann, W. H. (1991): Faktoren erfolgreicher Unternehmensberatung. Deutscher Universitäts Verlag

Hofmann, M., Sertl, W. (1989): Management Consulting. Ausgewählte Probleme und Entwicklungstendenzen der Unternehmensberatung. Stuttgart

Hummel, Th. R. (1994): Internationales Marketing. Oldenbourg

Hummel, Th. R. (1994): Betriebswirtschaftslehre. Gründung und Führung kleiner und mittlerer Unternehmen. Oldenbourg

Hummel, Th. R. (1995): Strategische Allianzen: Fachberater richtig vermitteln und einsetzen. In: DSWR 6/95, S. 170–171

Ibielski, D., Küster, N. (Hrsg.) (1989): Handbuch der Unternehmensberatung. Loseblatt-Sammlung. Berlin

John, E., Rechenauer, O. (1992): Zusammenarbeit mit Unternehmensberatern planen – durchführen – umsetzen. RKW-Schrift. Eschborn

Klaile, B. (1989): Managementberatung in mittelständischen Unternehmen. Berlin

Knebel, H. (1980): Voraussetzungen für eine wirksame Unternehmensberatung. In: Personal, Heft 7, S. 275 ff.

Larew, J., Deprosse, H. (1997): Erfolgshonorare für Berater? In: Harvard Manager 1/97, S. 107–113

Lebic, E., Patak, M. (1992): Systemische Unternehmensberatung. In: io Management Zeitschrift 61, S. 87–90

Leciejewski, K. (1996): Guter Rat von Beratern. Handbuch für die erfolgreiche Zusammenarbeit mit Consultants, Personalberatern und PR-Agenturen. Campus

Maas, P., Schüller, A., Strasmann, J. (Hrsg. 1992): Beratung von Organisationen. Zukunftsperspektiven praktischer und theoretischer Konzepte. Enke

Marner, B., Jaeger, F. (1990): Unternehmensberatung und Weiterbildung mittelständischer Unternehmer. Schmidt

Meiser, M., Wagner, O., Zander, E. (1991): Personal und neue Technologien. München

Meyerhöfer, W., Ifo-Institut (1987): Effizienz der Förderung von Unternehmensberatungen. München

Mugler, J., Lampe, R. (1987): Betriebswirtschaftliche Beratung von Klein- und Mittelbetrieben. In: Betriebswirtschaftliche Forschung und Praxis, Nr. 6, S. 477–493

Naegele, W. (1995): Beratungsverträge (2. Auflage). WRS

Nebel, K. P. (1996): Beratung in der Praxis. Stamm

Niedereichholz, Ch. (1993): Der arge Mangel an qualifizierten Beratern. In: Harvard Business Manager, Heft 1, S. 109–113

Niedereichholz, Ch. (1996): Unternehmensberatung. Band 1: Beratungsmarketing und Auftragsakquisition. 2. Auflage. Oldenbourg

Ohne Verfasser (1989): Unternehmensberater – Beraten und Verkauft. In: Management Wissen, Heft 1, S. 55–70

Ohne Verfasser (1989): Unternehmensberater: Unentbehrlich als Partner im Unternehmen. In: Gablers Magazin, Heft 9, S. 10–33

Quiring, A. (1996): Die rechtliche Absicherung der Unternehmensberatung. Recht und Praxis

Reineke, W., Hennecke, J. (1982): Die Unternehmensberatung, Profil – Nutzen – Prozeß. Heidelberg

Risse, W. (1989): Marketing für die Beratung. Beruf und Rolle des Wirtschafts- und Unternehmensberaters in Klein- und Mittelbetrieben. Wiesbaden

Rohde (Hrsg.): Beck'sches Handbuch der Unternehmensberatung. Beck

Rudolf, R., (1997): Consulting effektiv. So finden Sie den richtigen Unternehmensberater für erfolgreiche Projekte. Logiplan

Rütschenpöhler, H.J. (1973): Beratung als Teilzeitmanagement. In: Rationalisierung, Heft 7/8, S. 239 ff.

Schott, G. (1989): Unternehmensprobleme – Unternehmensberatung. Ein Brevier für Auftraggeber und Berater. Wiesbaden

Schrädler, J. (1996): Unternehmensberatung aus organisationstheoretischer Sicht. Deutscher Universitäts Verlag

Schütte, A. (1996): Unternehmensberatung in der Bundesrepublik Deutschland. Peter Lang

Staute, J. (1996): Der Consulting-Report. Vom Versagen der Manager zum Reibach der Berater. Campus

Steyrer, J. (1989): Unternehmensberatung in Österreich – Ergebnisse einer Befragung von Führungskräften. Wirtschaftsuniversität Wien

Thomas, K. G. (1994): Die mittelständische Unternehmung im Entwicklungsprozeß. Organisationskonzepte und Beratungsbedarf. Wissenschaft und Praxis

Wacker, W. H. (1991): Internationale Management-Beratung. Schmidt

Wagner, H., Reineke, R. D. (Hrsg. 1992): Beratung von Organisationen. Gabler

Wedemeier, C. (1994): Einzel- und gesamtwirtschaftliche Aspekte der staatlichen Förderung von Beratungen kleiner und mittlerer Unternehmen. Peter Lang

Wohlgemuth, A. C. (1983): Unternehmensberater unter der Lupe. In: Die Unternehmung, Nr. 4, S. 342–356

Wohlgemuth, A. C., Treichler, Ch. (1995) (Hrsg.): Unternehmensberatung und Management. Zürich

Zapotoczky, K. (Hrsg. 1993): Mittel- und Osteuropa. Eine Herausforderung für die Unternehmensberatung. Kohlhammer

Zimmermann, G. (1994): Unternehmensberater – Partner auf Zeit. Auswahl – Kosten – Grenzen. Orell Füssli

Berater: Who's who

Dieter Ibielski, Norbert Küster, Gerhard Sebode: Handbuch der Unternehmensberatung. Ergänzbares Informationswerk für Unternehmen und Organisationen der Wirtschaft, für Berater und Beraterverbände. 1. Lieferung 1976 bis 22. Lieferung 1991; neu mit 1114 Seiten bei Erich Schmidt Verlag, Berlin 1993. Institut für individuelles Management Consulting IIMC (Hrsg.): Who is who in der Unternehmensberatung. Der Consulting Guide für Beratungssuchende. Miesbach: IIMC 1990.

Alpha Publications (Hrsg.): Management Consultancy Services in Switzerland. Beaconsfield (UK): alpha 1992.

Alpha Publications (Hrsg.): Management Consultancy Services in Western Europe. Beaconsfield (UK): alpha 1992.

Handbuch der Personalberatung. Ratingen: Management + Karriere Verlag 1992 (rund 1800 Personalberatungen in D, CH, A).

Sabine Flachsmann: Who's who in der Unternehmensberatung. Schweiz und Liechtenstein. Heerbrugg: Fachmed AG 1992 (seit 1889).

Personalberatung in Deutschland (93). Köln: Wirtschaftsverlag Bachem (3. Aufl.) 1993.

Alpha Publications (Hrsg.): Management Consultancy Services in Europe. Beaconsfield (UK): Alpha 1994.

Berater Forum Schweiz, hrsg. von der Reaprint Verlag AG, Gossau SG, in enger Zusammenarbeit mit dem Gottlieb-Duttweiler-Institut, Rüschlikon 1994.

Kubr, M. (1996): Management Consulting. A guide to the profession. International Labour Office, Genf.

Stichwortverzeichnis